Michael Steinbrecher

Der Kampf um die Würde

Michael Steinbrecher

Der Kampf um die Würde

Was wir vom wahren Leben
lernen können

HERDER

FREIBURG · BASEL · WIEN

© Verlag Herder GmbH, Freiburg im Breisgau 2019
Alle Rechte vorbehalten
www.herder.de

Satz: Carsten Klein, Torgau
Herstellung: GGP Media GmbH, Pößneck

Printed in Germany

ISBN Print: 978-3-451-38199-7
ISBN E-Book: 978-3-451-81567-6

Inhalt

»Die Würde des Menschen ist unantastbar.«

(Grundgesetz, Artikel 1)

Der Kampf um die Würde – Einleitung

Es ist der erste Satz. Das zeigt die Bedeutung. »Die Würde des Menschen ist unantastbar.« So steht es im Grundgesetz. Das klingt absolut und unverrückbar. Aber ist es das? In welchen Lebenssituationen steht unsere Würde auf dem Spiel?

Empörung bricht 2019 über den SPD-Politiker Kevin Kühnert herein, als er laut darüber nachdenkt, große Unternehmen wie BMW zu kollektivieren.[1] Je deutlicher wird, was er meint und dass er damit vor allem die sozialen Ungerechtigkeiten in dieser Gesellschaft adressiert, desto mehr weitet sich die Diskussion aus. Ist unsere Gesellschaft noch im Kern gerecht? Sind wir mit den alten politischen Denkschablonen noch in der Lage, die neuen Herausforderungen zu meistern? Neben aller Kritik, auch aus der eigenen Partei, erhält Kühnert generationenübergreifend auch viel Zuspruch. Wer gehört zu den Verlierern in unserer Gesellschaft? Ist sie nicht zerrissener als noch vor einigen Jahrzehnten?

Es dauert nicht lange, bis kurz vor der Europawahl 2019 ein knapp 55-minütiges »Zerstörungs-Video« des YouTubers Rezo das nächste politische Beben auslöst.[2] Er kritisiert darin vor allem – aber nicht nur – die Politik der CDU/CSU und ruft dazu auf, sie nicht mehr zu wählen. Empörung auf der einen, Beifall auf der anderen Seite. Das Schlimmste jedoch ist das demonstrative Desinteresse wichtiger Politikerinnen und Politiker, denn damit bestätigen sie Rezos These, dass die sehr ernsthaft vertretenen politischen Positionen junger Menschen von den »Etablierten« nicht ernst genommen werden. Diskutiert wurde zunächst leider mehr über den Stil des Videos, über den Aufruf, eine Partei (bzw. mehrere Parteien) nicht zu wählen. Aber haben sich deshalb so viele Millionen das Video angeschaut? Sicher nicht.

Populär wurde es, weil es thematisch den Nerv einer Generation getroffen hat. Rezo beginnt in seinem Video mit einer ausführlichen Abrechnung mit der sozialen Ungleichheit in Deutschland. Die Schere zwischen Reich und Arm wird immer größer. Sie geht so grotesk auseinander, dass es den sozialen Frieden stört. Haben Sie vernommen, dass darüber im Anschluss diskutiert wurde? Welche Ungerechtigkeiten meint Kühnert, wenn er von einer Fehlentwicklung in der Gesellschaft spricht? Wo ist die Einkommensschere in der Gesellschaft, die Rezo anprangert, am deutlichsten zu spüren? Wo ist unsere Würde in Gefahr?

Wenn Risse sichtbar werden

Im Nachtcafé kommen pro Jahr in vierzig Sendungen rund 250 Menschen zu Wort. Nicht im Vorbeigehen, nicht gehetzt, sondern mit neunzig Minuten Zeit für ein Thema. Sie kommen zu uns und berichten über ihr Leben. Bei uns sind nicht in erster Linie Prominente zu Gast, sondern Menschen, bei denen aus ihren täglichen Erfahrungen heraus ein Mitteilungsbedürfnis entstanden ist. Immer wieder sprechen wir über Themen wie Chancengleichheit, Armut, Wohnungsnot und die Pflegekrise. Wir sprechen über die Angst vor dem beruflichen Abstieg und darüber, was passiert, wenn sich Menschen sozial im freien Fall befinden. Aber auch darüber, welche Werte ihr Leben bestimmen, was sie als gerecht und ungerecht empfinden und mit welchem Kompass sie durchs Leben gehen. Wie wollen sie leben, wie wollen sie sterben? Mit vielen unserer Gäste habe ich für dieses Buch noch einmal Kontakt aufgenommen. Es geht um die Gesichter zu einer Diskussion, die aktuell mit Recht geführt wird. Und es geht darum, davon Notiz zu nehmen, dass es Menschen in dieser Gesellschaft gibt, die täglich um ihre Würde kämpfen.

Darüber, dass es so ist, gibt es keinen Konsens. Es gibt einen marktradikalen Flügel dieser Gesellschaft, von dem in Diskussionen beinahe geleugnet wird, dass Menschen existieren, die in dieser Gesellschaft unter unwürdigen Verhältnissen leben und die unsere Solidarität dringend brauchen. Und es gibt Politikerinnen und Politiker, die alle Errungenschaften dieses Staates infrage stellen und populistisch nach anderen Gesellschaftsformen rufen. In diesem Buch geht es nicht um Parteipolitik, nicht um Flügelkämpfe. Es geht darum, dass wir nicht nur *über* die reden sollten, die Politik betrifft, sondern *mit* ihnen. In einer Medienlandschaft, in der prominente Köpfe mit griffigen, kurzen und vereinfachten Botschaften die größte Aufmerksamkeit erzielen, sollten wir uns ganz bewusst Zeit nehmen für die Menschen und ihre Erfahrungen. Nicht nur sehen, wie es ihnen aktuell geht, sondern uns auch fragen, wie sie in diese Situation gekommen sind.

Rede ich dabei nur von einigen wenigen Menschen am sogenannten »Rand« unserer Gesellschaft? Eben nicht. Wenn ich darüber rede, dass »unsere« Würde in Gefahr ist, so ist dies ganz bewusst geschehen. Denn es geht um Situationen, die den meisten von uns im Laufe unseres Lebens begegnen können. Im Krankenhaus, im Pflegeheim, auf dem Wohnungsmarkt. Nach einer falschen beruflichen Entscheidung. Oder völlig fremdbestimmt. Plötzlich gerät unser Leben aus dem Gleichgewicht. Das, was vorher selbstverständlich war, gilt nun nicht mehr.

Reise durch ein Leben

Während eines langen Lebens können wir öfter in solche Situationen geraten. Deshalb reisen wir in diesem Buch zusammen durch ein Leben. Nicht durch das eines bestimmten Menschen, sondern durch »unser« Leben mit all seinen Themen. Kindheit,

Elternhaus, Familiengründung, Beruf, Wohnungssuche, Krankheit, Pflege im Alter. Bis hin zur Würde auf den letzten Metern.

Würde ist kein einfacher Begriff. Er hat viele Dimensionen. Wir werden um sie kreisen, um ihnen Station für Station näher zu kommen. Zum Beispiel, wenn es um eine Frau geht, die ihr Leben lang gearbeitet hat. Und die heute Flaschen sammelt. Tag für Tag inspiziert sie Mülleimer und hält nach etwas Verwertbarem Ausschau. Es werden mit den anderen Sammlern Reviere abgesteckt. Wer darf in ihrem Viertel welche Mülleimer leeren? Und doch steht die Situation dieser Frau, die um ihre Würde ringt, für die Angst vieler Menschen. Über Jahrzehnte sah es nicht so aus, als ob sie einmal in diese Lage kommen könnte. Aber heute ist genau das ihr Leben.

Während wir durch ein Leben reisen, werde ich mir mit Ihnen gemeinsam Gedanken darüber machen, warum wir uns nicht mehr sicher sein können, nicht auch in eine würdelose Situation zu geraten. Ich bin kein Ökonom und kein Politiker, ich habe keine Lösung für das Thema soziale Ungleichheit. Aber es gibt auch als Beobachter dieser Gesellschaft genug Anhaltspunkte dafür, dass etwas schiefläuft. Viele Menschen haben immer weniger Vertrauen in Institutionen. Weil sie nicht mehr daran glauben, dass der Bankangestellte, der Versicherungsberater, selbst die behandelnde Ärztin unser Bestes wollen. Geht es nicht berufsübergreifend vor allem darum, dass die nächsten Quartals- und Jahreszahlen stimmen müssen? Kann so noch eine aufrichtige Bindung zu Kunden und Patienten aufgebaut werden? Eine rhetorische Frage, zugegeben.

Die Reise durch ein Leben ist immer wieder und ganz bewusst subjektiv. Dieses Buch ist ein Kommentar zu den Bruchlinien einer zerrissenen Gesellschaft und bemüht sich nicht in jeder Passage um so etwas wie »Ausgewogenheit«. Wir hören vor allem diejenigen, die sonst häufig nicht gehört werden. Die Jugendlichen, die mit schlechten Startmöglichkeiten um eine Chance im Leben kämpfen. Die Familien, die trotz großer Bemühungen keine angemessene Wohnung finden. Die Arbeiter, die körperlich nicht mehr können oder plötzlich nicht mehr gebraucht werden. Die älteren Menschen, die so wenig zum Leben haben, dass sie vereinsamen oder mit 75 noch Taxi fahren, um sich etwas Teilhabe am Leben leisten zu können. Wir sind in den Pflegeheimen und erfahren von Angehörigen, Pflegenden und Betroffenen, welche unwürdigen Auswirkungen es hat, wenn zu wenige Pflegekräfte für viel zu viele Patienten zuständig sind. Und wir sind bei denjenigen, die am Ende ihres Lebens um ein würdiges Abschiednehmen kämpfen. Wir hören nicht im gleichen Maße Politikerinnen und Politiker, die zu diesen Themen Stellung nehmen. Sie haben viele Foren, um sich und ihre Positionen zu vertreten. Das Gleiche gilt für Unternehmer und Funktionäre von Wohnungsbaugesellschaften und Pflegeheimen.

Ausführlich zu Wort kommen allerdings Wissenschaftler, die sich mit den jeweiligen Fachgebieten intensiv beschäftigen. Wir ergänzen sie mit Zahlen und Hintergründen, die zeigen, dass es sich bei den Menschen in diesem Buch keineswegs um Einzelfälle handelt. Vor allem aber geht es darum, den Zahlen, die eine zerrissene Gesellschaft dokumentieren, aber häufig abstrakt bleiben, auch Gesichter zu geben.

Es ist nicht alles schlecht in dieser Gesellschaft, nun wirklich nicht. Aber es gibt Ungerechtigkeiten, es gibt Verlierer. Und es gibt Ängste in der Mitte der Gesellschaft, bald ebenfalls zu den Verlierern zu gehören. Damit keine Missverständnisse entstehen: Ja, in diesem Buch werden Missstände angeklagt. Aber nicht mit der Absicht, eine Empörungskultur zu schüren und pauschal gegen »die Politiker«, »das System«, »die Justiz«, »die Unternehmer« oder »die Presse« zu agitieren. Die Diskussion von Ungerechtigkeiten und Missständen dürfen wir nicht denen überlassen, die gar nicht diskutieren wollen. Denn immer noch – und erst recht in diesen digitalen Zeiten – geht es darum, wie wir miteinander umgehen. Wie wir über Themen und andere Menschen sprechen. Und ob wir uns vor allem quotenträchtig in den Skandalisierungs-Hype begeben wollen.

Was heißt »zerrissen«?

Die Risse in unserer Gesellschaft werden auf unterschiedlichen Ebenen sichtbar. Wir konzentrieren uns in diesem Buch auf die Risse, die dazu führen, dass wir um unsere Würde kämpfen müssen. Aber werfen wir kurz einige Schlaglichter auf den Zustand unserer Gesellschaft insgesamt. Unsere Parteienlandschaft formiert sich gerade neu. Die alten Orientierungsmuster zwischen links und rechts greifen nicht mehr wie bisher. Die neuen Pole sind vielmehr zwischen Begriffen wie »global« und »national« oder »liberal« und »identitär« zu verorten, wie auch Jakob Augstein und Nikolaus Blome in ihrem Buch »Oben und unten« festhalten.[3]

Zudem driften die Generationen auseinander. Bei der Europawahl 2019 erreichen die CDU/CSU bei den über Sechzigjährigen knapp 40 Prozent, bei den 18- bis 29-Jährigen unter 15 Prozent. Auch die SPD bekommt von den jungen Wählerinnen und Wählern nicht einmal halb so viele Stimmen wie von den älteren. Umgekehrt ist es bei den Grünen.[4] Es gibt noch weitere Hinweise dafür, dass die Lebenswelten und Werte von Jung und Alt derzeit noch stärker als üblich in unterschiedliche Richtungen weisen. In Großbritannien stimmten im Sommer 2016 beim Referendum die Jüngeren klar gegen den Brexit, die Älteren deutlich dafür. Hat es seit den Sechzigerjahren ein Jahrzehnt gegeben, in dem Jung und Alt in ihrem Blick auf die Perspektive unserer Gesellschaften so weit auseinanderlagen? Hinzu kommt: Die jungen Generationen informieren sich schon längst nicht mehr über Printmedien und TV-Sender über das, was sie interessiert. Bei den Älteren sind diese Medien nach wie vor populär. Man trifft sich, bildlich formuliert, nicht mehr auf dem Marktplatz, um sich auszutauschen, sondern in getrennten Häusern. Die einen bekommen von den anderen nicht mehr viel mit. Diese Entwicklung wird noch beschleunigt durch die Möglichkeit, sich in digitalen Zeiten nur noch in den Sphären zu bewegen, die ähnliche Positionen wie wir selbst vertreten. Von der Korrektur unserer Position, von Fakten, die uns vom Gegenteil überzeugen könnten, erhalten viele gar keine Kenntnis mehr.

Der SPIEGEL spricht von einem »Zerfall von Gesetzmäßigkeiten und Machtzentren«, von einem »Abschied von Gewissheiten«.[5] Man hat den Eindruck, wir stellen uns als Gesellschaft gerade neu auf. Hat jahrelang das Thema Migration die öffentliche Diskussion (zu sehr) dominiert, rücken – auch durch Bewegungen wie »Fridays for Future« – nun wieder Themen wie die Klimakatastrophe und soziale Gerechtigkeit in den Fokus. Die Beispiele zeigen, dass es auf mehreren Ebenen zu Rissen in der Gesellschaft kommt. Das muss nicht schlecht sein, denn wenn diese Risse offen zu Tage treten, werden wir aufgefordert, uns darüber Gedanken zu machen, was den Kitt unserer Gesellschaft ausmacht.

Würde – mehr als nur ein Wort

Wann ist unsere Würde in Gefahr? Viele von uns haben die Angst, irgendwann anderen Menschen und Situationen ausgeliefert zu sein. Nur noch als Nummer im System gesehen zu werden, abgestellt in irgendeinem Krankenhaus oder Pflegeheim. Kaum beachtet, nicht mehr als Person wahrgenommen, sondern zum reinen Pflegeobjekt degradiert. Andere beschreiben auch die Situation auf Ämtern als entwürdigend, weil sie sich dort, so formulieren es beispielsweise Hartz-IV-Empfänger immer wieder wörtlich, »ausziehen« müssen. Ungeachtet der Frage, wodurch dieses Empfinden hervorgerufen wird: Was steckt in diesem Begriff? Sie haben das Gefühl, dazu gezwungen zu werden, Intimes preiszugeben. Sie empfinden Scham, fühlen sich als Objekt und bloßgestellt. Wie jemand, der sich unfreiwillig vor anderen entkleiden muss.

Nur noch Objekt sein, unselbstständig, ausgeliefert, nicht mehr als Mensch mit seiner Geschichte und Individualität wahrgenommen – damit nähern wir uns schon einigen Begriffen und Beschreibungen, die in der Diskussion um die Würde des Menschen immer wieder auftauchen. Denn es geht zentral um die Frage: Was macht uns als Menschen aus? Und welchen Umgang mit uns können wir in einer humanen und demokratischen Gesellschaft erwarten?

Viele Gelehrte haben sich in der Geschichte der Menschheit mit diesen Themen beschäftigt, insbesondere aus dem Feld der Philosophie. Es gibt zahlreiche Publikationen, die spannende Streifzüge durch die Geschichte des Begriffs der Würde unternehmen, in denen wir uns an dieser Stelle verlieren könnten. Nur so viel sei angedeutet: Der Begriff der Würde ist eine verhältnismäßig »neue« Erscheinung. Das lateinische *dignitas* bezog sich eher auf gesellschaftliche Anerkennung bzw. Stellung. Obwohl Cicero im ersten Jahrhundert vor Christus als einer der Ersten angesehen wird, die sich mit dem Begriff »Würde« auseinandersetzten, dient seine Schrift *De officiis* vielmehr als eine Anleitung für ein gemäßigtes Leben und erhebt keinen Anspruch auf eine allen Menschen innewohnende Eigenschaft. Erst mit der Renaissance keimen die ersten Ansätze des heutigen Verständnisses von Würde auf, zum Beispiel im Aufsatz von Giovanni Pico della Mirandola über die Würde des Menschen, der das Hauptaugenmerk auf die Entscheidungsfreiheit des Menschen, sich zum Göttlichen oder zum Tierischen hin zu entwickeln, legt.[6]

Nicht Mittel, sondern Zweck

Ein weiterer, bis heute prägender Anstoß erfolgte dann von einem Gelehrten, der im 18. Jahrhundert gelebt hat, in Königsberg geboren und gestorben ist und während seines Lebens seinen Heimatort nur selten verlassen hat. Sein Wirken aber hat jede räumliche und zeitliche Begrenzung überwunden. Die Rede ist von Immanuel Kant. Nachgewirkt in das Bewusstsein der Menschen hat vor allem sein Satz: »Handle nur nach derjenigen Maxime, durch die du zugleich wollen kannst, dass sie ein allgemeines Gesetz werde.«[7] Daran angelehnt hat sich später die Redewendung »Was du nicht willst, das man dir tu, das füg auch keinem andern zu.« Aber welche seiner Gedanken sind über diese ethische Maxime hinaus zentral für den Begriff der Würde? Kant formulierte die sogenannte »Selbstzweck-Formel«: »Handle so, dass du die Menschheit, sowohl in deiner Person, als in der Person eines jeden anderen, jederzeit zugleich als Zweck, niemals bloß als Mittel brauchest.«[8]

Eine Person soll nicht als bloßes Mittel angesehen werden? Klingt das nicht sehr nach dem schon beschriebenen Gefühl, kein Objekt, keine Nummer im System sein zu wollen? Und anderen nicht ausgeliefert zu sein? In der Tat sagt Immanuel Kant vor allem: Der Mensch ist Subjekt, kein Objekt. Was meint er damit? Grob gesagt Folgendes: Der Mensch besitzt viele Fähigkeiten, die ihn von anderen Lebewesen unterscheiden. Er kann über sich nachdenken, Schlüsse ziehen, kann sich seine eigenen moralischen Gesetze geben und danach handeln. Deshalb ist der Mensch nach Kant anders als alle anderen Wesen und auch anders als beispielsweise Gegenstände. Er ist *Subjekt* und nicht *Objekt*. Jedem Subjekt, jeder »Person«, wie Kant es nennt, kommt eine Würde zu. Und dieses Denken hat Konsequenzen. Es führt uns in der weiteren Deutung und Ausgestaltung dazu, Mitmenschen zu achten. Der Schweizer Philosoph Peter Bieri ergänzt aus heutiger Perspektive: »Wir wollen, könnte man sagen, als Zweck an sich oder Zweck in sich selbst, als Selbstzweck, betrachtet und behandelt werden. Wenn man uns nicht so behandelt, ist das nicht nur unangenehm. Es ist viel mehr: Wir fühlen uns als Subjekte missachtet oder sogar vernichtet. Wenn das geschieht, so erleben wir es als den Versuch, uns die Würde zu nehmen.«[9]

Mehr als eine Zahl

Wechseln wir die Perspektive, vom Philosophen zu einem Juristen und erfolgreichen Autoren, der mit seinen Publikationen und den daraus entwickelten Filmen eine große Öffentlichkeit erreicht: Ferdinand von Schirach. In seinem Essay »Die Würde ist antastbar – warum der Terrorismus über die Demokratie entscheidet« beschäftigt er sich mit Fragen, die unser Rechtsempfinden in der Tiefe berühren. Hat der Staat das Recht, ein Flugzeug mit unschuldigen Fluggästen abzuschießen, wenn Terroristen, die die Maschine unter ihre Gewalt gebracht haben, damit drohen, es über einem Fußballstadion abstürzen zu lassen? Dürfen wir also den Tod von beispielsweise 250 Passagieren in Kauf nehmen, wenn wir damit möglicherweise 70 000 andere retten? Eine Frage, die nicht nur Jura-Studierende, sondern auch die Öffentlichkeit intensiv beschäftigt hat. Nicht nur in einem kontrovers diskutierten TV-Experiment, sondern auch in einem Theaterstück, das bereits auf vielen Kontinenten aufgeführt wurde. Die Zuschauer werden in beiden Fällen aufgefordert, eine den eigenen Wertmaßstäben folgende Entscheidung zu treffen.

Ferdinand von Schirach leitet die Antwort auf diese Frage aus unserem Verständnis von der Würde des Menschen ab. Und er besinnt sich dabei – auf Immanuel Kant. Denn dessen Grundgedanken haben nicht zuletzt die Verfassungsgrundsätze der meisten demokratischen Staaten geprägt. Wie soll sich der Staat also verhalten im Fall des Flugzeugs, das von Terroristen in ihre Gewalt gebracht wurde? Das Bundesverfassungsgericht sagt – und das streicht Ferdinand von Schirach in seinem Essay heraus –, dass Würde bedeutet, »ein Mensch dürfe niemals zum bloßen Objekt staatlichen Handelns gemacht werden«. Was meint er damit genau? Von Schirach führt weiter aus: »Der Verfassung reicht es (…), wenn der Mensch Mensch ist. Schon dadurch ist er Subjekt und besitzt Würde. Wenn nun über einen Menschen bestimmt wird, ohne dass er Einfluss nehmen kann, wenn also über seinen Kopf hinweg entschieden wird, wird er zum Objekt. Und damit ist klar: Der Staat kann ein Leben niemals gegen ein anderes Leben aufwiegen. Keiner kann wertvoller sein als ein anderer, eben weil Menschen keine Gegenstände sind. Und das gilt auch für große Zahlen.«[10]

Der Mensch ist nie nur eine Zahl. Er ist mehr. Kein Mensch ist wertvoller als ein anderer. Wir sollten ein Leben nicht mit einem anderen aufwiegen. Der Rechtswissenschaftler Dieter Grimm konkretisiert das, was juristisch unter Menschenwürde verstanden wird, noch einmal: »Sie schützt die Personqualität jedes Einzelnen als eines Zwecks in sich selbst, und das unabhängig von Geschlecht und Nation, Rasse und Stand, Alter und Gesundheit, intellektueller und mentaler Befindlichkeit.«[11]

So kontrovers wir über das Beispiel des von Terroristen gekaperten Flugzeugs denken mögen, so deutlich macht von Schirach mit einem weiteren Entscheidungsfall, was das Abwägen zwischen der Zahl von Menschenleben für unser tägliches Miteinander bedeuten würde. Er entwirft ein Szenario, in dem vier Patienten im Krankenhaus aufeinandertreffen. Drei von ihnen sind lebensgefährlich verletzt und werden mit hoher Wahrscheinlichkeit in Kürze aus unterschiedlichen Gründen an Organversagen sterben. Der vierte Patient will nur einen lästigen Schnupfen behandeln lassen. Wenn wir die Zahl der Menschenleben miteinander aufwiegen würden, so müssten wir den gesunden Patienten, der zufällig zur falschen Zeit am falschen Ort war, für die anderen drei Patienten opfern und seine Organe entnehmen, um die anderen drei zu retten.[12]

Ich übersetze dies einmal frei und übertrage es auf andere gesellschaftliche Bereiche: Jeder hat ein Recht darauf, als Individuum betrachtet und ernst genommen zu werden. Es darf keine geringe Zahl an Menschen einem System zum Opfer fallen, in dem es einer großen Mehrheit gut geht. Die Zahl der Menschen, die zum Beispiel vom Wohlstand profitieren, rechtfertigt keine würdelose Behandlung derjenigen, die zu den Verlierern der Gesellschaft gehören. Es gibt in diesem Zusammenhang keine tolerierbaren »Kollateralschäden«. Die Aufmerksamkeit und Solidarität, die wir den Schwachen und Hilfebedürftigen gegenüber zeigen, sind ein Gradmesser für die Würde und Integrität eines Staates.

Von Folterskandal und Ewigkeitsgarantie

In welchen Situationen kann Menschen die Würde genommen werden? Was empfinden Sie, liebe Leserinnen und Leser, als »würdelos« oder »entwürdigend«? Vielleicht denken einige von Ihnen an den Folterskandal von Abu Ghraib? Die Bilder und Fotos aus dem Gefängnis in Bagdad, die 2004 zum ersten Mal publiziert wurden, schockierten die internationale Öffentlichkeit. Amerikanische Mitarbeiter von Militär- und Geheimdiensten folterten irakische Gefangene, demütigten, quälten und misshandelten sie, manche bis zum Tode. Sie wurden mit Kot beschmiert, zum Oralsex gezwungen und in entwürdigenden Haltungen fotografiert.[13] Wir können lange über Täter sprechen, die möglicherweise im Krieg selbst traumatisiert wurden. Das ändert aber nichts daran, dass ihre Taten schändlich und entwürdigend sind. Unter den Opfern sollen viele unschuldig gewesen sein. Das ist aber für die Bewertung nicht der ausschlaggebende Punkt. Denn unabhängig von der Schuld eines Gefangenen gehen wir so nicht mit Menschen um. Auch Täter dürfen nicht zum Objekt degradiert werden.

Wie zentral der Begriff der Würde für demokratische Gesellschaften ist, erkennen wir daran, dass die Würde des Menschen in fast allen Verfassungen verankert ist. Bereits in der Allgemeinen Erklärung der Menschenrechte aus dem Jahr 1948 wurde in Artikel 1 festgehalten: »Alle Menschen sind frei und gleich an Würde und Rechten geboren. Sie sind mit Vernunft und Gewissen begabt und sollen einander im Geiste der Brüderlichkeit begegnen.«[14]

»Die Würde des Menschen ist unantastbar«, heißt es wie erwähnt in Artikel 1 des Grundgesetzes. Die Bedeutung dieses Artikels wird noch dadurch gestärkt, dass für ihn eine sogenannte Ewigkeitsgarantie besteht. Solange das Grundgesetz gilt, darf an den Grundsätzen des Artikel 1 nicht gerüttelt werden.

Welche Konsequenzen aus diesem Artikel für das Zusammenleben in einer Gesellschaft bestehen, wurde von Juristen seit Jahrzehnten immer wieder definiert und konkretisiert. An welchem Verständnis von Würde aber orientiere ich mich in diesem Buch? Schließlich geht es weniger um eine juristische Perspektive auf unsere Gesellschaft als um einen sehr persönlichen Blick auf das, was im Laufe eines Lebens an unserer Würde nagen kann. Dabei sind es nicht immer die großen, skandalösen Würdeverletzungen wie im Gefängnis von Abu Ghraib, die Spuren hinterlassen. Es können auch viele auf den ersten Blick unscheinbare Demütigungen sein, die uns auf Dauer tiefe Wunden zufügen.

Drei Dimensionen der Würde

Den Schweizer Philosophen Peter Bieri kennen viele unter einem anderen Namen. Als Pascal Mercier veröffentlichte er 2004 in seinem Zweitberuf als Schriftsteller den kommerziell sehr erfolgreichen Roman »Nachtzug nach Lissabon«, der 2013 unter anderem mit den Darstellern Bruno Ganz, Martina Gedeck und Jeremy Irons verfilmt wurde. Uns interessiert Peter Bieri hier aber in seinem Hauptberuf als Philosoph, in dem er den Forschungsschwerpunkt Kognition und Gehirn der Deutschen Forschungsgemeinschaft mitbegründete. In seinem Buch »Eine Art zu leben – über die Vielfalt menschlicher Würde« beschreitet er einen Weg, der uns bei unserer Reise durch ein Leben als Orientierung dienen kann. Er hat nicht den Anspruch, den Begriff der Würde unter allen Gesichtspunkten und in seiner historischen Entwicklung auszudeuten. Dies sei den Spezialisten der einzelnen Fachbereiche überlassen. Er setzt den Begriff der Würde in Bezug zu den konkreten Lebenserfahrungen, die wir im Laufe eines Lebens machen. Für ihn geht es darum, »all diese Erfahrungen in ihren Einzelheiten zu verstehen und sich zu fragen, wie sie zusammenhängen. Es geht darum, den intuitiven Gehalt der Würdeerfahrung auszuschöpfen.«[15]

Was ist der »intuitive Gehalt der Würdeerfahrung«? Das klingt zugegeben noch etwas abstrakt. Aber Bieri entwickelt drei konkrete Dimensionen, die eine Lebensform der Würde ausmachen. Die erste Dimension ist »die Art, wie ich von den anderen

Menschen behandelt werde. Ich kann von ihnen so behandelt werden, dass meine Würde gewahrt bleibt, und sie können mich so behandeln, dass meine Würde zerstört wird.« Die Frage, welches Verhalten und welche Lebensumstände uns unsere Würde nehmen können, wird im Zentrum dieses Buches stehen. Und wir werden immer wieder versuchen, so konkret wie möglich zu erfahren, wer oder was diesen Angriff auf die Würde auslöst und wie er auf uns wirkt. In welchen Situationen fühlen wir uns bevormundet, bloßgestellt oder gedemütigt? Wann wird uns nicht respektvoll begegnet? Wie wichtig ist unsere Selbstständigkeit und wie wird sie uns genommen? Wann fühlen wir uns als Objekt und in welchen Situationen wird unser Bedürfnis nach Intimität verletzt? Denken wir nur an eine Pflegesituation im Alter. Und welche dieser Gefühle hängen wie miteinander zusammen?

Die zweite Dimension der Würde betrifft nach Bieri unser eigenes Verhalten. Wie gehen wir auf andere zu? Was tun wir in der Begegnung mit anderen selbst dafür oder auch dagegen, dass wir unsere Würde bewahren? Versetzen Sie sich für einen Moment in Pflegekräfte, die aus Personalnot mit ihren Patientinnen und Patienten nicht so umgehen können, wie sie es nach ihrer Vorstellung eines würdevollen Miteinanders gerne täten. Sie lassen Menschen in ihren Betten liegen, obwohl sie Hilfe bräuchten. Sie können nicht bei Sterbenden verweilen, obwohl sie Beistand nötig hätten. Was macht solch eine Situation auf Dauer mit den Pflegenden? Welche Nachwirkungen hat es, die Würde von anderen missachten zu müssen und/oder in Stresssituationen auch den eigenen Ansprüchen im Umgang mit den Pflegebedürftigen nicht mehr gerecht zu werden? Wir werden sehen, dass solche Notlagen Menschen an ihre Grenzen bringen und krank machen können.

Die dritte Dimension beschreibt die Art, wie wir zu uns selbst stehen. Welchen Anteil hat die Sicht auf uns selbst darauf, wie wir Würde empfinden? Nehmen wir Menschen, die sich verächtlichen und demütigenden Blicken ausgesetzt sehen. Verändert unser Blick auf uns selbst womöglich die Perspektive, mit der wir die Blicke anderer wahrnehmen? Haben wir selbst einen Schlüssel dafür in den Händen, ob sie uns unsere Würde nehmen oder nicht?

Zentral ist der Blick auf uns selbst ganz sicher am Ende des Lebens. Wie schauen wir zurück auf unser Leben? Was verstehen wir sehr individuell unter einem würdevollen Sterben? Selbst im Prozess des Abschiednehmens kann sich der Blick auf uns noch einmal sehr verändern, wie wir in diesem Buch sehen werden. Zu den drei Dimensionen der Würde noch einmal Peter Bieri:

»Wie behandeln mich die anderen? Wie stehe ich zu den anderen? Wie stehe ich zu mir selbst? Drei Fragen, drei Dimensionen der Erfahrung (…). Sie alle fließen im Begriff der Würde zusammen. Das gibt dem Begriff seine besondere Dichte und sein besonderes Gewicht. Die drei Dimensionen lassen sich gedanklich klar trennen. In der Erfahrung gewahrter, beschädigter oder verspielter Würde greifen sie ineinander.«[16]

Es wird nun Zeit, zu denen zu kommen, die im Mittelpunkt des Buches stehen. Zu denen, die um ihre Würde kämpfen. Mal kämpfen sie kraftvoll, mal nahe an der Resignation. Natürlich wird unser Leben bereits sehr früh geprägt. Experten sagen, bereits die ersten drei Lebensjahre haben entscheidenden Einfluss auf unser weiteres Leben. Wir beginnen unsere Reise deutlich später, an der Schwelle von der Jugend zum Erwachsensein. Die Kindheit ist noch nicht weit weg, gleichzeitig stehen Zukunftsentscheidungen an. Oder ist zu diesem Zeitpunkt bereits alles entschieden?

>*Es gibt Tage, an denen ich bewusst weniger esse, damit mein Kind vielleicht mal etwas Leckereres mit in die Schule nehmen kann.*«

Alexandra Bohlig, alleinerziehende Mutter

Würdevolles Aufwachsen –
Die Illusion der Chancengleichheit?

Wenn Dazugehören alles ist

Tiago Möhring besucht die vierte Klasse, als ihm zum ersten Mal auffällt, dass sich seine Familie finanziell weniger leisten kann als andere. Es ist die Zeit, in der Markenkleidung wichtig wird. Immer wieder wird ihm deutlich gemacht, dass er nicht dazugehört, wenn er nicht das trägt, was angesagt ist. Es wird gelästert, in der brutal vergleichenden Welt von Teenagern steht man schnell am Rand. Es sind die vielen alltäglichen kleinen Demütigungen, auf die wir in diesem Buch immer wieder stoßen. Kleine Nadelstiche, immer wieder erlebt, können bleibende Schmerzen hinterlassen. Und das Gefühl, nie wirklich zur Ruhe zu kommen.

Mit seinen Eltern und seinen beiden Geschwistern lebt Tiago in Solingen im Bergischen Land. Er ist fünfzehn und besucht die zehnte Klasse einer Realschule, als ich ihn im Nachtcafé treffe. Taschengeld bekommt er keins. Ab und zu, wenn Geld genug da ist, stecken die Eltern ihm etwas zu. Dann kann er mit seinen Freunden an den Kiosk gehen, sich auch einmal großzügig zeigen und den anderen eine Capri-Sonne spendieren. Ansonsten gibt es niemanden, der ihn unterstützen könnte, denn zu seinem Großvater hat er kaum Kontakt, die Großmutter lebt weit entfernt in Portugal. Er wartet darauf, selbst etwas verdienen zu können, und hat sich als Zeitungsausträger beworben. Aber auch da steht er nur auf der Warteliste.

Tiagos Mutter ist Erzieherin in einer Grundschule. Der Vater arbeitet 20 Stunden pro Woche als Verkäufer in einem Modehaus. Zu mehr reicht es bei ihm nicht, denn nach einem Unfall – er wollte einen Streit schlichten und stürzte dabei aufs Knie – ist er mit einem künstlichen Kniegelenk körperlich eingeschränkt. Tiagos Mutter verdient 1234 Euro brutto, sein Vater 800 Euro. Ein insgesamt geringes Einkommen, das aber über dem Hartz-IV-Satz liegt. Dass die Familie trotz des Einsatzes der Eltern finanzielle Probleme hat, versteht Tiago nicht:

»Ich finde es schon ungerecht, dass meine Eltern so wenig verdienen, obwohl sie beide arbeiten gehen. Ich habe einen Freund, da geht nur der Vater arbeiten, die können sich so viel leisten, da frage ich mich ›Wie macht ihr das?‹. Die Arbeit meiner Mutter sollte zum Beispiel viel besser bezahlt sein, weil sie jeden Tag Kinder um sich rum hat und sich um alles kümmern muss. Die kommt fast jeden Tag mit Kopfschmerzen nach Hause – und da finde ich schon, das sollte besser bezahlt werden.«[17]

Nicht entdeckt werden

Die Erfahrung, wegen seiner Klamotten gehänselt worden zu sein, prägt Tiago Möhring bis heute. »Mir ist es wichtig, gut auszusehen und auch gut gekleidet zu sein«, sagt er bestimmt, »deshalb versuche ich mich auch mit billigen Klamotten gut anzuziehen.« Lieber weniger Kleidung, aber dafür Marken, mit denen er in der Wohlstandsmasse aufgeht und unsichtbar bleibt. Wenn er sich irgendetwas wünschen dürfte, ohne auf das Geld zu achten, dann wäre das »einfach ein ganz cooles Outfit, das ich auch zeigen kann, zum Beispiel Nike-Schuhe, eine Adidas-Hose und eine Nike-Strickjacke, das fände ich cool. Dann gucken natürlich auch viele und staunen. Ich sehe das auch bei anderen Freunden, die mehr Geld haben.«

Er sucht nach Wegen, sich anzupassen, dazuzugehören, aufzuschließen, und lebt mit dem ständigen Vergleich. Wenn Freunde sagen, sie hätten sich gerade das neue Samsung-Smartphone gekauft, steht er daneben und denkt sich, dass er es auch gerne hätte, »aber das geht halt nicht«.

Doch schwierig wird es für ihn auch in viel alltäglicheren Situationen. Wenn seine Freunde Döner essen gehen und er passen muss, weil er sich keinen Döner kaufen kann. Ins Kino kann er auch nicht mit, und wenn andere auf Partys gehen, entschuldigt er sich damit, dass er noch nicht auf Partys gehen will. Er sei noch zu jung dafür. »Da muss ich dann Ausreden finden.«

In der Schule geht Tiago zu seinen Mitschülerinnen und Mitschülern eher auf Distanz. Keiner soll mitbekommen, dass es der Familie finanziell nicht gut geht. Auch aus Angst vor Vorurteilen, denn er befürchtet, dass andere sagen: »Der hat kein Geld, der hat gar nichts und lebt im letzten Viertel von Solingen; ich möchte nicht so dargestellt werden, als ob ich so heruntergekommen wäre.«

So vorsichtig er ist, so sehr er Distanz wahrt, so mutig öffnet er sich einem engen Kreis von Freunden und weiht sie in seine Situation ein. Sie zeigen Verständnis, denn manche von ihnen haben selbst nicht viel. Es entsteht ein Umfeld, auf das er sich verlassen kann.

Und auch die Familie versucht das Beste aus der Situation zu machen. Manchmal unternehmen sie gemeinsam Ausflüge. »Letztes Mal waren wir im Affenpark, da haben wir ein bisschen dafür gespart.« Vor zwei Jahren haben sie die Großmutter in Portugal besucht, was einen bleibenden Eindruck hinterlassen hat. »Das war die Reise meines Lebens«, sagt er noch heute.

Tiago besitzt nicht viel Geld, aber ein funktionierendes Umfeld. Er schafft es bisher, ohne größere Blessuren durch seine Jugend zu kommen. Aber wir haben im Nachtcafé auch junge Schülerinnen und Schüler begrüßt, die noch mehr am Rand stehen als Tiago. Die Angst davor haben, als Kind einer Hartz-IV-Familie enttarnt zu werden. Manche machen ihre

Eltern für die Diskriminierungen in der Schule verantwortlich und gehen mit ihnen in den offenen Konflikt. Andere kapseln sich ab, ziehen sich in die innere Isolation zurück und werden nicht selten psychisch krank. Immer wieder beklagen Kinder, die in ihrer Kindheit Armut erleben, Vorurteile in den Köpfen der Menschen. Zu viele Klischees sind im Umlauf, auch dank so mancher geskripteter Reality-TV-Serie. Armut, das zeigen auch die Erfahrungen Tiago Möhrings, gilt als Makel, als etwas, das es zu verstecken gilt.

Es gibt Jugendliche, die an der gefühlten Chancenlosigkeit zerbrechen. Immer wieder im Kopf ist mir aber auch eine junge Frau, die aus dem Gefühl der Ohnmacht und der Ungerechtigkeit ihr politisches Engagement abgeleitet hat. Nach einer Kindheit, in der sie sich häufig gedemütigt fühlt, macht sie ihren Zorn öffentlich und setzt sich heute nachdrücklich dafür ein, dass nachfolgende Generationen nicht mehr mit den gleichen Startschwierigkeiten und Diskriminierungen zu kämpfen haben wie sie. Die Wut darüber, durch eine Kindheit und Jugend in Armut benachteiligt zu sein und immer wieder am Rand zu stehen, ist nachvollziehbar. Denn die Zahlen geben ihr recht.

Der Traum von der »Chancengleichheit«

Fakt ist: Viele Kinder und Jugendliche, die in schwierigen finanziellen Verhältnissen aufgewachsen sind, schaffen es nicht, sich aus ihnen zu befreien. Die Statistiken sind eindeutig. Wer aus einem gebildeten, finanziell gut ausgestatteten Elternhaus stammt, hat gute Chancen, ebenfalls in Schule, Studium und Beruf erfolgreich zu sein. Kinder, die in »nichtakademischen Haushalten« groß geworden sind, schaffen es häufig nicht. Eine Studie des Deutschen Instituts für Wirtschaftsforschung aus dem Jahr 2013 belegt, dass der familiäre Hintergrund sowohl den schulischen als auch den beruflichen Erfolg maßgeblich prägt. Die Bildungserfolge hängen zu über 50 Prozent vom Elternhaus ab, und etwa 40 Prozent der Ungleichheit zwischen den individuellen Einkommen im späteren Berufsleben sind ebenfalls darauf zurückzuführen.[18] Aus einer aktuellen Untersuchung des Deutschen Zentrums für Hochschul- und Wissenschaftsforschung geht einleuchtend hervor, wie die Hochschulbildung der Kinder mit der Bildung der Eltern korreliert: Von 100 Kindern aus Akademikerfamilien nehmen 79 ein Hochschulstudium auf, bei Nichtakademikern sind es lediglich 27.[19]

Und noch weitere Fakten sind alarmierend: Kinder aus besser gestellten Familien erhalten 2,5 Mal so häufig eine Empfehlung, das Gymnasium zu besuchen. Die Mathematikleistungen von Kindern aus Familien mit – so der Fachbegriff – »niedrigem sozioökonomischen Status« liegen im Durchschnitt vier Schuljahre (!) hinter den Leistungen von Kindern mit höherem sozioökonomischen Status.[20] Wer spricht hier noch von Chancengleichheit oder einem »durchlässigen Bildungssystem«?

Es gibt zwar vor allem auf lokaler Ebene zahlreiche Initiativen, die versuchen, diesem eindeutigen Trend entgegenzuwirken. Schulen, Hochschulen und engagierte Bürger setzen Projekte auf, um vor allem am Übergang von Schule zu Studium oder Beruf Hilfestellungen zu geben, aber in der Gesamtschau ist die Bilanz ernüchternd. Prof. Dr. Stefan Sell, einer der renommiertesten deutschen Armutsforscher, wird im Gespräch über dieses Thema sehr deutlich: »Leider zeigen die Forschungsbefunde, was Kinderarmut angeht, gerade für Deutschland einen bedrückenden Befund. Auf gut Deutsch: Sauschlecht. Die Wahrscheinlichkeit, dass die Kinder und Jugendlichen, die viele Jahre in Armut in ihrer Familie verbracht haben, das auch bleiben, ist extrem groß.« Die Förderung dieser Kinder und Jugendlichen in unserem Bildungssystem sei unzureichend. Die

Folge sind Schulabbrüche, Nichtzugänge zur Berufsausbildung, damit Arbeitsmarktprobleme und letztendlich im Ergebnis im Erwachsenenalter eine hohe Wahrscheinlichkeit von Arbeitslosigkeit und Armut. Gleichzeitig kritisiert Sell den Begriff »Kinderarmut«, denn in Wahrheit gebe es keine Kinder-, sondern eine Familienarmut. Seine Argumentation ist einleuchtend: Wir können die Armut von Kindern nicht isoliert bekämpfen, sondern müssen das »Setting« verändern, in dem die Kinder aufwachsen. Übersetzt auf die Geschichte von Tiago Möhring bedeutet dies, dass seine Kindheit anders verlaufen wäre, wenn es selbst Familien, in denen beide Eltern arbeiten, nicht so schwerfallen würde, über die Runden zu kommen.

Mit 15 in die Zukunft schauen

Wie sieht Tiago Möhring seine Zukunft? Früher wollte er Arzt werden, aber diesen Berufswunsch hat er vorerst abgeschrieben. Sein Ziel ist es nun, nach der 10. Klasse in einer Berufsschule das Fachabitur zu machen. Danach strebt er eine Ausbildung zum Industrie- oder Bürokaufmann an, um später beispielsweise bei den Stadtwerken zu arbeiten. Auch, weil er »einen Beitrag für die Leute in der Stadt« leisten möchte. Das Wichtigste an seinem zukünftigen Job ist allerdings für ihn, dass er damit genug Geld verdienen kann. Genug, um seinen Eltern etwas zurückzugeben und endlich einmal mit seinem Bruder zu zweit in den Urlaub fahren zu können. Jetzt, in der 10. Klasse, macht er sich durchaus Sorgen um die Zukunft: »Die finanzielle Lage macht mir Angst, dass man abrutscht und in Hartz-IV landet oder Schulden hat.« Er wünscht sich, herauszukommen aus diesen Sorgen und »wenn ich dann irgendwann mal Familie habe, diese gut finanzieren zu können.« Tiago ist voller Tatendrang und optimistisch. Er hat Pläne und ist selbstbewusst. Gleichzeitig ist aber auch zu spüren, dass er vorsichtig bleibt, wachsam, und weit davon entfernt ist, selbstverständlich davon auszugehen, dass er seine Träume auch verwirklichen kann. Gerade, wo das Grundvertrauen in den eigenen Lebensweg nicht wirklich ausgeprägt ist, braucht es ein besonderes Maß an Unterstützung und Förderung. Etwas, was unser Schulsystem derzeit nur unzureichend bieten kann.

Die (Bildungs-)Rezepte des 19. Jahrhunderts taugen nicht mehr

Die Diskussion um die Chancengleichheit ist nicht neu. Obwohl bereits Wilhelm von Humboldt ein knappes Jahrzehnt nach der Einführung der allgemeinen Schulpflicht 1794 eine »vollständige Menschenbildung«, die jedem ohne Rücksicht auf Vermögen, Stand oder zukünftigen Beruf zur Verfügung stehen sollte, gefordert hatte, ließ selbst eine halbherzige Umsetzung dieser Forderung mehr als 100 Jahre auf sich warten. Und schon damals führte die Realität einer Ständegesellschaft zu ungleichen Startchancen im aufkeimenden Bereich der allgemeinen Bildung: Wer hatte, dem wurde gegeben, und die weniger Glücklichen mussten sich mit hoffnungslos überfüllten Klassen und schlecht ausgebildeten Lehrern zufriedengeben.[21]

Bis heute haben wir zu wenig Antworten auf alte, aber nicht weniger drängende Fragen gefunden. Lehrerinnen und Lehrer, die in Grundschulklassen wie vor 200 Jahren im Frontalunterricht ein Kurrikulum für dreißig Kinder mit völlig unterschiedlichen Voraussetzungen vermitteln müssen, können nur an Grenzen stoßen. Sie haben keine Zeit für die Kinder, die mit schlechten Voraussetzungen kommen und außerordentlich großer Förderung bedürfen. Sie haben ebenfalls keine Chance, Hochbegabten immer wieder Lernanreize zu geben und sie angemessen zu fördern. Ein Durchschnittsniveau, das einen großen Teil der

Schülerinnen und Schüler entweder unter- oder überfordert, sollte einem differenzierteren Förderungssystem weichen.[22] Hier gibt es bereits positive Ansätze gemeinschaftlichen und doch individuellen Lernens, die derzeit erprobt und wissenschaftlich begleitet werden. Aber dies sind derzeit noch Ausnahmen. Reichen diese Ansätze? Können wir das Problem allein durch einen Innovationsprozess in den Schulen auffangen? Sicher nicht. Wenn zu Zeiten der Digitalisierung in den Haushalten der Wohlhabenden ein selbstverständlicher und verantwortungsvoller Umgang mit moderner Technik zu Hause erlernt werden kann und in anderen Haushalten nicht, weil es dort die Geräte oder die pädagogische Unterstützung gar nicht gibt, werden erneut die Unterschiede zementiert. Der Armutsforscher Sell hat Recht. Es gibt keine »Kinderarmut«, sondern eine »Familienarmut«. Aber wenn wir schon dabei sind, den Armutsbegriff zu differenzieren, dann stellen wir schnell fest, dass viele sich schon am Begriff »Armut« stoßen. Sind Menschen in Deutschland wirklich arm? Muss hier irgendjemand befürchten zu verhungern?

Was heißt schon »arm«?

Tatsächlich gibt es unterschiedliche Definitionen von Armut. Zum einen die »absolute Armut«, mit der die Grenze beschrieben wird, ab der jemand existenziell gefährdet ist, körperliche Schäden davontragen kann und ums Überleben kämpft. Nach den Kriterien der UNO gilt in diesem Sinne global gesehen derjenige als arm, der weniger als 1,90 Dollar pro Tag zur Verfügung hat.[23] Zehn Prozent der Erdbevölkerung oder ca. 700 Millionen Menschen auf der Welt gelten nach dieser Definition als arm. Allerdings fiele selbst ein Obdachloser in Deutschland nicht in diese Kategorie, weil er oder sie beim Sozialamt Anspruch auf finanzielle Unterstützung in Form von Arbeitslosengeld II

(Hartz IV) hat. Obdachlose machen diesen Anspruch jedoch häufig nicht geltend, weil es ihnen an Informationen fehlt, die Hemmschwelle zu hoch ist und es ihnen häufig wegen Krankheit und Sucht an Kraft mangelt.[24] Bedeutet das also tatsächlich, dass es in Deutschland keine armen Menschen gibt?

Nein, denn in entwickelten Industrienationen hat sich international ein »relativer Armutsbegriff« etabliert. Arm ist nach dieser Definition, wer über weniger als 60 Prozent, in anderen Definitionen über weniger als die Hälfte des sogenannten »Medianäquivalenzeinkommens« verfügt. Diese Bezugsgröße entspricht eben nicht dem Durchschnittseinkommen, denn dieses führt durch die exorbitant hohen Gehälter der Besserverdienenden immer zu einer deutlichen Verzerrung nach oben. Deshalb stellen wir uns eine Liste vor, die die gesamte Bevölkerung nach der Höhe des individuellen Einkommens sortiert. In dieser Liste würde die Person in der Mitte das Medianäquivalenzeinkommen beziehen.[25] 60 Prozent dieses Einkommens entsprechen bei alleinstehenden Personen 1096 Euro pro Monat oder 36 Euro pro Tag.[26] Klingt das im Vergleich zu den 1,90 Dollar pro Tag nicht geradezu üppig? Armutsforscher Stefan Sell relativiert: »Mit diesem Betrag müssen Sie Ihr Leben bestreiten. Sowohl die Miete zahlen als auch Lebensmittel, Kleidung und so weiter. Und wenn Sie an die Lebenshaltungskosten – nicht nur in Stuttgart, Frankfurt oder anderen teuren Großstädten – denken, dann ist das ein mehr als überschaubarer Betrag. Und deswegen sind diese Leute auch faktisch einkommensarm. Wenn man die relative Armutsgrenze zugrunde legt, dann haben wir in Deutschland eine Armutsquote von über 15 Prozent.«

Ein wichtiger Aspekt ist auch, wie Armut »gefühlt« wird. Wir Menschen vergleichen uns bewusst oder unbewusst ständig mit unserem Umfeld und fühlen uns überlegen, ebenbürtig oder unterlegen. Es ist ein Unterschied, ob wir in einem Land leben, in dem fast alle Menschen unter – nach unseren Maßstäben – schwierigen Lebensbedingungen leben. Oder ob wir Teil einer Wohlstandsgesellschaft sind, in der wir nicht mithalten können. In der wir, wenn wir nicht über ein bestimmtes Einkommen verfügen, faktisch ausgegrenzt sind, weil wir nicht teilhaben können an den Aktivitäten, die sich unser soziales Umfeld leisten kann. Obwohl wir faktisch »reicher« sind, können wir uns ärmer fühlen als Menschen in anderen Ländern. Lebenszufriedenheit korreliert nicht mit dem Bruttoinlandsprodukt, die Rechnung wäre zu einfach. Das belegt auch der World Happiness Report, ein jährlich von der UNO veröffentlichter Bericht. Auch wenn die Ergebnisse des Berichts aus mehreren Gründen (Datenmangel, noch nicht ausreichend untersuchte Zusammenhänge etc.) »eher illustrativ als endgültig« angesehen werden sollten, zeigen sie jedoch überzeugend, dass das Bruttoinlandsprodukt eines Landes nur etwa für ein Viertel der gesamten Lebenszufriedenheit sorgt. Ein Paradebeispiel dafür sind die USA, die es als größte Wirtschaftsmacht der Welt nicht in die Top Ten der glücklichsten Länder der Welt schaffen.[27] Die soziale Unterstützung wird am höchsten gewichtet und sorgt laut dem Bericht für etwa ein Drittel der nationalen Zufriedenheit, was unter anderem auch die kontinuierliche Platzierung der skandinavischen Länder, die für ihre fortschrittlichen Sozialsysteme bekannt sind, auf dem Siegertreppchen erklärt.[28]

Es ist der Vergleich, der uns zusetzt. Es sind die Blicke der Anderen, es ist die Sorge darum, dass den eigenen Kindern gar keine Chance gegeben wird, weil sie als chancenlos abgestempelt werden, bevor sie überhaupt ins berufliche Leben starten. Machen wir uns wirklich ein Bild davon, was zum Beispiel in einer alleinerziehenden Mutter vorgeht, die am Existenzminimum wirtschaften muss? Welcher Anstrengungen es bedarf, den Kindern gute Startchancen zu ermöglichen?

Ein dreifacher Kampf

Die 48-jährige Berlinerin Alexandra Bohlig lebt schon seit vielen Jahren in sogenannten »prekären Verhältnissen«. Die alleinerziehende Mutter von drei Söhnen und einer Tochter hat eine Ausbildung zur Erzieherin absolviert und in ihrem Beruf lange auf einem Abenteuerspielplatz und in Teilzeit in einem Jugendfreizeitheim gearbeitet. Seitdem sie Mutter ist, muss sie kämpfen. Sie kämpft gegen Vorurteile, gegen die finanziellen Schwierigkeiten und seit einigen Jahren auch gegen eine unheilbare Krankheit.

Alexandra Bohlig trifft auf kritische Blicke, denn in den Köpfen der Menschen ist sie als Alleinerziehende mit vier Kindern »asozial«. Auch die Lehrerinnen und Lehrer ihrer Kinder können sich davon nicht freisprechen. Was tun, wenn Vorurteile im Raum schweben und auch für die Kinder zum Nachteil zu werden drohen? Frau Bohlig geht in die Offensive, engagiert sich in der Schule und wird wiederholt zur Elternsprecherin gewählt. Erfolgreich versucht sie im persönlichen Kontakt mit dem Lehrpersonal und anderen Eltern stereotype Bilder im Keim zu ersticken. Eine Lehrerin, mit der sie ein besonders offenes Verhältnis pflegt, gibt sogar zu, gegenüber der alleinerziehenden Mutter mit vier Kindern nicht frei von Schubladendenken gewesen zu sein. Aber schnell habe sie eingesehen, dass Frau Bohlig ihren Vorurteilen so gar nicht entspräche. Sich ständig beweisen zu müssen und neben Arbeit und Kindererziehung auch in der Schule Präsenz zu zeigen, kostet Kraft. Frau Bohlig geht immer wieder an ihre Grenzen. Aber sie will ihren Kindern ein Vorbild sein und ihnen demonstrieren, dass Arbeit und Erziehung zu verbinden sind. Und dass Arbeit ein Teil des Lebens ist, der sinnstiftend sein kann.

Sie muss sich strecken, um das Geld für Schulbücher, Klassenfahrten, Kleidung, Lebensmittel und Miete aufzubringen. Als sie noch arbeitete, verdiente sie zwischen 1000 und 1300 Euro pro Monat. Mit dem Kindergeld lag sie etwas über dem Hartz-IV-Satz, erhielt aber keine Vergünstigungen. Später, als sie nicht mehr arbeiten kann, erhält sie Hartz IV.

Sie kann die Wohnung kaum halten und muss sich Geld von der glücklicherweise verständnisvollen Vermieterin leihen. Ihr jüngster Sohn ist heute vierzehn, die anderen Kinder sind schon aus dem Haus. Sie kann sich nicht erinnern, jemals selbst Möbel gekauft zu haben. Tische, Schränke, Betten und alle weiteren Einrichtungsgegenstände stammen von ihrer Mutter, die seit 2009 nicht mehr lebt. Auch der letzte Urlaub, zu dem ihre Mutter sie eingeladen hatte, liegt gefühlte Ewigkeiten zurück. Alexandra Bohlig hat auch schon die Tafel besucht und schämt sich nicht dafür. Ihr Traum wäre, einmal Mallorca zu sehen, gemeinsam mit allen Kindern. Aber den Traum hat sie abgeschrieben, denn ihre Zeit ist begrenzt.

2009 stirbt ihre Mutter an Brustkrebs. Fünf Tage nach der Beerdigung fühlt sie selbst einen Knoten in der Brust, und es dauert nicht lange, bis auch sie die schockierende Krebsdiagnose erhält. Es folgen mehrere Operationen und schließlich die Brustamputation. Zunächst sieht es so aus, als könnte sie den Krebs besiegen, aber 2016 kehrt er zurück. Er hat bereits gestreut. Alexandra Bohligs Krebsleiden gilt heute für die Ärzte als unheilbar. Zudem hat sie Arthrose in den Fingern, ihre Augen sind schlechter geworden, seit Jahren ist sie arbeitsunfähig. Auch mit der Krankheit wollte sie zunächst in ihrem alten Beruf als Erzieherin weiterarbeiten, aber sie musste einsehen, dass dies unmöglich ist: »Auf einem Abenteuerspielplatz mit Jugendlichen Hütten bauen, Volleyball spielen, Ytong-Steine bewegen und so was – das konnte ich einfach nicht mehr. Ich hätte auch nicht im Kindergarten arbeiten können, wo man kleine Kinder ständig hochheben muss oder so etwas. Das hätte ich körperlich nicht mehr geschafft.« Daraufhin startet Frau Bohlig eine Umschulung und beendet sie 2015 mit einem IHK-Abschluss als Veranstaltungskauffrau.

Aber damit bei Ihnen kein falscher Eindruck entsteht: Alexandra Bohlig gibt sich nach wie vor kämpferisch, als ich sie im Nachtcafé kennenlerne. Sie will vor allem mit Vorurteilen aufräumen. Sie weiß, dass sie wahrscheinlich nicht mehr lange zu leben hat, und doch ist sie stolz auf das, was sie erreicht hat: »Aus meinen Kindern ist etwas geworden. Die klauen nicht, die trinken nicht. Die sind dabei, gute Ausbildungen zu machen. Das geht auch, wenn man wenig Geld hat.« Gerne hätte sie ihren Kindern etwas vermacht, aber sie hat nichts zu vererben. »Ich habe einen Ring von meiner Mama und einen von meiner Oma. Für beide würde man wahrscheinlich keine zwanzig Euro bekommen, wenn man sie verkauft. Ich habe nichts Wertvolles. Das, was ich Wertvolles habe, sind Fotos, Gedanken, die ich aufgeschrieben habe, und Erinnerungen.« Alexandra Bohlig beschwert sich nicht, aber sie will aufmerksam machen auf ihre Lebenswelt, ihre Beschränkungen und ihre Kraftanstrengungen für die Zukunft ihrer Kinder. Und darauf, was es heißt, mit der Armut zu leben:

»Ich glaube, dass wir in Deutschland noch das Glück haben, dass es ein Sozialsystem gibt und die Krankheit überhaupt behandelt werden kann und dass wir ein Dach über dem Kopf haben und wir auch nicht Hunger leiden müssen. Aber an deutschen Verhältnissen gemessen sind wir schon arm, weil ich letztendlich jeden Tag überlegen muss, was wir zum Mittagessen machen. Es gibt Tage, an denen ich bewusst weniger esse, damit mein Kind vielleicht mal das Leckerere mit in die Schule nehmen kann oder mal etwas Besonderes bekommt. Da würden sich andere Leute wundern, warum das für uns etwas Besonderes ist, das gibt es bei denen jeden Tag.«

Das Wichtigste ist ihr heute, da ihre Lebenszeit nur begrenzt ist, mit der Familie und ein paar guten Freunden noch eine gute

Zeit zu haben. Manchmal sitzen sie zusammen und spielen Gesellschaftsspiele. »Das ist dann schöne Qualitätszeit.«

Wo Stereotype lauern

Alexandra Bohlig weiß unser Sozialsystem zu schätzen, sie nimmt es nicht als selbstverständlich. Und doch wird an ihrem Beispiel so vieles deutlich. Dass sie am Essen spart, um ihren Kindern etwas Gutes zu tun, ist kein Einzelfall. Laut den Ergebnissen einer europaweiten Studie im Auftrag der Europäischen Kommission werden die Ressourcen innerhalb einkommensschwacher Familien keineswegs gleich verteilt: In der Regel verwalten die Frauen das Budget und stellen ihre eigenen Bedürfnisse zurück, um den Lebensstandard ihrer Partner und Kinder zu sichern.[29]

Meistens ist es auch nach wie vor die Frau, die als Alleinerziehende Verantwortung für die Kinder übernimmt. Die Zahlen sind eindeutig: 84 Prozent alleinerziehenden Müttern stehen nur 16 Prozent alleinerziehende Väter gegenüber. Und wir sprechen nicht von Einzelfällen. Aktuell gibt es, unabhängig vom Alter der Kinder, 2,2 Millionen alleinerziehende Mütter, Alexandra Bohlig ist eine von ihnen.[30] Sie hat erlebt, was Millionen andere auch erfahren. Beziehungen gehen auseinander. Die Verantwortung und die finanzielle Last bleiben vorwiegend an einem Elternteil hängen, und dies hat letztendlich praktische Folgen – Alleinerziehende sind im Vergleich zu der Gesamtbevölkerung doppelt so häufig armutsgefährdet, trotz staatlicher Unterstützung.[31] Das Streben nach einem würdevollen und selbstbestimmten Leben bleibt allen Widrigkeiten zum Trotz bestehen: Die Mehrheit der Menschen in dieser Lage ist überdurchschnittlich motiviert, am Erwerbsleben teilzunehmen, wofür auch Alexandra Bohligs persönliche Geschichte ein Beispiel ist. Hat sie irgendetwas falsch gemacht? Sie hat mehrere Ausbildungen absolviert und gearbeitet, bis es ihre Krankheit nicht mehr zuließ. Und sie hat gekämpft darum, dass ihre Kinder nicht unter den Urteilen und ständigen finanziellen Engpässen leiden. Alexandra Bohlig hat es mit größten Kraftanstrengungen geschafft, ihren Kindern den Weg zu ebnen. Allein die Beispiele von Tiago Möhring und Alexandra Bohlig zeigen, wie schwer es fallen kann, Schritt zu halten mit denen, die in unserer Gesellschaft auf der Gewinnerseite stehen. Wie verletzend Blicke und Bemerkungen sein können und welchen Aufwand es bedeutet, dabei Selbstbewusstsein und Selbstachtung zu bewahren. Und sie führen uns vor Augen, wie schnell wir zu gestanzten Stereotypen neigen. Die Karikatur der Hartz-IV-Empfänger – ist sie nicht in fast allen von uns bewusst oder unbewusst verankert? Natürlich gibt es die Hartz-IV-Empfänger, die den Tag über in Trainingshose verbringen, Alkohol trinken und keine Lust haben zu arbeiten. Auch über sie sollten wir uns nicht automatisch erheben, auch hinter ihre Lebensgeschichten sollten wir genauer schauen. Aber Tiago Möhring und Alexandra Bohlig schärfen unseren Blick dafür, genauer hinzusehen und wahrzunehmen, wie schnell wir diesen Stereotypen aufsitzen und sie auf andere übertragen. Wie schnell viele von uns in eine prekäre Situation rutschen können, die uns ebenfalls den Blicken anderer aussetzt. Und wie schwer es für Kinder ist, in einer solchen Situation die Kraft und das Selbstbewusstsein aufzubringen, an eine bessere, vielleicht sogar akademische Zukunft zu glauben.

22 und schon zehn Jahre erwachsen

Reisen wir weiter durch unser exemplarisches Leben. Jasmin Memis ist bereits 22 und damit einige Jahre älter als Tiago Möhring. Sie ist vier Jahre jung, als ihre Eltern sich trennen. Für Jasmin beginnt eine schwere Zeit, die Trennung hinterlässt Spuren, und Jasmin muss vorübergehend psychologisch betreut werden. Sie wächst bei ihrer alleinerziehenden Mutter auf. Die arbeitet so viel sie kann in einem Gasthaus, in einem Callcenter und einer Behindertenwerkstatt. Aber dann verstärken sich psychische Probleme, sie leidet unter Panikattacken und hat Angst vor Menschenmassen und öffentlichen Plätzen. Als Jasmin fünf ist, kann ihre Mutter nicht mehr arbeiten und resigniert. Jasmin erkennt früh, sehr früh, dass ihre Mutter unter Problemen leidet:

»Meine Mutter hatte eine ziemlich schwere Kindheit, und das hat sie irgendwann eingeholt. Ich kenne meine Mutter fast gar nicht anders, ich kenne sie eigentlich nur krank. Weil ich früh gemerkt habe, dass es ihr schlecht ging, hab ich eigentlich schon immer Rücksicht auf sie genommen.«

Rücksicht nehmen bedeutet auf das Leben übersetzt auch, Verantwortung für ihre Mutter und ihre kleine Schwester zu tragen. Schon als Jasmin acht Jahre alt ist, klärt ihre Mutter sie über die finanzielle Situation der Familie auf. Die Mutter hat Schulden und bezieht zur Bewältigung der Situation einen Schuldenberater mit ein. Damit ihre Töchter nicht zu sehr unter den Bedingungen leiden, spart Jasmins Mutter in den nächsten Jahren immerhin so viel, dass sie ihnen zu Weihnachten zumindest einen kleinen Wunsch erfüllen kann. Als sie eine finanziell besonders schwere Zeit erleben, gehen sie auch zur Tafel. Keine gute Erfahrung, der Familie sind die Besuche unangenehm, und sie versuchen, auch ohne Unterstützung der Tafel ihr Leben zu meistern. Verantwortung dafür übernimmt früh Jasmin, die gemeinsam mit ihrer Mutter die Finanzen plant. Sie listen alle Unkosten auf und rechnen bis auf den Cent genau aus, was ihnen für den Wocheneinkauf zur Verfügung steht. Ein Thema, das sie durch Kindheit und Jugend begleitet. »Es gab keine Zeit, in der Geld für uns keine Rolle gespielt hat. Es ist immer wieder ein Kampf, darüber nachdenken zu müssen.«

Wie Tiago erfährt sie sehr konkret, was es bedeutet, sich nicht das leisten zu können, was für Mitschülerinnen und Mitschüler in ihrer Realschule selbstverständlich ist. Aber Jasmin erlebt das, was Tiago um jeden Fall vermeiden will. Sie selbst sagt rückblickend: »Die negativen Seiten der Armut habe ich vor allem auch in der Schule zu spüren gekriegt.« Die Armut der Familie wird zum Thema, sie wird wegen ihrer Kleidung gehänselt, sie wird geschubst und ausgelacht. Immer wieder fallen Blicke auf sie. Aus Angst vor den Mitschülerinnen und Mitschülern geht sie oft nicht in die Schule. Sie wird immer zurückhaltender und schüchterner. Bis sie Konsequenzen zieht: »Irgendwann war mir das alles zu viel. Ich konnte einfach nicht mehr. Deshalb habe ich die Schule gewechselt.«

Obwohl sie eine gute Schülerin ist, wechselt Jasmin Memis auf die Hauptschule. Dies kommt beinahe zufällig zustande. Ein Nachbarskind, mit dem sie sich gut versteht, besucht eine Hauptschule in ihrer Nähe, und weil Jasmin in dieser Zeit Anschluss mehr sucht als schulischen Erfolg, zögert sie nicht und entscheidet sich für die Intensivierung der Freundschaft. Mit Erfolg, denn der Schulwechsel beruhigt Jasmins Seelenleben, es geht ihr besser.

Ihrer Mutter macht sie nie Vorwürfe, denn sie versteht die Gesamtsituation. Anders als ihre kleine Schwester, die immer wieder schimpft, fordert und nicht verstehen will, warum sie sich bestimmte Wünsche nicht erfüllen kann. In diesen Situationen ist Jasmin diejenige, die ihre Schwester zum Sparen anhält und ihr immer und immer wieder erklärt, warum was nicht möglich ist. Häufig kommt es zum Streit, aber mittlerweile haben die beiden Geschwister ein gutes Verhältnis und vertrauen einander. Die »kleine Schwester« legt heute noch sehr viel Wert auf Jasmins Meinung. »Das liegt daran, dass ich damals quasi der Kopf der Familie war, als meine Mutter das nicht mehr sein konnte.«

Inzwischen hat Jasmin den Realschulabschluss und schließlich auch das Abitur nachgeholt. Ein Kraftakt, aber sie hat es geschafft. Vielleicht will sie demnächst sogar studieren. Aber, und das hat sie mit Tiago gemeinsam, an erster Stelle steht zunächst das Geldverdienen. Aktuell arbeitet sie in einer Produktionsfirma, wo sie für Werkzeuge und Auto-Armaturen-Taster zuständig ist: »Eine ziemlich monotone Arbeit. Aber dafür ist es finanziell kein Vergleich zu früher. Früher musste ich 20 Mal überlegen, ob ich mir zum Beispiel ein Eis kaufen will, heute ist das keine Sache mehr.«

Blicke, Makel und Würde

Jasmin Memis hat es geschafft, sich eine Zukunftsperspektive aufzubauen. Aber denken wir noch einmal zurück an die Phase, in der sie gehänselt, geschubst und ausgegrenzt wurde. Und denken wir an Tiago Möhring, von dem wir erfahren haben, wie wichtig es ihm ist, nicht aufzufallen, sondern dazuzugehören. Sehr viele Schülerinnen und Schüler in Deutschland kennen das Gefühl, das er beschreibt. Sie fürchten die Blicke der anderen. Sind sie so detektivisch genau, dass sie sie entlarven? Die Sorge zwingt sie zur Vorsicht und zu ständiger Wachsamkeit. Dass sie finanziell nicht Schritt halten können, wird zum Makel, den es zu verbergen gilt.

Wir alle können uns vorstellen, wie anstrengend es auf Dauer ist, etwas permanent verbergen zu wollen. So etwas kann uns niederdrücken und krank machen. Die Tatsache, dass viele Schülerinnen und Schüler sich trotzdem eher zurückziehen, als ihre Armut offensichtlich werden zu lassen, zeigt auch, wie sehr sie in dieser Gesellschaft signalisiert bekommen, dass es ein Makel ist, arm zu sein. Der Philosoph Peter Bieri sieht für all diejenigen unter uns, die versuchen, etwas von sich zu verbergen, das sie als Makel empfinden, nur einen Weg: die Flucht nach vorn:

»Der Kampf um die eigene Würde angesichts der tatsächlichen oder befürchteten Beschämung beginnt damit, dass ich mich auf diese Unterscheidung besinne und mich frage: Ist es eigentlich unvermeidlich, dass ich mir das Urteil der anderen zu eigen mache, in deren Licht betrachtet das ein Makel ist, eine Schande und eine Schmach?« Sicher, idealerweise nehmen wir allen den Wind dadurch aus den Segeln, dass wir zu dem stehen, wer und was wir sind. Aber wie lang und mühsam ist der Weg, um das zu lernen? Und wie viel innere Stärke und Vertrauen in das eigene Urteil sind dafür nötig? Das dürfte in der Regel zu viel verlangt sein von Jugendlichen, die gerade in einer Phase sind, in der sie sich selbst erst finden.

Ein Keyboard als Fluchtort

Jasmin Memis hat der großen Verantwortung, die sie bereits in der Jugend in ihrer Familie tragen musste, standgehalten. Was hat ihr in Zeiten des Mobbings und der Diskriminierung geholfen? »Kraft«, so sagt Jasmin, »hat mir in meiner Jugend vor allem die Musik gegeben.«

Bereits mit zehn Jahren beginnt sie, Keyboard zu spielen. Als ihre Mutter in einem Discounterladen ein günstiges Keyboard für 15 Euro entdeckt, schenkt sie ihrer Tochter das Instrument. Jasmin besorgt sich ein Notenbuch, bringt sich alles selbst bei und beginnt, eigene Lieder zu spielen. Irgendwann erfährt ihre Mutter, dass die Großtante noch ein altes Keyboard besitzt, das sie ihr für wenig Geld abkaufen kann. Ein nächster Schritt, denn es ist zwar kein Profi-Instrument, aber doch wesentlich besser als das Kinderkeyboard aus dem Discounter. Was ihr die Musik vor allem in schwierigen Zeiten gegeben hat, beschreibt Jasmin sehr eindringlich:

»Die Musik ist für mich Entspannung und auch Flucht. Es war damals eine Möglichkeit, sich einfach einmal abzulenken und sich etwas hinzugeben, ohne dass es viel Geld kostet. Ich brauchte nur mein Keyboard und mein Notenheft und konnte loslegen.«

Inzwischen macht sie beim Jugend-Musik-Werk Baden mit. Sie will einen Beitrag dazu leisten, dass sich etwas verbessert in dieser Gesellschaft. Der Verein hat es sich zur Aufgabe gemacht, Kinder und Jugendliche zu unterstützen, die musikalisch sind, sich aber keinen Musikverein leisten können.

Was kann eine Gesellschaft tun, um auch Kindern, die in schwierigen Situationen aufwachsen, den Raum zu geben, sich kreativ, sportlich oder geistig zu entfalten? Die Politik ist, das kann man nicht abstreiten, aktiv geworden. Sie hat 2011 das sogenannte »Bildungs- und Teilhabepaket« eingeführt. In einer Broschüre des Bundesministeriums für Familie, Senioren, Frauen und Gesundheit ist das Paket mit »Chancen für Kinder aus Familien mit Kinderzuschlag« untertitelt. Mit dem Bildungs- und Teilhabepaket sollte ein Paradigmenwechsel eingeleitet werden: »Erstmals erhalten Kinder – gekoppelt an monetäre Bezugsberechtigungen – zweckgebunden Leistungen zur Bildung und Teilhabe.«[32] Zurück geht das Paket auf eine Entscheidung des Bundesverfassungsgerichts. Dieses hatte 2010 entschieden, dass Bildung bei der Förderung von Kindern am Existenzminimum berücksichtigt werden müsse. Die Intention ist erst einmal ehrenwert. Gibt es einen Haken?

Ein Teilhabepaket als Diskriminierungsverstärker?

Als ich den Armutsforscher Stefan Sell auf die Initiative anspreche, gerät er fast aus der Fassung. »Das Bildungs- und Teilhabepaket ist für alle, die sich damit beruflich beschäftigen, die absolute Hasskappe, weil es ein Ausdruck von absolut kleinkrämerischer Playmobil-Sozialpolitik ist.« Was meint Sell damit?

Er kritisiert, dass der Gesetzgeber den Familien zwar zehn Euro im Monat z. B. für den Sport- oder Musikverein zur Verfügung stellt. Aber es gehe ja beispielsweise in einem Sportverein nicht nur um den Mitgliedsbeitrag, die Kosten für Ausrüstung etc. seien beträchtlich höher. Das Paket sei zudem nur entstanden, weil das Bundesverfassungsgericht 2010 ein eindeutiges Signal gesandt habe. Dies, so Sell, war die Botschaft: »Liebe Regierung, die Leistungen für die Kinder sind nicht korrekt. Die sind zu niedrig!« Und weil man die Hartz-IV-Empfänger oftmals in Kollektivhaft nehme, habe man die Leistungen zweckgebunden verteilt.

Damit sind wir bei den Vorurteilen, über die in diesem Buch z. B. schon Tiago Möhring und Alexandra Bohlig geklagt haben. Manche unserer Nachtcafé-Gäste sprechen in diesem Zusammenhang von einer »RTL-mäßigen Karikatur«, nach der Hartz-IV-Empfänger »nur faule Menschen sind mit maroden Wohnungen (…), die Mutter total faul, immer am Rauchen, interessiert sich nicht für ihre Kinder.« Genau diesen Vorurteilsgeist atmet nach Sell auch dieses Gesetz. Denn es folge der Diskussion »Die versaufen und verrauchen die Regelleistungen«. Heißt sachlich ausgedrückt: Man gibt das Geld nur zweckgebunden weiter, weil man den Eltern nicht vertraut, den Betrag auch zur kulturellen Förderung der Kinder einzusetzen. Ist das Misstrauen berechtigt?

Nach Sell hat die Forschung gezeigt, »dass die allermeisten Eltern, gerade die Alleinerziehenden, auf die Befriedigung von eigenen existenziellen Bedürfnissen verzichten, um ihren Kindern etwas zu ermöglichen.« Einige Beispiele für ein solches Verhalten haben wir in diesem Buch bereits kennengelernt. Trotzdem, so Sell, »hat man dieses Bürokratiemonster entworfen«. Sell bezieht sich hier auf den Verwaltungskostenanteil, der bei immerhin 25 Prozent liegt.[33] Das, sagt Sell und lacht gleichzeitig, »schafft noch nicht mal die private Lebensversicherung«. Sein Fazit ist vernichtend: »An diesem Beispiel sehen Sie, wie kleinkrämerisch und auch letztendlich wie beschämend wir mit den Leuten umgehen.«

Auch die Bilanz des Evaluationsberichts zum Bildungs- und Teilhabepaket (2016) ist weitgehend kritisch und ernüchternd. Sie zeigt, dass trotz der wohlgemeinten Idee die Umsetzung noch tiefgreifender Veränderungen bedarf. Viele Anspruchsberechtigte wissen nichts von den Fördermöglichkeiten, es fehlt an Beratung angesichts der verbürokratisierten Anträge, zweckgebundene Leistungen lassen nur einen geringen Spielraum bei der Wahl der sportlichen oder kulturellen Angebote für Kinder und Jugendliche. Die Konsequenz: Gerade diejenigen, die am stärksten von der Förderung profitieren sollten, bleiben nach wie vor auf der Strecke.[34]

Es gibt keine vererbte Armut

Zweimal haben wir bisher in die Leben von Jugendlichen geschaut. Außerdem haben wir mit Alexandra Bohlig die Perspektive gewechselt und auch mit dem Blick der alleinerziehenden Mutter das Leben in schwierigen Verhältnissen gespiegelt. In der politischen und wissenschaftlichen Debatte wird häufig der Begriff »vererbte Armut« benutzt, um zu beschreiben, dass sich Armut von einer Generation auf die nächste überträgt. Ich halte den Begriff für deplatziert. Armut wird nicht »biologisch« mit den Genen weitergegeben. Der Grund dafür, dass sich an der Situation der Kinder häufig nichts ändert, lässt sich kausal nicht auf die Eltern-Kind-Beziehung reduzieren. Wir als Gesellschaft insgesamt stehen in der Verantwortung, die Startchancen auch für diejenigen zu verbessern, die eine schwierige Ausgangsposition haben. Das gelingt uns – auch im internationalen Vergleich – bisher alles andere als gut.[35] Das Thema Bildung gehört ins Zentrum der Debatte.

Veronika Grimm, Professorin für Volkswirtschaftslehre, und ihr Kollege Ludger Wössmann, Leiter des Ifo-Instituts für Bildungsökonomik – beide auch im wissenschaftlichen Beirat des Bundeswirtschaftsministeriums –, fordern ein, die Soziale Marktwirtschaft »neu zu denken«. In einem Gastbeitrag in der FAZ formulieren sie zunächst: »Wer in Bildung investiert, versetzt Menschen in die Lage, sich ertragreich in die Gesellschaft einzubringen. Zudem spielt Bildung eine wichtige Rolle für die politische Beteiligung, das staatsbürgerliche Engagement und die Akzeptanz der Gesellschaftsordnung. Deshalb sollte die Bildungspolitik künftig eine tragende Rolle der Sozialen Marktwirtschaft sein.« Das klingt bisher so einleuchtend wie konsensfähig. Aber die beiden werden konkreter. Sie plädieren dafür, mehr in die frühkindliche Bildung und in die Grundschulen zu investieren. Dabei müssten die Investitionen zwingend so ausgerichtet sein, dass Kinder aus sozial schwachen Familien besser als bisher auf das weiterführende Bildungssystem vorbereitet werden. An der Bedeutung dieser Schritte für die weitere Entwicklung unserer Gesellschaft lassen die Forscher keinen Zweifel: »Wenn es den Menschen offenkundig erscheint, dass im bestehenden System keine oder zu wenig Chancengleichheit herrscht, schwindet auch ihre Akzeptanz für das Gesellschaftssystem. Deshalb muss Bildungsgerechtigkeit ein Kernelement der Charta einer erneuerten Sozialen Marktwirtschaft werden.«[36]

Auch diese klare Positionierung macht deutlich: Wir können nicht über Armut, Digitalisierung, Teilhabe oder Integration von Migranten sprechen, ohne immer wieder auch Bildungskonzepte mitzudenken. Und diese geraten umso realitätsnäher, desto mehr wir die Erfahrungen derjenigen ins Zentrum stellen, um die es geht. Wir sollten die Konzepte immer auch aus der Perspektive der Tiagos und Jasmins dieser Gesellschaft denken, ihren konkreten Alltag mit einbeziehen und daraus unsere Schlüsse ziehen.

Und prüfen Sie sich vielleicht einmal selbst, mit ausreichend Zeit für jede Antwort: Welche Bildung haben Sie genossen? Wie intensiv wurden Sie mit Ihren Talenten gefördert? In welche Verhältnisse wurden Sie hineingeboren und wie haben diese Ihr Leben geprägt? Haben Sie jemals soziale Abwertung erlebt? Wurden Ihnen Chancen verwehrt, weil Sie als Frau für diese Position in dieser Zeit nicht infrage kamen? Oder weil Ihre Familie Sie in eine andere Richtung gelenkt hat?

»Kannst du denn meine Tochter ernähren?«

Ich lebe mit meiner Familie heute zwar in einer vergleichsweise finanziell privilegierten Situation, und trotzdem habe ich als Kind schnell erfahren, dass Wohlstand keine Selbstverständlichkeit ist. Mein Vater wuchs in einem kleinen Dorf im Wendland in Niedersachsen auf und kam in der zweiten Hälfte der Fünfzigerjahre mit einer Ausbildung, aber ohne finanzielles Polster ins nördliche Ruhrgebiet. Er lernte meine Mutter kennen und lieben und hielt bei meinem Großvater um ihre Hand an. Der war Bergmann, zusammen mit elf Geschwistern aufgewachsen, arbeitete zu diesem Zeitpunkt unter widrigen Bedingungen immer noch unter Tage und wusste, wie schwer es im Leben sein konnte. Folgerichtig fragte er meinen Vater, ob er seine Tochter Erika denn ernähren könne. Die Frage war berechtigt, denn meine Eltern hatten, als sie sich kennenlernten, buchstäblich nichts auf dem Konto. Mein Vater bejahte trotzdem die Frage meines Großvaters, aber diese Geschichte gehört zur Familien-DNA, mit der ich aufgewachsen bin. Genauso wie die Geschichte meiner Mutter, die als gute Schülerin das Gymnasium besuchen durfte. Meine Großeltern waren stolz auf sie. Aber ähnlich wie Frau Bohlig mussten sie ständig sparen, um meiner Mutter den Schulbesuch inklusive der Lernmaterialen zu ermöglichen und gleichzeitig die beiden anderen Töchter zu ernähren. Meine Mutter wollte das irgendwann nicht mehr mitansehen und zog die Konsequenz. Sie verließ ohne Rücksprache mit meinen Großeltern das Gymnasium und begann eine Lehre in einem Lebensmittelladen. Eine bleibend schreckliche Erfahrung. Nicht nur wegen der Arbeitsbedingungen, sondern auch weil sie regelmäßig ihre ehemaligen Mitschülerinnen und Mitschüler an der Schaufensterscheibe vorbeiziehen sah. Und mit ihnen ihre Bildungsträume. Meine Mutter hatte nicht die Möglichkeit, ihr Potenzial auszuschöpfen und sich die Bildung anzueignen, die ihr noch mehr berufliche Perspektiven im Leben ermöglicht hätten. Sie konnte sich ihre Kinderträume genauso wenig erfüllen wie mein Vater, der gemeinsam mit seinem Bruder bei meiner alleinerziehenden Großmutter aufgewachsen ist und keine Fußballkarriere starten konnte, weil das Geld für die Fußballschuhe nicht reichte.

Mein Großvater wurde später eine enge Bezugsperson für mich. Er, der als Bergmann nie wirklich glücklich war, malte und sang mit mir. Ich besuchte ihn regelmäßig in der Siedlung in der Imbuschstraße in Waltrop. Ich war sein »Kumpel«, und wir verbrachten viel Zeit miteinander. Ich war noch nicht in der Schule, da starb er an einer »Staublunge«, der berüchtigten Bergmannskrankheit, verursacht durch die schlechte Luft unter Tage. Vorher hatte er noch eine silberne Uhr für 25 Jahre Arbeit im Bergwerk erhalten.

Meine Eltern hatten sich da schon gemeinsam selbstständig gemacht. Sie bauten sich mit einem Blumenladen erfolgreich eine Existenz auf. Mein Vater sorgte für den Einkauf, meine Mutter arbeitete viel im Laden und kümmerte sich zusätzlich um den Haushalt. Die Arbeit im Blumenladen – dies als Hinweis für alle Romantiker – ist nicht so feinsinnig, wie manche vielleicht denken. Es ist eine »Knochenarbeit«, inklusive Sträuße binden, ständig schwere Vasen raus- und wieder reintragen, Rosen entdornen, im Akkord Gestecke produzieren, dazu das kalte Blumenwasser, das schnell übel riecht, wenn man es nicht rechtzeitig entleert. Das alles greift die Hände und die Gesundheit an.

Aufgewachsen bin ich in Lünen-Brambauer in der Nähe von Dortmund. Das erste Mietshaus, an das ich mich erinnere und in dem meine Eltern, meine vier Jahre ältere Schwester und ich wohnten, hatte keinen Garten. Wenn meine Mutter und ich im Hof Ball spielen wollten, kam die Hausmeisterin und scheuchte uns weg. Ich fuhr, wenn ich aus dem Kindergarten zurückkam, meist allein mit einem Go-Kart um den Block, immer auf dem Fußgängerweg an den Straßen entlang.

Als ich sechs Jahre war, zogen wir um in ein eigenes Haus in einem nahegelegenen Dorf. Plötzlich kamen Kinder, um mit mir zu spielen. Vorher unvorstellbar für mich. Ich atmete auf, wechselte in der ersten Klasse die Grundschule und fühlte mich in der neuen Umgebung wesentlich wohler als in der Klasse, in der ich eingeschult worden war. Plötzlich waren da Weite, viel Himmel und schnell auch Freunde. Mir hat es nie an etwas gefehlt, auch in den ersten Jahren nicht. Im Gegenteil. Meine Eltern haben mich gefördert, wo sie nur konnten. Aber trotzdem habe ich gespürt, welch einen Einfluss ein großzügiges Umfeld auf die eigene Entwicklung haben kann. Noch heute genieße ich es, geprägt von der Zeit im engen Mietshaus, wenn ich aus einer Wohnung einen weiten, freien Blick habe.

Was hat das alles mit Würde zu tun? Ich habe durchaus die Unsicherheiten wahrgenommen, die meine Eltern im Umgang mit formal höher gebildeten Menschen empfunden haben. Können sie über alle Inhalte so kultiviert mitreden, wie es erwartet wird? Beherrschen sie die Umgangsformen so gut, dass sie nicht auffallen? Könnte jemand erkennen, dass sie schulisch nicht den Weg eingeschlagen haben, den sie sich gewünscht hatten? Selbst wenn sie sich beruflich hochgearbeitet und ihren Kindern alles ermöglicht haben – es sind die kleinen Nadelstiche, die ich bei gemeinsamen Begegnungen mit ihnen empfunden habe, wenn ein Gesprächspartner sie nicht auf Augenhöhe wahrgenommen hat. Auch solche auf den ersten Blick kleinen Momente halte ich für entwürdigend den Menschen gegenüber, die völlig zu Unrecht nicht als ebenbürtig angesehen werden.

Wenn ich heute mitbekomme, dass Leute auf Menschen mit formal niedriger Schulbildung herabschauen, dann fühle ich mich angegriffen. Denn ich empfinde es als Angriff auch auf meine Eltern, die einfach keine Chance hatten, ihre Intelligenz in Schulbildung umzusetzen. Wir haben nicht das Recht, nur nach äußerem Schein abschließend zu urteilen. Zumindest tun wir dann vielen, genau wie Tiago Möhring, Jasmin Memis, Alexandra Bohlig und auch meinen Eltern und Großeltern unrecht.

*»Man kann nicht nicht wohnen,
jeder Mensch muss wohnen,
es geht nicht anders.«*

Prof. Dr. Günther Rausch, Sozialarbeitswissenschaftler

Würdevoll wohnen und arbeiten – Normalität ohne Gewähr?

Einfach nur »normal« wohnen

Setzen wir unsere Reise durch unser exemplarisches Leben fort. Gab es nicht so etwas wie ein unausgesprochenes Versprechen in dieser Gesellschaft? Wer einer regelmäßigen Arbeit nachgeht, gut wirtschaftet und spart, der sollte sich irgendwann einen guten Lebensstandard gönnen können. Und zu diesem erarbeiteten Wohlstand gehörten in der Wertvorstellung der Wirtschaftswunderzeit zum Beispiel ein Auto, ein Fernseher und zumindest eine ordentliche Wohnung, auf dem Land vielleicht sogar ein eigenes Häuschen. Eine Familie musste zwar damit rechnen, die Zinsen für das Haus beinahe ein Leben lang abzubezahlen, aber wer ordentlich schafft, der sollte sich irgendwann ein eigenes Heim, das auch als Familiendomizil der nächsten Generationen gelten konnte, leisten können.

Fernseher sind vergleichsweise erschwinglich geworden. Auch, wenn es hier noch die entsprechenden Smart-TV-3D-Sound-Luxusmodelle gibt, so sind wesentlich flachere und größere Modelle als vor vierzig Jahren zu einem vergleichsweise günstigen Preis zu erstehen. Eine Wohnung oder gar ein Eigenheim in der Nähe der Arbeitsstelle zu erwirtschaften, wird jedoch für Durchschnittsverdiener mehr und mehr zu einer Utopie.

Was in London, Paris und anderen Metropolen Europas schon längst alltäglich ist, ist jetzt auch in Deutschland mehr und mehr Realität. Selbst wenn beide Partner arbeiten, häufig sogar mehrere Jobs gleichzeitig übernehmen und somit den Job in den Mittelpunkt ihres Lebens stellen, reicht der Verdienst – wenn überhaupt – gerade einmal, um Miete, die Ausbildung der

Kinder und monatliche Kosten zu finanzieren. Etwas zur Seite zu legen, für ein Eigenheim zu sparen, für die nächste Generation vorzusorgen – ein zentrales Element im Dasein vieler Eltern der Nachkriegsgeneration –, all das ist kaum noch möglich.

Müssen wir also unsere Träume reduzieren wie die Quadratmeter unseres Zuhauses? Wir reagieren auf den Trend ja schon mit Tiny Houses, einer Wohnverdichtung in den Städten und schicken, kleinen Wohncontainern und verkaufen den Verzicht auf den freien Raum um uns herum als Reduktion auf das Wesentliche. Auch wenn in dieser Denkrichtung sicherlich ein sinnvoller Kern verborgen ist, so bedeutet die heutige Wohnsituation für viele eine große emotionale und finanzielle Belastung.

Claudia Treuer ist Anfang dreißig, als sie zum ersten Mal Mutter wird. Sie und ihr Mann versuchen, sich eine Existenz aufzubauen, die ihren Vorstellungen entspricht. Lange leben sie zufrieden in einer Wohnung eines Zweifamilienhauses in der südhessischen Kleinstadt Pfungstadt. In dieser Zeit kommt auch ihr zweiter Sohn zur Welt. Claudia Treuer arbeitet als Buchhalterin, ihr Mann Sven festangestellt als Lagerist. Diese Jahre im Wohlgefallen in ihrem gemieteten Domizil werden heute für sie zum Bumerang, denn sie haben ihre Erwartungen geprägt. Warum soll sich eine Familie mit zwei Kindern nicht eine schöne Wohnung in der Nähe des Arbeitsplatzes leisten können? Erst recht dann, wenn beide Eltern arbeiten? Alles wird anders an dem Tag, an dem die Vermieter nach sieben Jahren Eigenbedarf anmelden. Nachdem die Treuers jahrelang nicht mehr auf dem Wohnungsmarkt aktiv sein mussten, erhalten sie in den kommenden Wochen und Monaten einen Crashkurs, der sie schockiert.

Überall schaltet das Ehepaar Anzeigen, traditionell im Lokalblatt, aber auch über alle sozialen Medien. Sie suchen eine Wohnung für die vierköpfige Familie, die nicht mehr als 700 Euro kalt kosten darf, und werden einfach nicht fündig. Die »Darm-städter Echos« der letzten Jahre haben sie aufgehoben, auch um für sich zu dokumentieren, wie wenig Angebote es gibt. Auf alles, was infrage kommt, bewerben sie sich, aber die Erfahrungen, die sie bei der Suche machen, sind deprimierend. Sie erkennen immer deutlicher, dass die Mietpreise nicht zu ihrem Einkommen passen. Wiederholt hören sie, dass sie ihre Erwartungen reduzieren müssen: »Was uns zum Hals raushängt: Wir bekommen immer wieder gesagt: Ihr habt zu hohe Ansprüche, aber keiner kann uns wirklich sagen, was an unseren Ansprüchen zu hoch ist. Das ist absurd. Wir wollen es doch nur ruhig und bezahlbar.«

Aber muss es denn eine Wohnung in Pfungstadt sein? Können die Treuers nicht außerhalb der 25 000-Einwohner-Stadt etwas Geeignetes und Günstiges finden? Auch dieses Szenario haben sie durchgespielt und kommen zum Ergebnis, dass es sich nicht rechnet. Sven Treuer arbeitet in der Stadt, die Familie ist froh über seine Festanstellung als Lagerist und abhängig von seiner Weiterbeschäftigung: »Sven arbeitet schon seit 2000 in derselben Firma, den Job gibt man nicht einfach auf.« Wenn sie eine Wohnung außerhalb von Pfungstadt suchen, schnellen die Fahrtkosten in die Höhe und brauchen den Vorteil einer günstigeren Wohnung sofort wieder auf.

Die Situation spitzt sich immer weiter zu. Nach einer Räumungsklage werden die Treuers in einer Notunterkunft der Stadt untergebracht, wo sie eineinhalb Jahre unter schwierigen Bedingungen leben. Es ist ein Leben im Provisorium, mit Duschen im Keller. Die Treuers suchen parallel weiter nach einem Zuhause, das den Namen verdient. Diese Suche entkräftet und bringt Claudia Treuer hörbar an ihre Grenzen: »Wir hocken am Computer, schauen und schauen, suchen Wohnungen. Ich habe teilweise stündlich geguckt und gehofft, dass was Neues reinkommt. Ich bin wahnsinnig geworden. Ich hab Anzeigen geschaltet, aber niemand hat sich gemeldet. Ich hab mich gefragt, ob mein Telefon kaputt ist, weil niemand anruft. Man fängt echt an zu phantasieren: Keiner gibt uns eine Wohnung. Wenn sich auf Plakate und Anzeigen niemand meldet und kaum mehr Wohnungen ausgeschrieben sind, woher sollen wir sie nehmen?! Wir haben starke Depressionen, wir haben Migräne. Mein Mann hat Bluthochdruck. Das ist natürlich eine psychische Belastung. Mein Mann hat gerade mega-gesundheitliche Probleme. Auch ich habe gesundheitliche Probleme. Wir haben permanente Unruhe im Haus. Nachts nicht schlafen können, aufschrecken, die Kinder haben Angstzustände – das ist natürlich schon eine Extrembelastung!«

Schließlich erhalten die Treuers immerhin eine etwas größere Wohnung im selben Wohnblock, in dem sich die Notunterkunft befand. Für kurze Zeit atmen sie durch, denn das Wohnen wird erträglicher. Bis zwei freie Wohnungen im Haus an Obdachlose und später an Flüchtlinge vergeben werden. Für die Treuers beginnt erneut eine belastende Wohnsituation. Teilweise leben in den Wohnungen fünf Personen auf zwölf Quadratmetern. »Es sind unterschiedliche Kulturen, was natürlich Konflikte und einen hohen Lärmpegel mit sich bringt. Das heißt zum Beispiel, nachmittags, wenn meine Jungs Hausaufgaben machen wollen, ist Halligalli, und sie können sich nicht konzentrieren.«

Claudia Treuer ist heute Mitte vierzig. Sie und ihre Familie spüren sehr deutlich ihren »sozialen Abstieg«, auch in den Augen der anderen. »Unsere zwei Kinder teilen sich ein Zimmer und leiden, weil uns teilweise Freunde und Familie meiden. Weil wir in diesem Block wohnen.« Gerüchte gehen um, die Treuers könnten sich keine Wohnung leisten. Dabei haben sie ja Geld, sie arbeiten beide und könnten sich eine Wohnung leisten, wenn sie statt 900 Euro kalt 200 Euro weniger kosten würde.

Auch sonst versuchen sie alles. Sie schauen sich auch Wohnungen an, die sie sich nicht leisten können, und bemühen sich, mit Maklern und Vermietern ins Gespräch zu kommen. Ohne Erfolg: »Angebot und Nachfrage, die kriegen die Wohnung auch für 900 Euro los, was bei unserem Einkommen nicht geht, wir brauchen ja auch noch was zum Leben.« Eine Vermieterin sagt ganz offen, dass sie nicht an Familien mit zwei Kindern vermietet. Für Claudia Treuer ein Skandal: »Ich liebe meine Kinder, wahrscheinlich hätten wir sogar noch ein drittes, wenn wir ein schönes Zuhause hätten. Wenn ich damals gewusst hätte, was für ein Wahnsinn uns bevorsteht in puncto Wohnungssuche mit zwei Kindern, ich hätte meinen zweiten Sohn nicht mehr bekommen! Deutschland ist dermaßen kinderunfreundlich! Wo leben wir eigentlich? Wir rauchen nicht, wir trinken nicht, wir haben keine Haustiere. Wir haben nur zwei Kinder.«

Es sind Wut und Resignation, die sich mischen, wenn Claudia Treuer über ihre Situation nachdenkt. Wut zum Beispiel auf die Politik, die nichts gegen den Leerstand unternimmt. Manchmal geht sie mit ihrem Mann spazieren und registriert fassungslos zahlreiche schon lange leerstehende Wohnungen, in denen sie so gern mit ihrer Familie leben würde. Sie schauen hinein, von Zeit zu Zeit klingeln sie sogar, um etwas über den Leerstand in Erfahrung zu bringen. Ergebnislos. Wenn sie über ihre Zukunft nachdenkt, gesellt sich zur Wut und zur Resignation auch noch Stolz, den sie sich nicht nehmen lassen will:

»Wir wollen nicht auf Pump leben. Wir wollen keinem zur Last fallen. Wir wollen aber auch nicht aufs Amt gehen und betteln. Wir wünschen uns eigentlich nur, wieder so zu wohnen, wie wir vorher gewohnt haben. Mir hängt dieses Thema Wohnungssuche so dermaßen zum Hals raus! Dass wir arbeiten gehen, aber schrecklicher wohnen als manch anderer, der nicht arbeiten geht. Und wir brauchen eine günstige Wohnung, weil wir auch sparen müssen. Wovon sollen wir denn später leben? Renten gibt's doch auch keine mehr. Da läuft doch in Deutschland was verkehrt!«

Ursachen der Wohnungsnot

Die Ursachen der Wohnungsnot sind vielfältig. Der soziale Wohnungsbau wurde in den letzten Jahrzehnten vernachlässigt. Im Jahr 1990 gab es deutschlandweit rund drei Millionen Sozialwohnungen, heute nur noch eine Million. Immer mehr Menschen haben Anspruch auf Sozialwohnungen, doch die Anzahl günstiger Wohnungen ist nicht mit dem gestiegenen Bedarf gewachsen, sondern deutlich gesunken.[37] Ein Fehler, der erkannt ist und den viele Gemeinden nun korrigieren wollen, doch die Trendwende ist nicht leicht und vor allem nicht schnell realisierbar. Denn günstiger Wohnraum, zumal in Städten, ist nur schwer zu schaffen. Zum einen, weil die Grundstückspreise beinahe unbezahlbar sind. Hinzu kommen Baukosten, die auch aufgrund unserer gewachsenen Ansprüche steigen und steigen. Hier befinden wir uns in einem gesellschaftlichen Zielkonflikt. Ist es Ihnen wichtig, dass wir aus ökologischen Gründen so bauen, dass sich unser Energieverbrauch in Grenzen hält? Wollen wir auch zum Schutz zukünftiger Generationen die energetischen Ansprüche an Wohnungen durch eine effiziente Wärmedämmung entsprechend erhöhen? Sollten wir auch zum Schutz der Menschen die Maßnahmen zum Brandschutz erhöhen? Wer von Ihnen sagt »nein«? Wahrscheinlich nur wenige. Wie wichtig ist es Ihnen gleichzeitig, bezahlbare Wohnungen und Häuser zu bauen, die sich nicht nur Besserverdienende leisten können? Falls Ihnen sowohl der Klimaschutz als auch das kostengünstige Bauen wichtig erscheinen, ist guter Rat teuer, denn genau dies scheint in Kombination derzeit nicht machbar. Ähnliche Fragen stellen sich beim Bauland: Wie mehr Wohnraum schaffen, ohne zu bauen und damit noch weiter in die Natur einzugreifen?

Hinzu kommt, dass viele Kommunen in den letzten zwanzig Jahren städtischen Wohnraum an private Wohnungsbaugesellschaften veräußert haben. Es ist leicht, diese Entscheidung zu kritisieren, denn sie hat in der Tat verheerende Auswirkungen. Allerdings gebietet es die Fairness, daran zu erinnern, dass sich viele Kommunen durch den Verkauf von drückenden Schuldenlasten befreit und ihre Handlungsfähigkeit wiederhergestellt haben. So sehr erklärlich dieses Handeln im Nachhinein ist, so eingeschränkt sind die Kommunen heute, wenn sie selbst auf die Wohnungsnot initiativ reagieren wollen.

Wer gehört derzeit zu den Verlierern auf dem Wohnungsmarkt? Der Journalist Christian Rickens, der sich intensiv mit der Wohnungsnot in Deutschland beschäftigt hat, erkennt: »Es gibt zwei Gruppen, die kommen in diesem Markt nicht zum Zuge, und das sind – kann man ganz klar sagen – Leute mit geringem Einkommen und Familien mit Kindern, am schlimmsten ist die Kombination aus beidem.« Die Familie Treuer steht mit ihren ernüchternden Erfahrungen nicht allein, wobei ihr Beispiel aufzeigt, dass selbst eine langjährige Festanstellung eines Ehepartners nicht reicht, um auf dem Wohnungsmarkt erfolgreich zu sein.

Warum ziehen die Menschen dann nicht einfach dorthin, wo die Wohnungen günstiger sind? Auf dem Land ist der Wohnungsmarkt zumindest in einigen Regionen doch viel entspannter! Die Argumentation wirkt auf den ersten Blick nachvollziehbar. Sie geht jedoch an der Tatsache vorbei, dass sich immer mehr Wachstumsindustrien in Städten ansiedeln. Eine günstige Wohnung auf dem Land wird sehr schnell unbezahlbar, wenn ich dort keine Arbeit finde. Denken wir an die Erfahrungen der Familie Treuer, die einen Umzug aufs Land nach einem finanziellen Planspiel verworfen hat.

Was könnten Maßnahmen sein, die in dieser komplizierten und unbefriedigenden Gemengelage helfen? Die Mietpreisbremse war ein (gescheiterter) Versuch, das Problem zumindest zu lindern. Vorschläge zur Verbesserung gibt es. Das Leben auf dem Land könnte durch eine Aufwertung und den Ausbau des öffentlichen Nahverkehrs attraktiver gemacht werden. Überzogene Bauvorschriften sollten reduziert und der gesamte Bauprozess von zu viel Bürokratie befreit werden. Eine weitere Idee ist die Kopplung der Mietpreiserhöhung an die Inflation. Mietergenossenschaften könnten ihre Häuser selbst verwalten. Viele Experten plädieren dafür, in den Städten den Wohnraum weiter zu verdichten und dabei nicht nur an die 150-Quadratmeter-Wohnungen für Besserverdienende mit 80-Quadratmeter-Wohnküche zu denken. Gleichzeitig sollten wir uns auch vergegenwärtigen, dass viele Bauprojekte, die zur Hochphase des sozialen Wohnungsbaus umgesetzt wurden, zu den Objekten gehören, in die heute die meisten nicht mehr einziehen möchten. Riesige Wohnblocks, mittlerweile häufig verwahrlost und ein Ort der sozialen Konflikte: Soll das der Weg zurück in die Zukunft sein? Wir brauchen zwingend auch eine Diskussion darüber, wie wir sozialen Wohnraum trotzdem menschenfreundlich gestalten.

Spekulieren mit dem Menschenrecht?

Menschenfreundlich wohnen? Wir nähern uns den Themen, die für dieses Buch zentral sind, denn wir werden nicht die Vor- und Nachteile wohnungspolitischer Maßnahmen im Detail diskutieren. Umso bedeutender sind für uns die Fragen: Wie wichtig ist das Wohnen in unserem Leben? Welchen Stellenwert sollte es in unserer Gesellschaft genießen? Und wie wichtig ist es, jedem Bürger zu ermöglichen, würdevoll zu wohnen?

Günther Rausch, emeritierter Professor für Gemeinwesen-
arbeit und Sozialmanagement an der Evangelischen Hochschule
Freiburg, spricht auf den ersten Blick Selbstverständliches aus:
»Man kann nicht nicht wohnen, jeder Mensch muss wohnen, es
geht nicht anders. So wie wir Luft und Wasser brauchen, brauchen wir ein Dach über dem Kopf. Es geht nicht ohne Wohnung, von daher braucht es auch die staatliche Fürsorge.«

Das Recht zu wohnen, das müssen wir uns immer wieder vor
Augen führen, ist kein Luxus. Zu einer funktionierenden Gesellschaft gehört die Möglichkeit, ein angemessenes Zuhause finden
zu können. Und gerade weil das Wohnen ein solch elementares
Gut ist, tragen Gesellschaft und Sozialstaat auch Verantwortung
dafür, dass jeder eine bezahlbare Wohnung zur Verfügung gestellt bekommt.

Ökonomisch wird es eine kontroverse Diskussion bleiben, ob
der freie Markt oder ein subventionierter, staatlich gesteuerter
Prozess zu einer möglichst schnellen Verbesserung auf dem Wohnungsmarkt führt. Diese Diskussion hat an Dynamik gewon-
nen. In Berlin plant der Senat radikale Maßnahmen gegen die
Wohnungsnot und will die Mieten für fünf Jahre einfrieren. Der
Eigentümerverband Haus & Grund protestiert prompt und warnt
vor einem Wohnungsmarkt, der mittel- bis langfristig zusammen-
bricht.[38] Gerade in Ballungsräumen spitzt sich die Situation am
Wohnungsmarkt immer weiter zu. Es gibt zudem Prozesse, die
unabhängig von politischen Rahmenbedingungen zu dieser Situation beigetragen haben. Die Zahl der Einpersonenhaushalte hat
in den letzten Jahrzehnten rasant zugenommen und belief sich im
Jahr 2017 auf etwa 17,26 Millionen.[39] Die Ursachen sind komplex, von einer im Beruf geforderten Mobilität bis hin zu einer
größeren Vielfalt der Lebensentwürfe in unserer Gesellschaft.

Wichtig bei allen tagesaktuell geführten Diskussionen sollte aber folgendes Grundverständnis sein: Wohnen darf nicht

nur eine Ware sein. Wohnen ist ein Menschenrecht. Dies ist kein frommer Sonntagsspruch, sondern in der Allgemeinen Erklärung der Menschenrechte von 1948 und in Artikel 11 des UN-Sozialpakts, der 1976 in Kraft getreten ist, entsprechend verankert.[40] Welche Konsequenz entsteht daraus? Der Wohnungsmarkt darf sich nicht vom Gedanken der sozialen Verantwortung entkoppeln. Es ist nicht hinnehmbar, wenn es auf dem Wohnungsmarkt zwar viele Profiteure gibt, aber gleichzeitig auch ganze gesellschaftliche Gruppen zu den Verlierern zählen.[41]

Zurück zu Familie Treuer. Die Ursachen für ihre Misere liegen tiefer. Ihre Situation zeigt exemplarisch etwas auf, was wir uns immer wieder vergegenwärtigen sollten: Deutschland ist laut OECD das Land mit der dritthöchsten Vermögensungleichheit aller Industrienationen.[42] Wenn sich Gutverdienende in den Städten bereits einen Wettkampf um Wohnungen liefern, was bleibt dann noch für diejenigen, die »normal« verdienen? Das Problem der sozialen Ungleichheit wird in diesem Buch spürbar. Und jede Geschichte zeigt, wie dringend wir nach einem Weg suchen müssen, mehr soziale Gerechtigkeit herzustellen. Und dass wir in einer leistungsorientierten Wohlstandsgesellschaft nicht den Blick für diejenigen verlieren sollten, die nicht zu den Gewinnern zählen.

Auch auf dem Arbeitsmarkt ist keine Biographie wie die andere. Es gibt diejenigen, die auch aufgrund schwieriger Startbedingungen nur schwer in den Markt hineinfinden. Andere haben sich dort bereits etabliert und fallen plötzlich wieder heraus. Entscheidend ist, dass wir den Blick auf ihre Biographien wahren und sie nicht nur als Nummer in Statistiken begreifen. Ihr Leben verdient es, genauer hinzuschauen.

Nach der Sendung, auf der Treppe

Während ich dieses Buch schreibe, muss ich immer wieder an eine Begegnung im Nachtcafé denken. Wir diskutieren im alten E-Werk in Baden-Baden über das Thema soziale Gerechtigkeit. Wir begrüßen Gäste im Studio, die aus ihrem Leben berichten, denn dies macht das Nachtcafé aus. Ein Mann, um den es auch in diesem Buch gehen wird, schildert sehr eindrücklich, dass er nach drei Jahrzehnten Erwerbstätigkeit körperlich am Ende ist und mit fünfzig keinen Job mehr findet. Es sind Geschichten von Menschen, die gestrauchelt sind in diesem Leistungssystem und ihre Selbstkritik, Enttäuschung und Wut thematisieren. Es gibt außerdem einen Wissenschaftler als Experten, der Fakten zum Thema beisteuert. Und einen Gast, der aus einer überzeugt wirtschaftsliberalen Position heraus argumentiert. Mir fällt schon während der Sendung auf, dass er die Geschichten der anderen Gäste seltsam teilnahmslos verfolgt. Gleichzeitig vertritt er in der kontrovers geführten Diskussion seine Argumente geschliffen und professionell. Nach der Sendung spreche ich in der Regel noch mit den Zuschauerinnen und Zuschauern, die zu uns ins Nachtcafé gekommen sind. In diesem Fall muss ich diesen Austausch unterbrechen, denn ich bekomme mit, dass auf der Treppe auf dem Weg hoch zum Gästeraum eine Kontroverse entsteht. Als ich dort eintreffe, spricht mich der Gast mit den wirtschaftsliberalen Positionen direkt an. »Herr Steinbrecher, diese Sendung war doch ein Skandal. Dass Sie sich für so etwas als Moderator nicht zu schade sind. Diese Gäste, die sie da präsentiert haben, die gibt es doch gar nicht.« Als ich nachfrage, was er damit sagen wolle, erklärt er, alle Zahlen zeigten, dass es eine soziale Not in Deutschland nicht gebe. Solche Sendungen hätten vielleicht in den Siebzigerjahren ihre Berechtigung gehabt, aber heute nicht mehr. Schließlich entsteht auf dieser

Treppe eine Kontroverse, in die sich auch unser Abteilungs- und Redaktionsleiter Martin Müller einschaltet.

Um eines klarzustellen: Es ist selbstverständlich, dass wir über das Ausmaß der sozialen Not in Deutschland kontrovers, aber sachlich diskutieren sollten. Es ist auch wichtig, dass unterschiedliche Positionen zu diesem Thema gehört werden, auch deshalb hatten wir diesen Gast ja eingeladen. Wir sind die Letzten, die eine Empörungskultur schüren möchten. Als Journalisten sollten wir ein Thema weder dramatisieren noch verharmlosen.

Für eine Gesellschaft wird es aber gefährlich, wenn diejenigen, die nicht zu den Gewinnern gehören, gar nicht mehr wahrgenommen werden. Ja, schlimmer noch, wenn ihre Existenz negiert wird. Obwohl der wirtschaftsliberale Diskussionsteilnehmer die Teilnehmer persönlich erlebt hat, mit ihrer Emotion, ihren Selbstzweifeln, Selbstvorwürfen, Unsicherheiten und ihrer Wut, hat er ihre Erfahrungen und damit ihre Biographie infrage gestellt. Sie existierten für ihn nicht, obwohl sie in Fleisch und Blut vor ihm gesessen haben.

Wohin führt ein solches Infragestellen von menschlichen Biographien? Personen, die in der Lage sind, Lebenserfahrungen von Menschen aus ihrem Bewusstsein zu streichen, haben es natürlich leichter, politisch ohne Skrupel zu agieren. Das Weltbild in geschlossenen Gruppen wird klarer, eindeutiger, Brüche sind nicht vorgesehen. Sie können leichter Entscheidungen gegen Gruppen dieser Gesellschaft treffen, wenn sie deren Existenz infrage stellen. Aber unser Zusammenleben, wenn wir es unter diesen Voraussetzungen überhaupt so bezeichnen wollen, wird dadurch inhumaner.

Inhumaner wird es aber nicht nur, wenn wir die Verlierer in dieser Gesellschaft ignorieren, sondern auch, wenn wir die Schwachen gegeneinander ausspielen. Häufig wurde in den letzten Jahren die soziale Ungleichheit in dieser Gesellschaft im

Kontext des Themas der Migration diskutiert. Noch einmal: Es ist wichtig und notwendig, offen und transparent darüber zu reden, welche Auswirkungen eine höhere Zahl von Migranten und Flüchtlingen auf Arbeitslosenzahlen, Wohnraum und Kriminalitätsaufkommen haben. Nur: Flüchtlinge und Migranten sind nicht verantwortlich für die Schere zwischen Arm und Reich in Deutschland und die Ungerechtigkeiten, die damit verbunden sind. Auch die Themen Wohnungsnot und Pflegenotstand diskutieren wir schon seit vielen Jahren und nicht erst, seitdem im Jahr 2015 das Flüchtlingsthema in Deutschland für einige Jahre zum zentralen Diskussionspunkt in der Öffentlichkeit wurde.

Ein Leben für die Arbeit?

Zurück zu Ihnen. Wenn Sie dieses Buch bis zu dieser Stelle gelesen haben, ist dies schon ein Indiz dafür, dass Sie sich einlassen auf Biographien und die Grundfragen, die aus ihnen für unser Leben entstehen. Denken wir an unsere persönlichen Belastungsgrenzen. Sind Sie in der Arbeit schon einmal über Ihre körperlichen Grenzen gegangen? Vielleicht aus Loyalität den Kolleginnen und Kollegen gegenüber, die Sie nicht allein schuften lassen wollten? Oder auf der Jagd nach einem Schulterklopfen Ihres Chefs? Vielleicht aber auch aus purer Sorge, den Arbeitsplatz nicht sicher zu haben, wenn Sie nicht *mehr* Kraft und Zeit investieren als alle anderen?

In den letzten Jahrzehnten ist die Zahl der Arbeitsunfälle in Deutschland deutlich zurückgegangen. Auf vielen Ebenen hat sich durch den technischen Fortschritt und erhöhte Sicherheitsstandards viel zugunsten von Arbeitnehmern verändert. Wir spüren auch, dass die jüngeren Generationen ein größeres Bewusstsein für eine im wahrsten Sinne des Wortes *gesunde* Bilanz aus Arbeit und Freizeit entwickeln. All das bedeutet aber nicht, dass es die Menschen, deren Körper nach Jahrzehnten schwerer Arbeit streikt, nicht mehr gibt.

Norbert Altenschmitt hat sich – angefeuert von einem hohen Arbeitsethos und einem ausgeprägtem Pflichtgefühl – immer wieder zu viel zugemutet. Mit für ihn fatalen Folgen.

Seine Kindheit verbringt er in Duisburg. Sein Vater arbeitet bei Krupp, seine Mutter als Verkäuferin in einem Lampenladen ihres Bruders. Die Arbeit hält das Leben der Altenschmitts zusammen und arbeitsam sein, so lernt er, ist eine, wenn nicht die tragende Säule des Lebens. Noch heute sagt Altenschmitt: »Mit dem Hintern auf der Couch rumliegen, das kenne ich nicht.« Er absolviert eine Lehre als Konditor, arbeitet in einer Bäckerei, ist in den Neunzigerjahren in mehreren Jobs beschäftigt und steigt schließlich von einer Servicekraft zum Filialleiter eines Discounters auf. Was in dieser Erwerbsbiographie nicht auftaucht, sind die körperlichen Rückschläge, die er immer wieder einstecken muss. In einer Mischung aus Selbstkritik und Anklage räumt er ein: »Ich habe da die Grenze überzogen, weil es eben gefordert ist. Das ist das Ding auf dem Arbeitsmarkt: Entweder man geht mit, oder man fliegt raus.«

Besonders in seiner Zeit als Filialleiter im Discounter setzt er sich immer wieder über körperliche Warnsignale hinweg. Freie Tage gibt es selten, meistens arbeitet er von 9 bis 20 Uhr. Wenn ein neuer Laden eröffnet wird, schiebt er Extraschichten und ist häufig die halbe oder auch die ganze Nacht hindurch beschäftigt: »Ich war mehr auf der Arbeit als zu Hause, das ist Standard gewesen.«

Sein Lebenspartner arbeitet ebenfalls viel, beide sehen sich häufig nur beim Frühstück. Überstunden werden zur Normalität, aber die Bestätigung, die Altenschmitt im Beruf erfährt, erfüllt ihn auch. Außerdem erhält der Tag eine klare Struktur, wenn die Arbeit dominiert. Immer wieder betont er im Gespräch, die

Arbeitsbelastung selbst gar nicht so wahrgenommen zu haben, »weil ich es auch immer gerne gemacht habe«. Als Filialleiter war er ein Chef, der seinen Mitarbeitern ein Vorbild sein wollte. Altenschmitt ist in dieser Zeit für mehrere Läden gleichzeitig zuständig und packt immer wieder selbst mit an, wenn neue Ware kommt. Zur Weihnachtszeit schleppt er schwere Kisten mit Kerzen – die sechs Paletten müssen schließlich abgeladen werden. »Es war ein sehr schwerer Beruf«, sagt er rückblickend, »und ich bin praktisch bestraft worden dafür, dass ich zu viel gearbeitet habe.« Es beginnt mit dem ersten Bandscheibenvorfall. Altenschmitt versucht die Therapien, die er dringend benötigt, mit seiner Arbeit zu verbinden, aber das will nicht recht gelingen. Sein Chef moniert zum ersten Mal seine nachlassende Leistungsfähigkeit. Altenschmitt steckt wieder mehr Kraft in die Arbeit, reduziert sein Reha-Programm auf das Nötigste. Nach der Arbeit geht er müde nach Hause, sein Körper reagiert, wehrt sich: »Dann kam der zweite Bandscheibenvorfall.«

50 Jahre und körperlich am Ende

Wenn wir nicht unter Druck stehen, wenn wir uns nicht so sehr im Sog von Erwartungen befinden, dann schauen wir von außen auf unsere Situation und wissen, dass wir nach einem zweiten Bandscheibenvorfall reagieren und dem Körper Ruhe und Pflege gönnen müssen. Aber Norbert Altenschmitt kann sich einen Rückzug aus der Arbeit nicht vorstellen. Er will weiter den Erwartungen an ihn entsprechen, denn das hat er gelernt. Augen zu und durch, nicht auf die Couch legen, denn das entspricht nicht dem Bild, das er selbst von sich hat.

Er kann nicht mehr, nimmt sich aber keinen Krankenschein, und obwohl er weiß, dass sein Job nur mit ganzer Kraft zu erledigen ist, versucht er es. Die Arbeit reduzieren kommt für ihn und seinen Arbeitgeber nicht infrage, denn Filialleiter kann er nur ganz oder gar nicht sein. Als eine Filiale geschlossen wird, übernimmt er noch die undankbare Aufgabe, Mitarbeiter zu entlassen: »Entweder du machst das, oder du gehst. Eine andere Wahl hatte ich nicht.« So geht es weiter, drei Jahre lang, bis zum fünften Bandscheibenvorfall, danach geht nichts mehr. Altenschmitt kündigt, denn er sieht ein, den Aufgaben nicht mehr gewachsen zu sein.

Fünf Bandscheibenvorfälle? Wie kann jemand so unvernünftig sein, sich und die eigene Physis immer weiter herabzuwirtschaften? Im Gespräch mit ihm ist zu spüren, dass er es bereut, zu wenig Rücksicht auf sich genommen zu haben. Sein Arbeitsethos dient ihm zwar als Erklärung, aber die Konsequenzen, mit denen er leben muss, sind fatal. Nach seinem Aus als Filialleiter beginnt der gelernte Konditor, in einem Backshop zu arbeiten, in der Hoffnung, dass die Arbeit ihm dort leichter fallen könnte. Ein Irrtum. Altenschmitt erleidet den sechsten Bandscheibenvorfall, der bis heute Spuren hinterlässt: »Die größten Schmerzen habe ich in der Bandscheibe, im Rücken. Hinzu kommt, dass die Lendenwirbelsäule eingeblutet hat und mein Körper mit der Vernarbung nicht aufhört. Das heißt, dass die ganzen Wirbel und Nervenkanäle vernarbt sind. Und jede Bewegung, jede Anstrengung reizt die Nerven. Wenn ich zu lange laufe, knickt mir das linke Bein weg. Mein Fuß wird taub, der Spann ist generell taub.«

Von der Rentenversicherung finanziert beginnt Altenschmitt eine Umschulung zum Groß- und Einzelhandelskaufmann. Seine Schmerzen sind kaum zu ertragen. Von einem Schmerztherapeuten erhält er daraufhin Morphin, ein starkes Opiat. Altenschmitt ist kaum noch ansprechbar, schläft im Unterricht mit offenen Augen, holt den versäumten Stoff mit großer Anstrengung nach und schafft schließlich den Abschluss bei der IHK. Ein Happy End? Schön wär's. Wenn er sich nach der Umschulung bei Firmen vorstellt, registrieren sie, dass mit Altenschmitt etwas nicht stimmt: »Die haben mir in die Augen geschaut und gemerkt, dass ich etwas Heftiges nehme. Man sah nur die Stecknadelköpfe von den Pupillen. Ich habe gemerkt, dass die Leute ablehnend wurden. Die haben versucht, mich aus den Vorstellungsgesprächen schnell rauszukriegen.« Er schreibt 200 Bewerbungen, ohne Erfolg, spätestens beim Vorstellungsgespräch ist immer wieder Endstation. Altenschmitt reagiert und reduziert die Morphindosis, gegen den Rat des Schmerztherapeuten, der ihm nicht zutraut, mit weniger Morphin auszukommen. »Aber«, so Altenschmitt, »ich kann mich nicht bis zum Gehtnichtmehr mit Medikamenten abschießen, weil ich noch am Leben teilnehmen möchte, was mir sehr wichtig ist. Deshalb nehme ich einen Teil der Schmerzen in Kauf. Aber auf gut Deutsch gesagt führe ich momentan ein Scheißleben.«

Heute sieht man Altenschmitt nicht mehr an, dass er Schmerzmittel nimmt, aber er hat mit Suchterscheinungen zu kämpfen und noch nicht gewagt, sich wieder bei Firmen vorzustellen.

Altenschmitt besitzt einen Schwerbehindertenausweis (50 Prozent), spricht aber nicht gern offen über seinen Status, denn nach seiner Erfahrung ist das kontraproduktiv: »Die Arbeitgeber möchten keinen Schwerbehinderten haben.« Mittlerweile erhält Altenschmitt Hartz IV. Das Angebot der Rentenversicherung, sich frühzeitig berenten zu lassen, hat er abgelehnt: »Da habe ich gesagt, nein, das will ich nicht.«

Warum geht er nicht auf das Angebot ein? Wäre ein solcher Schritt nicht die vernünftige Konsequenz aus seinen Erfahrungen der letzten Jahre? Nein, denn Lebensmaximen lassen sich nicht einfach ändern. Wer sich über die Arbeit definiert, kann nicht einfach von ihr lassen, denn zunächst müssten neue Lebensinhalte gefunden werden. Bereits vor einigen Jahren ist sein

Partner verstorben, mit dem er über dreizehn Jahre zusammen und elf Jahre verheiratet war. Und auch sonst erlebt er heute eine Zeit, in der kaum noch etwas gilt, was sein Leben früher ausgemacht hat:

»Es ist nicht nur so, dass mein finanzieller Hintergrund total mies ist und man gucken muss, dass man über die Runden kommt. Es haben sich genügend Freunde von mir verabschiedet, die nicht damit klargekommen sind, dass ich Schmerzen habe. Wenn man sich nicht massiv dagegen wehrt, vereinsamt man. Das ist der soziale Hintergrund. Es betrifft mein ganzes Leben.«

»Wer sein«

Die Konzentration auf die Arbeit und die Definition unseres Erfolgs, ja unserer Persönlichkeit über das, was wir beruflich leisten, kann zu einer zerbrechlichen Konstruktion werden. Denn wenn die Arbeit wegfällt, was bleibt dann noch von uns? Wer oder was sind wir, wenn Menschen, die wir neu kennenlernen, uns fragen, »was wir so machen«? Diese Fragen sind relevant für jeden von uns. Auch ich habe viele Arbeitskolleginnen und -kollegen erlebt, die nach ihrer Pensionierung wirkten, als hätte jemand langsam, aber stetig die Luft aus dem Ballon gelassen. Ohne die Arbeit war ihnen ihr Lebensinhalt abhandengekommen. Ohne ihre berufliche Rolle und ohne die Aufgabe, über die sie sich definiert hatten, schienen sie sich wertloser zu fühlen. Oder sie sorgten sich, die anderen könnten es so empfinden.

Fast jeder von uns hat schon einmal berufliche Phasen erlebt, in denen wir uns Sorgen gemacht haben, wie es wohl weitergeht. Und immer wieder muss auch ich abwägen zwischen dem Engagement für den Beruf und dem Leben als Vater und Ehemann. Prüfen Sie sich selbst: Glauben Sie, im Leben die richtigen Prioritäten zu setzen? Oder werden wir einmal zurückschauen und etwas bedauern? Vielleicht berufliche Chancen nicht genutzt zu haben? Oder nicht genug dagewesen zu sein für die Menschen, die wir liebten? Wenn wir für diese Liebe überhaupt Zeit hatten, denn vielen Generationen wurde früh eingeimpft, dass die Arbeit im Leben die Nummer 1 einnehme. Verständlich, denn für die Nachkriegsgenerationen stand die Existenzsicherung an erster Stelle. Eine Arbeit zu haben, das Gefühl, etwas Sinnvolles für die Gesellschaft beizutragen, ist schließlich auch etwas, was zu einem würdevollen Leben beitragen kann. Aber was, wenn die Arbeit zu sehr in den Mittelpunkt rückt? Oder wenn der Körper irgendwann streikt?

Das Gefühl, gebraucht zu werden

Norbert Altenschmitts Leben ist aus den Fugen geraten. Er ist erst fünfzig Jahre alt, aber sein Körper fühlt sich für ihn an wie ein Wrack. »Ich kann nur schwer Treppen steigen. Brauche eine Dusche, keine Badewanne, weil ich da zwar reinkomme, aber nicht mehr raus. Ich habe tagtäglich mit Schmerzen zu kämpfen und komme teilweise morgens nicht mal aus dem Bett.«

Selbstvorwürfe und Reue begleiten ihn: »Wenn ich noch mal zurückgehen könnte, würde ich einiges anders machen.« Was sind die Lehren, die er zieht, nach all den Jahren, in denen es ihn immer mehr gebeutelt hat? Seine Bilanz ist klar und entschieden. Er würde nicht mehr so viel arbeiten. Er würde darauf bestehen, einmal die Woche frei zu haben, damit der Körper auch zur Ruhe kommen und sich erholen kann. Und er hätte in seiner Freizeit mal eine Therme besuchen sollen, damit der Körper einen Ausgleich findet, »nicht nur, dass er Leistung bringen muss, sondern dass er auch Kraft schöpfen kann.« Aber Altenschmitt klagt auch an, und es ist Wut zu spüren auf ehemalige Arbeitgeber und das System, in das er sich gefügt hat:

»Arbeitgeber sollten anfangen umzudenken und verinnerlichen, dass da Menschen für sie arbeiten. Menschen, die für den Umsatz ihre Gesundheit dalassen. Das wird vergessen und nicht geschätzt und gewürdigt. Allein schon die Bezeichnung ›Personal‹ ist abwertend. Mitarbeiter heißt, dass ich mit dieser Person mitarbeite. Das heißt auch, dass ich ihn als Person akzeptiere. Das ist ein Mensch!«

Aber trotz der Verbitterung den Arbeitgebern gegenüber, trotz seiner Krankheitsgeschichte, die er sich vor allem deshalb eingehandelt hat, weil er von der Arbeit nicht einmal lassen konnte, als er nach mehreren Bandscheibenvorfällen bereits gezeichnet war, wünscht sich Altenschmitt nichts mehr als: *Zu arbeiten.*

»Mein Ziel ist es, einen Halbtagsjob zu bekommen, um eine Aufgabe, ein Ziel und einen geregelten Tagesablauf zu haben und dem Leben einen Sinn zu geben. Ich möchte gebraucht werden.«

Die Arbeit zu verlieren kann zu tiefen Einschnitten im Leben führen. Viele Menschen verlieren mit dem Job auch Bekannte und Freunde. Vielleicht werden sie nicht bewusst gemieden, aber doch bleiben die Anrufe von langjährigen Bekannten und Weggefährten plötzlich aus. Wir haben im Nachtcafé auch Gäste begrüßt, die auf langjährige Jobs zurückschauen. Immer wieder leisten sie das, was von ihnen erwartet wird, häufig sogar mehr. Aber dann erhalten sie eine betriebsbedingte Kündigung, manchmal sogar per Einschreiben, und plötzlich sind sie draußen. Aus dem Arbeitsmarkt und aus ihrem alten Leben.

Mit 50 fällt der Weg zurück schwer. Und wenn das alte Umfeld bröckelt und Freundschaften und Bekanntschaften auf der Kippe stehen, dann können wir schnell in eine Krise schlittern. Dabei sind soziale Bindungen entscheidend für unser Leben. Das klingt banal, aber im Zusammenhang mit der Würde bleibt es eine entscheidende Feststellung, wie auch der Schweizer Philosoph Peter Bieri betont: »Die Würde eines Menschen liegt nicht nur darin begründet, dass er selbst über sein Leben bestimmen kann und in diesem Sinne selbständig ist. Sie liegt auch in der Art seiner Beziehungen zu anderen Menschen begründet: darin, wie er ihnen begegnet, und darin, wie sie ihm begegnen.«[43]

Manche suchen und finden die sozialen Bindungen im Ehrenamt. Andere hoffen, durch Umschulungen wieder zurück in den Arbeitsmarkt zu finden, häufig mit wenig Erfolg. Wenn es denn einmal zu Vorstellungsgesprächen kommt, steigen Ängste auf. Vor dem Versagen und davor, irgendwann ganz den Anschluss zu verlieren. Ein Nachtcafé-Gast, der bereits viele Jahre erfolglos nach einem Job sucht, beschreibt, was eine lange Zeit ohne Arbeit aus Menschen machen kann: »Sie kommen ins Grübeln, sie kriegen keine Bestätigung mehr, das Selbstwertgefühl sinkt, und viele haben ein Suchtproblem, weil sie sich selbst aufgeben. Spätestens nach der 250. Bewerbung, dann ist man innerlich ausgeblutet.« Und dieser Gast ergänzt, mit Blick auf die Politik und all die, die über ihn, aber nicht mit ihm reden: »Ich würde jeden Politiker gerne einladen, einfach mal eine Woche mit mir zu verbringen, meine Ämtergänge zu begleiten und zu erfahren, wie die Realität wirklich aussieht. Denn die Realitätsfremde von Politikern, die ist unglaublich. Die müssten einfach mal spüren, was Ausgrenzung für ein Leben bedeutet. Wir sind nichts Anderes als Kostenfaktoren für Politiker, das ist ein Problem.«

Politik – zu weit weg von den Menschen?

Sind Politiker zu weit weg von der Lebensrealität der Menschen? Der Arbeitsalltag von Politikern und Politikerinnen ist wie in vielen anderen Berufen getaktet. Interne Parteisitzungen,

Pressekonferenzen, Parlamentsdebatten, Ausschusssitzungen, Wahlkampf. Bleibt da genug Zeit, um sich die Nähe zu den Menschen zu erhalten? Oder war diese Nähe durch eine geradlinige Parteikarriere noch nie vorhanden? Ist das Gefühl vieler Menschen, von der Politik nicht ausreichend gehört zu werden, nachvollziehbar? Der renommierte Armutsforscher und Politikwissenschaftler Christoph Butterwegge ist besorgt, wenn er das Verhältnis vieler Menschen zur Politik reflektiert. Im Gespräch im Nachtcafé wird er sehr deutlich:

»Viele Bürger haben das Gefühl, dass sie von den Politikern und den etablierten Parteien nicht gehört und ernst genommen werden. Sie nehmen keineswegs ohne Grund an, dass ihre Interessen und Bedürfnisse vernachlässigt werden, weil sie sich in den politischen Entscheidungen, die getroffen und in den Gesetzen, die verabschiedet werden, nicht wiederfinden. Manche haben auch das Gefühl, dass es ihnen schlechter geht, als es in so einem reichen Land der Fall sein müsste. Da kann man schon den Eindruck gewinnen, dass die politisch Verantwortlichen wenig tun, um deren Situation zu verbessern.«

Sind »die da oben« also gar nicht interessiert an »denen unten«? Bildet sich vielleicht sogar eine Allianz einer Elite heraus, die gemeinsame Sache macht, um ihre Besitztümer und Machtstrukturen zu erhalten? Kungelt die Presse mit der Politik, die Politik mit der Justiz und alle zusammen mit den Intellektuellen, die nichts anderes im Schilde führen, als ihre egoistischen Interessen zu vertreten und das Volk klein zu halten?

Es ist wichtig und notwendig, dass sich der Journalismus selbstkritisch betrachtet. Bewegen sich Journalistinnen und Journalisten beispielsweise in Berlin zu nah an den Zirkeln der Macht? Führen informelle Hintergrundgespräche mit Politikerinnen und Politikern dazu, dass sich im berechtigten Interesse an Informationen bewusst oder unterbewusst eine zu große

Nähe zu den politisch Verantwortlichen herausbildet? Hat sich in Deutschland ein Mainstreamjournalismus etabliert, bei dem sich die meisten Redakteure in einem engen Korridor der als politisch korrekt eingestuften Meinung bewegen? Was ist dran an der Kritik, der Journalismus habe kein Gespür mehr für die wahren Themen der Menschen? Gemeinsam mit Studierenden, Kolleginnen und Kollegen habe ich als Lehrender am Institut für Journalistik an der TU Dortmund diese Debatte intensiv und öffentlich geführt.[44]

Diese selbstkritische Debatte ist wichtig, aber nicht jeder Vorwurf entspricht der Realität. Nach wie vor wehren sich Journalistinnen und Journalisten zu Recht, wenn es in Einzelfällen dazu kommt, dass Politikerinnen und Politiker versuchen, aus parteipolitischem Kalkül Einfluss auf journalistische Produkte oder die Art der Berichterstattung zu nehmen. Es ist weniger eine offensichtliche, sondern vielmehr eine unterschwellige Einflussnahme und (Selbst-)Kontrolle, die eine Gefahr darstellt. Orientieren sich die Qualitätsmedien mehr als nötig an der Themenwahl ihrer Konkurrenz? Folgen Lokalmedien zu sehr den von den überregionalen Medien vorgegebenen Themen? Haben Journalistinnen und Journalisten immer seltener den Mut, unpopuläre Positionen pointiert zu vertreten, auch aus Angst vor einem digitalen Shitstorm? Diese Debatte kann hier nur angedeutet werden. Wichtiger für dieses Buch sind Erfahrungen, die Journalistinnen und Journalisten tagtäglich mit Menschen machen, die ihnen skeptisch gegenüberstehen.

Ein Abend in der Buchhandlung

Als ich gemeinsam mit meinem Kollegen Günther Rager und Studierenden des Instituts für Journalistik in einer Dortmunder Buchhandlung gegen 19 Uhr das Gespräch mit Bürgern zum aktuellen Zustand des Journalismus suche, müssen zusätzliche Stühle besorgt werden. Der Abend wird länger und länger, und immer wieder geht es darum, ob Journalistinnen und Journalisten absichtlich Fakten verdrehen, Themen skandalisieren oder Politiker hofieren. Und darum, dass viele nicht mehr das Gefühl haben, ihre Themen und vor allem ihre Meinung im Journalismus vertreten zu sehen. Im Gespräch wird deutlich, dass sie durchaus Ausnahmen erkennen und dass es Medien und JournalistInnen gibt, denen sie nach wie vor vertrauen. Sie sehen, dass der Journalismus der Aufgabe, die Mächtigen zu kontrollieren, durchaus immer wieder nachkommt. Vor allem aber ist spürbar, dass sie ein Interesse daran haben, zu erfahren, wie im Journalismus gearbeitet wird. Transparenz ist ein Schlüssel für einen überzeugenden Dialog, das zeigt sich auch an diesem Abend in Dortmund. Die Studierenden des Instituts fordern im öffentlichen Dialog vom Journalismus folgerichtig mehr Dialogbereitschaft, Selbstkritik und Transparenz. Sie wollen auf die Kritiker zugehen, offen über ihre Arbeitsweisen aufklären und selbstkritisch mit Fehlern in der Berichterstattung umgehen. Von anderen Journalisten habe ich die Kritik gehört, ob man mit einer solchen selbstkritischen Herangehensweise nicht diejenigen stärkt, die das Ziel haben, das Vertrauen in den Journalismus zu zerstören. Ich bin gegenteiliger Meinung, denn ein offener, aber gleichzeitig selbstbewusster Umgang mit Fehlern ist Voraussetzung für Vertrauen. Und die Diskussion über die Kritik am Journalismus dürfen wir nicht denen überlassen, die einen unabhängigen und freien Journalismus gar nicht wollen.

Gleichzeitig forcieren wir im Institut die Diskussion darüber, wie wir im Journalismus Themen auswählen. Sind viele, die Journalistik studieren, ähnlich sozialisiert? Ist die Kritik zutreffend, dass sie mit den Themen, die Menschen in sozialen Notlagen betreffen, in ihrem Leben nur selten in Kontakt kommen? Bereits im ersten Semester führen Studierende am Institut Interviews mit Menschen quer durch alle Altersklassen und Bildungsschichten und versuchen von ihnen zu erfahren, welche Erwartungen sie an den Journalismus haben. Es darf keine Berührungsängste geben. Themen werden nicht nur online gefunden und ausgewählt, sondern gewinnen an Kraft und Überzeugung durch den »echten« Kontakt mit Menschen.

Eine Lobby für die, die nicht gehört werden

Das Nachtcafé will Menschen zusammenbringen, die sich im normalen Alltag kaum begegnen. Und häufig gelingt es, den Millionär ins Gespräch mit denen zu bringen, die keine Arbeit haben, und gemeinsam mit einem Experten in den Dialog über soziale Gerechtigkeit einzusteigen. Wir möchten auch eine Lobby für diejenigen sein, die sonst selten gehört werden. Für die Schwachen in dieser Gesellschaft, für die, die oft an den Rand gedrückt werden. Eine Lobby für Themen und Meinungen, die sehr wichtig sind, es aber im öffentlichen Diskurs schwer haben. Und wir wollen mit aller Kraft dazu beitragen, dass sie gehört werden und ihr Anliegen öffentlich diskutiert wird. Ob es um Wohnungsnot, die Situation in Krankenhäusern, Pflege, Altersarmut oder Hartz IV geht.

Der Politikwissenschaftler und Armutsforscher Christoph Butterwegge diagnostiziert als Gesprächspartner im Nachtcafé ebenfalls eine Schieflage in unserer Gesellschaft, denn »wer reich ist, ist meistens auch politisch einflussreich, und wer arm ist, hat wenig Möglichkeiten, seine Interessen, etwa durch Lobbyarbeit oder mittels Parteispenden, durchzusetzen. Armen fehlt es an Macht und Einfluss sowie einer Möglichkeit, auf Gesetze Einfluss zu nehmen und auf die Regierung in Berlin Druck auszüben.«

Diesen Druck wollen wir im Nachtcafé durchaus aufbauen. Wir führen diesen Dialog allerdings nicht, um pauschal die »Eliten« anzuklagen oder eine Empörungskultur zu schüren. Wir möchten lösungsorientiert darüber diskutieren, wie die Situation verbessert werden kann. Und gleichzeitig dort Ankläger sein, wo Menschen keine Lobby haben. Denn wir geraten bei diesem Thema ansonsten sehr schnell in einen Kreislauf, der die soziale Ungleichheit vertieft. Die Wahlbeteiligung unter den wirtschaftlich Benachteiligten ist signifikant niedriger als bei den gutsituierten Bürgern. Das heißt, dass diejenigen, die eine politische Repräsentation am nötigsten haben, schon unter den Wählern unterrepräsentiert sind. Zudem hält die politikwissenschaftliche Forschung fest, dass die Nichtwähler generell ein distanziertes Verhältnis zur Politik haben.[45] Unter ihnen gibt es sicher Bürger, die schwer zu erreichen sind, weil sie sich gedanklich längst abgeschottet haben. Wenn es keine Diskussionsbereitschaft mehr gibt und alle Aussagen vom Hass auf andere gesellschaftliche Gruppen oder das demokratische System als Ganzem geprägt sind, endet auch meine Toleranz. Da, wo Menschen nur hetzen, polemisieren und nicht mehr diskutieren, kann kein Gespräch mehr im Sinne eines Austauschs von Argumenten stattfinden, in der Hoffnung, dass das bessere Argument überzeugt. Das heißt nicht, dass wir diese radikalisierten Menschen abschreiben sollten, aber es gilt an dieser Stelle auch, demokratische Werte zu verteidigen, die Grenzen der Akzeptanz zu verdeutlichen und an den richtigen Stellen nicht diskussionsbereit zu sein. Diejenigen, die unzufrieden und wütend auf die bestehenden Verhältnisse sind, sollten aber ein offenes Ohr finden und gehört werden. Wie reagieren Sie, wenn Sie jemand anderem etwas vermitteln wollen, und es kommt keine Reaktion? Wie ist es für Sie, wenn Sie das Gefühl bekommen, von einem Bekannten, Arbeitskollegen oder Vorgesetzten ignoriert zu werden? Wenn das, was Ihnen wichtig ist und was Sie mitteilen wollen, keine Resonanz erfährt, dann wenden Sie sich ab. Wir sollten ihre Wut und Unzufriedenheit aufgreifen, denn der Austausch über den Zustand unserer Gesellschaft ist nicht nur emotional, sondern auch faktisch notwendig.

Dass die soziale Ungleichheit ein drängendes Thema ist, steht außer Frage. Es gab zwar noch nie eine Gesellschaft, in der es keine soziale Ungleichheit gegeben hat, zumindest ist mir, historisch betrachtet, keine bekannt. Für uns relevant ist vor allem der Fakt, dass sich die Ungleichheit aktuell auf vielen Ebenen verschärft. Die Schere zwischen Arm und Reich geht immer weiter auseinander. Dies ist eine weltweite Tendenz, die sich auch in Deutschland feststellen lässt. Laut einer Studie, die von der Entwicklungshilfeorganisation Oxfam in Auftrag gegeben wurde, besaß in Deutschland das obere ein Prozent der Bevölkerung genauso viel wie die unteren 87 Prozent.[46] 2016 waren etwa 40 Prozent der Hauptbeschäftigungen in Deutschland keine Vollzeitstellen.[47] Diese stark gewachsene Gruppe besitzt häufig wenig soziale Sicherheit und stark eingeschränkte berufliche Perspektiven. Dies alles ist auch vor dem Hintergrund relevant, dass nicht nur die tatsächliche soziale Not das Klima einer Gesellschaft bestimmt, sondern zudem die Angst vor dem sozialen Abstieg. Viele denken: Noch geht es uns gut, aber wie lange noch? Wer kann zur Konkurrenz auf dem Arbeitsmarkt werden? Wenn ich heute in Teilzeit arbeite, was bekomme ich da als Rentner? Diese Ängste treffen die Mitte unserer Gesellschaft. Aber wenn wir über die soziale Situation in Deutschland sprechen, dann können wir auch nicht an denen vorbeischauen, die unter schlimmsten Bedingungen und häufig unter Zwang in Deutschland arbeiten.

Unter dem Radar – Menschenhandel in Deutschland

Wissen wir nicht alle, dass es unter dem Radar der öffentlichen Wahrnehmung und trotzdem vor unser aller Augen Menschen gibt, die ausgebeutet werden? Zum Beispiel in Nagelstudios, auf dem Bau, in der Landwirtschaft, in der Gastronomie und in der häuslichen Pflege? Wir sehen sie, wir gehen, wenn wir in Städten leben, fast tagtäglich an ihnen vorbei. Oder sehen sie auf dem Land auf Spargelfeldern. Auch sie sind Teil der sozialen Realität in Deutschland.

Anette Dowideit ist gelernte Volkswirtin und beschäftigt sich als Journalistin seit Jahren mit dem Thema Menschenhandel. Sie hat die kriminellen Netzwerke und die Bedingungen recherchiert, unter denen Zwangsarbeiter in Deutschland arbeiten müssen. Wie geht die Organisierte Kriminalität im Niedriglohnsektor vor? Dowideit interessiert zum einen das Schicksal der Menschen, aber auch die Frage, auf welchen Wegen das Geld fließt und warum in welchen Regionen organisierte Kriminalität entsteht.

Am Anfang steht meist die Hoffnung. Menschen, häufig aus Osteuropa, werden in ihren Dörfern und Städten angeworben mit dem Versprechen, dass sie in Deutschland einen sozialversicherungspflichtigen Job erhalten. Organisiert wird das nicht selten von Netzwerkstrukturen und darauf spezialisierten Agenturen.[48] Diese sehen nicht in jedem Land, geschweige denn in jeder Region gleich aus. Gerade das macht es häufig schwierig, sie zu entschlüsseln. Was wird aus den Hoffnungen der Arbeiter, die beispielsweise auf einen guten Job in der Bauwirtschaft hoffen? Anette Dowideit umreißt den Weg, auf den sie bei ihren Recherchen immer wieder gestoßen ist:

»Den guten Job, den gibt es in Deutschland dann nicht. Sie werden hier in irgendwelchen Unterkünften untergebracht, wo sie auf Matratzen schlafen, einen Campingkocher haben und immer wieder vertröstet werden. Wenn sie dann fragen, wann sie den versprochenen Arbeitsvertrag erhalten, wird ihnen gesagt: ›Ja, den bekommst du irgendwann.‹ Und wenn sie einen Arbeitsunfall haben, ins Krankenhaus kommen und sich schwer verletzen, dann wird ihnen spätestens bewusst, dass sie ohne Vertrag gearbeitet haben. Denn dann bleiben sie auf ihren Rechnungen sitzen.«

Als ich die Rumänin Lisa Panait kennenlerne, hat sie einen Job mit Arbeitsvertrag in Deutschland. Es geht ihr recht gut, sonst hätte sie nicht mit mir gesprochen. Denn unter denen, die oft gezwungenermaßen illegal in Deutschland beschäftigt sind, herrscht Angst. Sie fühlen sich bedroht, befürchten, etwas Falsches zu sagen. Deshalb scheuen sie auch die Öffentlichkeit.

Lisa Panait hat drei Kinder, zwei Töchter und einen Sohn. Sie und ihr Mann leben nach wie vor in Rumänien. Als sie 2010 zum ersten Mal nach Deutschland kommt, spricht sie kaum ein Wort Deutsch. In Rumänien findet sie keine Arbeit, ihrer Familie geht es schlecht. Deshalb entschließt sie sich, in Deutschland ihr Glück zu versuchen. Über eine rumänische Firma findet sie einen Job in einer Fleischerei. Während sie über ihre Erfahrungen berichtet, schweift sie nicht aus, spricht die einzelnen Sätze aber mit Nachdruck:

»Ich kenne viele Leiharbeiter in der Schlachterei. Da sind viele Arbeiter aus Rumänien und Polen. Die bekommen fünf Euro pro Stunde und keinen Urlaub. Viele Leute fragen nicht viel, die haben Angst. Später habe ich in einer großen Hähnchenfabrik gearbeitet. Ich habe auch fünf Euro pro Stunde bekommen und etwa 200 Stunden pro Monat gearbeitet. Jeden Monat musste ich 200 Euro an eine Versicherung in Rumänien geben. Ich habe morgens um vier Uhr mit der Arbeit begonnen und bis abends um sechs oder acht Uhr gearbeitet. Ich habe da

Hühnchen verpackt, ganz schnelle Arbeit. Die Pause war fünfzehn Minuten lang.«

Die Firma stellt ihr eine Übernachtungsmöglichkeit. In der Dreizimmerwohnung, in der Lisa Panait untergebracht wird, übernachten acht Menschen. Nach einigen Monaten verlässt sie die Arbeitsstelle, weil ihr Chef sie schlecht behandelt. Sie braucht das Geld, denn was übrig bleibt, schickt sie ihrer Familie in Rumänien. Sie sucht und findet eine neue Arbeit, wieder in einer Hähnchenfabrik, doch auch hier wird sie nicht glücklich:

»Ich habe in der Nachtschicht gearbeitet und die Hähnchen vom Stall in den LKW gebracht. Für den ganzen Monat habe ich 600 Euro bekommen, und das alles ohne Papiere. Manchmal habe ich um 18 Uhr abends angefangen und war nachts um drei oder vier Uhr fertig. Am anderen Tag habe ich um acht Uhr abends angefangen und war um zwölf Uhr mittags fertig. Manchmal habe ich da jeden Tag gearbeitet, manchmal bin ich eine Woche zu Hause geblieben. Ich wusste nicht, wann ich Arbeit bekomme. Ich wurde angerufen, wenn ich arbeiten konnte.«

Mittlerweile arbeitet Lisa Panait in einer Kunststofffirma unter besseren Konditionen. Aber was sie in einem Nebensatz erwähnt, beinahe nebenbei, ist die Tatsache, dass sie über Monate auch ohne Papiere beschäftigt wurde. Doch selbst wenn sie über Papiere verfügt hätte, ist das noch keine Sicherheit. Denn häufig werden Arbeiterinnen und Arbeiter wie Lisa Panait bei Subunternehmen beschäftigt. Eine Konstruktion, der noch zu wenig Beachtung geschenkt wird. Warum? Anette Dowideit schildert die Konsequenzen:

»Sagen wir mal, eine Landesregierung möchte ein neues Universitätsgebäude bauen. Dann ist die der Auftraggeber. Dann gibt es aber einen Generalunternehmer der Privatwirtschaft, der baut das. Dann hat die Landesregierung schon keinen richtigen

Blick mehr auf das, was dort eigentlich gemacht wird. Dann hat dieser Generalunternehmer vielleicht drei oder vier Subunternehmer. Und am Ende der Kette ist dann jemand, der holt sich Schwarzarbeiter, aber keiner kann das mehr so richtig nachverfolgen, ob die jetzt richtig angemeldet sind und wie das überhaupt gemacht wird.«

Und noch einmal zu der Frage: Was passiert, wenn sich ein Arbeiter oder eine Arbeiterin verletzt? Die Betroffenen müssten ihr Subunternehmen in die Pflicht nehmen, aber die existieren häufig nur einige Monate und melden anschließend Insolvenz an. Sie müssten sich alternativ durch alle Instanzen klagen, aber das, so Anette Dowideit, »ist total unrealistisch, weil sie finanziell dazu überhaupt nicht in der Lage sind und meist kein Deutsch sprechen«. Wenn dann die Subunternehmen noch versteckte oder offene Drohungen aussprechen, ist das Klima der Angst und Hoffnungslosigkeit perfekt.

Selbst in den Fällen, in denen Arbeiter und Arbeiterinnen mit Zwang aus ihren Heimatorten nach Deutschland gebracht oder unter falschen Versprechungen angelockt und anschließend nur noch ausgenutzt werden, scheint das Risiko für die Organisierte Kriminalität gering zu sein. Denn wo kein Kläger ist, ist erst einmal kein Ärger zu erwarten. Wenn die Arbeiterinnen und Arbeiter es selbst nicht tun, wer ergreift dann Partei für sie? Wo ist die Lobby, die sich für die einsetzt, die unter dem Radar unter Zwang in Deutschland arbeiten?

Menschen zur Ware degradiert

Im Nachtcafé habe ich mit Frauen reden können, die mit unterschiedlichen kriminellen Strategien in die Zwangsprostitution gelockt wurden. Es ist eine Schande, dass wir nicht in der Lage sind, diese Form von Menschenhandel zu unterbinden. Dieser

Menschenhandel findet statt, die Opfer sind unter uns. Eine junge Frau wurde als Schülerin aus einer schwierigen Familienkonstellation heraus im Internet von einem sogenannten »Loverboy« rekrutiert, der ihr zunächst eine Beziehung vorspielte, um sie anschließend für sich als Prostituierte arbeiten zu lassen. In sogenannten Flatrate-Bordellen, die mittlerweile zum Glück verboten sind, musste sie für ihn anschaffen, hatte dort zwanzig Freier am Tag. Dies ist aber nur eine Form. Viele Frauen werden aus dem Ausland unter Versprechungen nach Deutschland gelockt und treffen hier auf eine Realität, der sie nicht mehr entfliehen können. Auch weil ihnen und ihrer Familie Gewalt angedroht wird. Die frauenverachtende Entwürdigung hat System. Manfred Paulus, der über zwanzig Jahre als Kriminalhauptkommissar im Feld des Menschenhandels und insbesondere der Zwangsprostitution auch international ermittelt hat, schätzt, dass in Deutschland Hunderttausende Frauen unter Zwang als Prostituierte arbeiten. Warum sind Menschenhandel und Zwangsprostitution für die Organisierte Kriminalität so attraktiv? Seine Antwort rüttelt auf:

»Der Menschenhandel hat zum Beispiel im Vergleich zum Handel mit Drogen und Waffen viele Vorteile. Die Ware ›Mensch‹ wächst ständig nach. Die kostet keinen Cent. Man braucht nicht einen Cent an Investition. Wenn ich eine Kalaschnikow handle, dann muss ich zunächst investieren. Wenn ich Heroin handle, muss ich zunächst investieren. Wenn ich die Kalaschnikow verkaufe, dann ist sie weg. Menschen kann ich über Jahre oder Jahrzehnte ausbeuten. Die sind eben nicht weg. Das hat viele Vorteile. Zudem ist der Handel mit Menschen risikoärmer für die Täter als der Handel mit Drogen oder Waffen. 300 bis 400 Ermittlungsverfahren in Deutschland, das ist gar nichts gegenüber der Anzahl der Frauen und Mädchen, die gehandelt werden. Da sieht man, es ist kaum ein Risiko vorhanden.«

Wenn wir uns den Menschenhandel und das Feld der Zwangsprostitution vergegenwärtigen, dann kann man meiner Meinung nach nur zu dem Urteil kommen: Doch, die Würde des Menschen ist in Deutschland antastbar. Der Mensch wird in diesem System vollends zur Ware degradiert und entwürdigt.

Die Grundprinzipien der Anwerbung und Ausbeutung ähneln sich, ob wir über Zwangsprostitution, den Bausektor, die Landwirtschaft oder andere Bereiche sprechen. Wir werden auch im Zusammenhang mit der Pflegerealität in Deutschland wieder auf diese Strukturen zu sprechen kommen. Wir sehen das Thema, aber lassen wir es an uns heran? Setzen wir es beherzt auf die politische Tagesordnung? Der Soziologe Heinz Bude weist in seinem Buch »Solidarität« ebenfalls auf die Millionen illegal Beschäftigter hin, auf die »müden Kolonnen der Gebäudereinigung« und das »Heer der Hausangestellten, die morgens die Hunde ausführen, mittags das Essen für die Schulkinder zubereiten und abends in der Sprache ihrer Heimat unendlich traurige Gute-Nacht-Lieder summen? Wer hört zu? Wen kümmert's? Wie wird das anders?«[49]

*»Ich dachte in der Kälte beim Einschlafen,
Mensch, hoffentlich wirst du morgen wieder wach.«*

André Hoek, ehemaliger Obdachloser

Würdevolle Solidarität –
Leben im freien Fall?

Wir alle hoffen auf die Solidarität anderer Menschen, wenn es uns einmal nicht gut geht. Auch diejenigen, die nicht unter Zwang in Deutschland ausgebeutet werden, sondern in der Mitte der Gesellschaft leben und arbeiten, fürchten manchmal den Sturz ins Bodenlose. Was, wenn das Leben plötzlich aus den Fugen gerät und wir den Fall scheinbar nicht mehr aufhalten oder abbremsen können? So etwas kann jedem von uns passieren, denn das Leben geht nicht immer schonend mit uns um.

Einmal Havanna und zurück

Götz Wörner war ein erfolgreicher Musikmanager und -produzent. Er hatte bereits Ende der Siebzigerjahre auf lateinamerikanische Musik gesetzt, als sie im deutschen Markt noch eine Nische und beinahe unentdeckt war. Er reiste um die Welt, war häufig in Rio, Tokio, New York, Paris und auch in Havanna, wo er die Musiker des Buena Vista Social Club kennenlernte. Wer heute mit ihm über die Künstler von damals und die »alten Zeiten« spricht, spürt sofort wieder eine aufflammende Leidenschaft. Wie kann es bergab gehen, wenn das Geschäft floriert, Götz Wörner offenbar Ehrgeiz und Kompetenz erfolgreich miteinander paart und in seinem Beruf aufgeht?

1999 trifft er falsche unternehmerische Entscheidungen, will sein musikalisches Spektrum erweitern, setzt (zu spät) auf Reggae-Musik und gerät immer häufiger in finanzielle Durststrecken. An Rücklagen für das Alter hat er nicht gedacht. Sein Kreditberater bei der Frankfurter Sparkasse geht in Rente, zeitgleich pfändet das Finanzamt Geld. Und dann, so Wörner, »bricht alles zusammen wie ein Kartenhaus«. Er sieht durchaus seine Verantwortung für den beruflichen Niedergang. Er hätte bereits einige Monate früher die Reißleine ziehen und Konkurs anmelden sollen. Aber »wenn ein Unternehmer pleitegeht, egal, ob er ein Träumer oder Visionär war, am Ende ist er immer selbst schuld«. Schließlich bekommt er sein Ende als Unternehmer schriftlich. »Dass es zu Ende ist, merkst du, wenn du einen Brief bekommst, in dem dir die Gewerbeerlaubnis entzogen wird. Dann gehst du in die nächste Kneipe und lässt dich volllaufen.«

Sein Fall setzt sich fort, er stürzt weiter und weiter. Seine Mutter stirbt in dieser Zeit. Das Erbe von 250 000 Euro geht direkt an die Banken, bei denen er Kredite hatte. Irgendwann steht der Gerichtsvollzieher vor der Tür und händigt ihm die Kündigung des Vermieters aus. Götz Wörner muss seine Wohnung, die er gemeinsam mit seiner Frau bewohnt, verlassen. Und auch psychisch macht ihm der Absturz zu schaffen. »Nach der Pleite hatte ich Angst, litt unter Albträumen und dem Gefühl, ich schaffe es nicht. Ich wusste nicht, wie es weitergeht, aber es musste ja weitergehen.«

Von Raben lernen

Es geht weiter, allerdings weiter bergab. Nach der Räumung der Wohnung bringt das Sozialamt Götz Wörner zunächst in einer Obdachlosenunterkunft und später in einer Sozialwohnung in der Frankfurter Innenstadt unter. Gemeinsam mit seiner Frau zieht er dort ein, aber die Beziehung bricht auseinander. Über das Sozialamt will er nichts Schlechtes sagen, »die haben mir immer geholfen«, aber privat ist er mehr und mehr isoliert. »Eine ganz schlimme Erfahrung ist, dass es plötzlich keine Freundschaften und keine Freunde mehr gibt.«

Einmal telefoniert er mit einem früheren Geschäftspartner in Boston, um sich von ihm einige alte Produktionen schicken zu lassen. Zur Begrüßung sagt der: »Götz, how are you? We thought you're under the bridge!« Aber keiner kommt auf die Idee, einmal bei ihm anzurufen oder sich nach ihm zu erkundigen.

Was lässt uns so zurückschrecken, wenn wir vom Absturz eines Menschen erfahren, mit dem wir bislang intensiv in Kontakt standen? Warum ziehen sich um diese Menschen herum immer wieder viele zurück, sodass das Loch, in das sie fallen, immer größer zu werden scheint? Ich kann diese Fragen nicht beantworten, aber dass ein Gemieden-Werden zur Demütigung wird, das können wir uns alle vorstellen.

Acht Jahre verändert sich sein Zustand nicht. Götz Wörner geht es schlecht, und er ist völlig ratlos, wie es weitergehen soll. Er trinkt, immer wieder und viel zu viel. Zu einem Halt wird der Bethmannpark in Frankfurt. Der Park ist ganzjährig bis zum Einbruch der Dunkelheit geöffnet. Hier sitzt Götz Wörner immer wieder mit einem Fernglas, das er von seinem Vater bekommen hatte, und beobachtet die Raben. »So habe ich mich langsam wieder in der Natur stabilisiert.«

Kultur für alle?

An einem Oktoberabend im Jahre 2005 kommt die Wende. In der Alten Oper treten die Jazz-Pianisten Gonzalo Rubalcaba und Chick Corea auf. Götz Wörner hofft, das Konzert besuchen zu können, auch ohne Ticket. »Die 35 Euro Eintritt für das Konzert hatte ich nicht, es war ja bereits Monatsende.« Gonzala Rubalcaba hatte er zehn Jahre zuvor entdeckt, beide kennen sich gut. Obwohl er mit der Musikszene eigentlich schon abgeschlossen hat, möchte er den Künstler sehen. Aber er hat keine Chance, wo er auch hingeht, niemand kennt ihn, immer wieder wird er abgewiesen. Ihm wird vor Augen geführt, wie ausgeschlossen Menschen in seiner Situation von etwas sehr Wertvollem sind, vom kulturellen Leben. »Verhungern kannst du nicht in Deutschland, aber dafür im Hirn verdursten.«

Im Nieselregen vor der Alten Oper in Frankfurt kommt ihm schließlich die Idee, die sein Leben seitdem bestimmt: »Kultur für alle«. Es beginnt eine Erfolgsgeschichte. Götz Wörner geht zur Stadt Frankfurt, recherchiert im Statistischen Jahrbuch und stößt auf 85 000 Sozialhilfeempfänger, denen es genauso geht wie ihm. »Dann dachte ich: Das ist ja ein Ding, das sind alles Menschen, die keine Chance auf einen Museumsbesuch haben, da muss man doch was machen!« Er findet heraus, dass es noch keinen Kulturpass für Bedürftige gibt, erinnert sich plötzlich wieder seiner alten Managementqualitäten, erstellt eine erste Machbarkeitsstudie und ein Konzept. Ein zentraler Bestandteil der Idee »Kultur für alle« ist das Grundprinzip, dass auch für Bedürftige der Eintritt etwas kosten soll: »Meine Idee war: Der Pass kostet einen Euro und der jeweilige Eintritt auch. Denn umsonst darf es nicht sein, Kultur darf kein Almosen sein. Es hat auch mit Würde zu tun: Wenn eine Mutter mit ihrem Kind ins Museum geht, soll ihr Kind sehen, dass die Mutter an der Kasse steht und einen Eintritt bezahlt.«

Entstehen solche Ideen und solch ein Bewusstsein für Würde erst, wenn man die Erfahrung gemacht hat, an der Kasse abgewiesen zu werden? Götz Wörner gründet einen Verein, spinnt ein Netzwerk mit Kirchen, Veranstaltern und Familienzentren. Er muss Überzeugungsarbeit leisten und stößt zunächst auch auf Ablehnung. Ein Opernbesuch für nur einen Euro, das kann und darf nicht sein! Und doch, seine Idee setzt sich durch. Als Erstes bekommt Wörner hundert Karten für die Buchmesse, fünfzig für ein Konzert von Udo Lindenberg und schließlich 300 für zehn Konzerte der Orchesterakademie der Berliner Philharmoniker in der Alten Oper. Dort, wo er an einem Oktoberabend bei Nieselregen abgewiesen worden war, ermöglicht er sich und anderen nun für einen Euro einen Konzertbesuch. Mittlerweile beteiligen sich mehr als 200 Kulturinstitutionen aus Frankfurt und der Umgebung an dem Projekt.[50]

Auch Götz Wörner selbst ist stolzer Besitzer eines solchen Passes, denn nach wie vor ist er Hartz-IV-Empfänger. Häufig arbeitet er zehn Stunden täglich für den Verein. Ein Gehalt bekommt er nicht, ab und zu allerdings eine Aufwandsentschädigung. Das reicht ihm. Er hat wieder Mut geschöpft, wurde von der Kanzlerin wegen seiner Idee empfangen und vom Bundespräsidenten ausgezeichnet. Auch beim Jobcenter hat er sich vorgestellt. »Mal sehen, was die Zukunft bringt, aber irgendwann will ich raus aus Hartz IV.« Ab und zu sitzt er noch im Bethmannpark, nur ohne Flasche Bier in der Hand. Und beobachtet zufrieden die Raben.

Götz Wörners Initiative ist kein Einzelfall. Mittlerweile ist sie ein Teil der 2016 entstandenen »Bundesvereinigung Kulturelle Teilhabe«, die sich zum Ziel gesetzt hat, Bürgern mit geringem Einkommen einen erschwinglichen bzw. kostenfreien Zugang zu den kulturellen Angeboten ihres Wohnortes zu ermöglichen. Dabei stellen Kulturveranstalter nach dem Tafel-Prinzip nicht verkaufte Tickets zur Verfügung, die dann an berechtigte Interessenten weitervermittelt werden.[51]

Auch wenn Götz Wörner seinen Weg wieder zu finden scheint: Wir sehen, wie schnell wir aus dem gewohnten Alltag stürzen können, wie schnell sich auch ein erfolgreicher Manager auf der Straße wiederfinden kann. Aber Götz Wörners Beispiel lässt vielleicht noch Raum für romantisierende Assoziationen. Ein Leben im Park, vielleicht mit anderen in einer Art Obdachlosengemeinschaft, die Raben beobachtend – muss das so schlimm sein? Kann dieses Leben ohne Verpflichtungen und ohne Besitz nicht auch seinen eigenen Reiz ausüben? Sind wir uns, wenn wir auf der Straße leben, vielleicht näher als in einem glitzernden, gestylten, durchorganisierten Alltag?

Wenn Rum den Schmerz betäubt

André Hoek würde dem widersprechen. Der 49-Jährige hat als Obdachloser einen Alltag erlebt, der uns alle romantisierenden Vorstellungen raubt. Sein Alltag auf der Straße war im wahrsten Sinne des Wortes kalt, perspektivlos und beinahe tödlich. Dabei ging es André Hoek genau wie Götz Wörner über viele Jahre blendend. Er schien auf dem besten Weg zu sein, sich seine Lebensträume zu erfüllen. Bis ihn ein Ereignis, eine Lebensphase, sehr schnell abstürzen ließ.

André Hoek wuchs in der DDR auf einem Bauernhof auf, wo er schon als Kind sehr viel arbeiten musste. Mit seiner Mutter versteht er sich bis heute gut, das Verhältnis zum Vater war schwierig, denn der trank und wurde auch gewalttätig. Später erlernte André Hoek den Beruf des Maurers, orientierte sich nach der Wende aber um. Zunächst macht er sich erfolgreich mit Lebensmittelgeschäften, dann mit einer Webdesignfirma selbstständig. Die Geschäfte laufen gut, Hoek und seine Frau ziehen zuerst nach Schweden, dann nach Gran Canaria, mieten dort mehrere Häuser und lassen es sich gut gehen. Geld spielt für Hoek in dieser Zeit, so sieht er es rückblickend, »keine Rolle«.

Das Haus, in dem er auf Gran Canaria mit seiner Frau lebt, ist nur zehn Kilometer vom Meer entfernt, in der Nähe eines malerischen Dorfs mit schmalen Gassen, das wunderschön instand gehalten und gepflegt wird. André Hoek fühlt sich angekommen: »Wenn wir da auf der Terrasse saßen, fand ich das alles nur fantastisch und schön und habe mein Leben in vollen Zügen genossen. Ich wollte da alt werden und sterben.«

Dann kommt es – für ihn offenbar völlig unerwartet – zum abrupten Ende der Glückseligkeit. Seine Frau lernt einen anderen Mann kennen, setzt sich eines Tages zu ihm aufs Sofa und eröffnet ihm, dass sie ihn verlässt:

»Sie sagte, dass sich unsere Beziehung nicht mehr richtig anfühlt, und für mich brach eine Welt zusammen. Das hat mich total aus der Bahn geworfen. Das war meine ganz große Liebe, mit meiner ganzen Seele und meinem ganzen Herzen, ich hätte niemals damit gerechnet. Das hört sich theatralisch an, aber ich war richtig von Schmerz zerrissen.«

Wenn wir von einem geliebten Partner überraschend verlassen werden, dann ist das ein seelischer Ausnahmezustand. André Hoek stürzt sich zunächst in den Sport, dann überredet ihn ein Freund zu einem Glas Rum. Er, der vorher nur selten Alkohol getrunken hat, spürt, wie gut das Getränk gegen den Schmerz hilft. Zumindest hat es für ihn den Anschein. Dann geht es abwärts. In den nächsten Wochen und Monaten vernachlässigt Hoek seine Arbeit, hält Deadlines nicht mehr ein und beschleunigt damit seine berufliche Talfahrt. Kunden stoppen die Zusammenarbeit mit seiner Firma, und auch Hoek selbst stellt sein Engagement für das Unternehmen ein. Fortan lebt er vom Ersparten, ohne aber seinen Lebensstil zu verändern. Es dauert nicht lange, da hat er nur noch 1000 Euro auf dem Konto. In dieser Situation entschließt sich Hoek, zurück nach Deutschland zu fliegen. In Berlin reicht das Geld noch für ein paar Tage, doch dann steht Hoek mit leeren Händen da. Ohne Freunde, ohne Job, ohne Plan und ohne Zuversicht. Er wird obdachlos.

In der Kälte Berlins

Was macht man als unerfahrener Obdachloser im kalten Februar in einer Metropole wie Berlin? Hoek setzt sich tagsüber mit einem Becher vor den Füßen vor die U-Bahn. Nachts überbrückt er die Zeit so gut es geht in der S-Bahn, bevor er um vier Uhr, gleich nach der Öffnung, wieder in die U-Bahn wechselt. Trotz der Routine fällt ihm das Leben auf der Straße schwer:

»Es war entsetzlich kalt. Ich war über Jahre die hohen Temperaturen auf Gran Canaria gewohnt, und ich bin im Februar nach Berlin zurückgekommen. Ich hatte auch gar keine warme Kleidung bei mir. Es war entsetzlich, ich wusste die ersten Nächte weder ein noch aus.«

Dann lernt er einen anderen Obdachlosen kennen, der es gut mit ihm meint. Er führt ihn ein in die Gesetze des Lebens auf der Straße. Zu diesen ungeschriebenen Regeln gehört, keinen anderen zu fragen, warum er oder sie obdachlos geworden ist. Fast alle hätten schlimme Sachen erlebt und wollten nicht darüber reden, weil sie genug damit beschäftigt sind, die Tage zu überstehen. Für Emotionen ist kein Platz. Eine weitere Regel: Auf der Straße führt man keine Diskussionen. Der mit den dicksten Oberarmen gewinnt. Beim Schnorren fragt man niemals zweimal dieselbe Person. Die Regeln zu kennen hilft Hoek, aber er fühlt sich trotzdem verlassen. Innerhalb weniger Wochen hat sich sein Leben – natürlich durch eigenes Zutun – zum Albtraum entwickelt:

»Ich war total am Ende. Ich hätte mir nie vorstellen können, dass ich mal dahin komme. Wenn Sie mich früher gefragt hätten, hätte ich mein ganzes Jahreseinkommen darauf verwettet, dass mir so etwas nie passiert. Noch vierzehn Tage vorher hätte ich das gesagt. Aber das kann absolut jedem passieren. Sie müssen nur krank werden. Die Obdachlosigkeit ist nicht mehr nur ein Phänomen der schwächeren Schichten, die Obdachlosigkeit ist schon vor Jahren im Mittelstand angekommen. Ich kenne mehrere Obdachlose, die arbeitsunfähig wurden und deswegen auf der Straße gelandet sind.«

In der Tat: Laut Bundesarbeitsgemeinschaft Wohnungslosenhilfe e.V. (BAG W) geht man von etwa 1,2 Millionen Wohnungslosen im Jahr 2018 aus. Dabei sind schätzungsweise zwischen 15 und 20 Prozent obdachlos, d.h., sie verfügen über keine Unterkunft und leben auf der Straße. Seit 2016 werden auch die anerkannten wohnungslosen Flüchtlinge von der Statistik erfasst. Die überwiegende Mehrheit der Wohnungslosen ist alleinstehend und männlich. Die BAG W sieht die Gründe für diese Entwicklung in einer jahrzehntelang verfehlten Wohnungspolitik sowie in unzureichender Armutsbekämpfung, wobei die Zuwanderung lediglich als Verstärker der vorhandenen Missstände wirke. Der Bestand an Sozialwohnungen ist seit 1990 um 60 Prozent geschrumpft und sinkt kontinuierlich weiter. Ohne Sofortmaßnahmen auf allen Ebenen – Bund, Länder und Kommunen – wird sich die Situation nicht ändern.[52]

Doch jenseits der Zahlen und politischen Einordnungen: Haben nicht die meisten von uns das Bild, dass Obdachlose nicht ungeschützt im Freien in der Kälte übernachten müssen? Dass für sie in Unterkünften Übernachtungsmöglichkeiten bereitstehen, nicht luxuriös, aber human? André Hoek macht andere Erfahrungen, als er im kalten Berliner Winter eine sogenannte »Kälteunterkunft« besucht. Er findet einen Raum vor, der so groß ist wie ein Wohnzimmer und in dem zwölf bis fünfzehn Menschen auf Isomatten am Boden schlafen. In der Regel sind sieben bis acht verschiedene Nationen vertreten, mit all den Konflikten, die das mitunter heraufbeschwört. Zudem sind alle, so Hoek, »mehr oder minder stark betrunken, unter Drogen und viele auch psychisch krank«. Es gibt Obdachlose, die sich vier

Stunden mit der Wand unterhalten, das für ganz selbstverständlich halten und entsprechend auch nicht zu stoppen sind. Häufig wiederholen sich dieselben Streitmuster. Jemand kommt völlig durchgefroren von der Straße und möchte die Fenster schließen und die Heizung aufdrehen. Andere wollen es genau anders herum. Es kommt zu Schlägereien, es wird »rumgeschrien«, was wiederum auch den Unbeteiligten den Schlaf raubt. Hoek wird während des Schlafs einmal das noch vorhandene Geld aus der Hose entwendet. Diebstähle wie dieser sind keine Seltenheit. Doch damit nicht genug. Es gibt, so Hoek, »auch Krankheiten, Hepatitis und Tuberkulose, die werden ständig übertragen, auch Ungeziefer. Ich habe mir damals Kleiderläuse eingefangen. Das war ekelhaft. Ich hatte mich irgendwann am ganzen Körper blutig gekratzt. Ich bin dann zu der Obdachlosenärztin, die zeigte auf die sich bewegenden Punkte. Ich kriegte dann erstmal was zu duschen, aber alles, was ich besaß, was aus Textil war, musste ich entsorgen. In der Winterzeit. In den Schuhen, in der Jacke, in den Isomatten im Schlafsack, im Zelt. Ich musste meine komplette Ausrüstung wegwerfen. Und jetzt frage ich Sie: Wie soll man da schlafen?«

Der »point of no return«

Trotz dieser Bedingungen warten bei schweren Minusgraden vor den Türen bis zu 200 Obdachlose. Hoek bemisst seine Schmerzgrenze bei minus zwanzig Grad. Erst bei diesen Temperaturen stellt er sich mit in die Reihe und bittet um einen Platz. Einmal erlebt er drei Wochen, in denen er bei minus 15 Grad die Nächte überstehen muss. Er muss dreimal wiederbelebt werden, einmal wäre er fast erfroren: »Ich kam mit 29 Grad Körpertemperatur ins Krankenhaus, bei 27 Grad wäre ich tot gewesen.« Ein anderes Mal wird er wegen totaler Entkräftung eingeliefert, beim dritten Mal fällt er ins Koma. Hoek erlebt Wochen, in denen es schon tagsüber minus zwölf Grad kalt ist und sich die Nächte immer bedrohlicher vor ihm aufbauen. Eines Abends sieht er auf einer Anzeige im Bahnhof, dass es in der Nacht minus zwanzig Grad kalt werden soll. »Da blieb mir vor Schreck das Herz stehen. Ich dachte, das hält man ja jetzt schon nicht aus und jetzt noch einmal acht Grad kälter. Schon zwei Grad merken Sie als Obdachloser deutlich.« André Hoek geht an diesem Abend in sein Zelt, zur Kälteunterkunft schafft er es nicht mehr. Seine Gedanken illustrieren die Ausweglosigkeit:

»Ich dachte beim Einschlafen, Mensch, hoffentlich wirst du morgen wieder wach. Ich hab alles angezogen, was ich besaß, und bevor ich die Augen schloss, dachte ich: Vielleicht gehst du jetzt das letzte Mal schlafen. Unter Lebensgefahr einschlafen zu müssen, das ist furchteinflößend. Die Menschen mit Wohnung sind immer nur kurz draußen. Sie stehen zwanzig Minuten an einer Haltestelle, fühlen sich durchgefroren und müssen zurück ins Warme. So einen Zustand beachtet ein Obdachloser gar nicht mehr. Das ist für ihn der Normalzustand. Der friert immer und hat keine Chance, sich überhaupt mal aufzuwärmen. Wenn Sie wieder im Warmen sind, ist der Obdachlose immer noch in der Kälte. 24 Stunden, jeden Tag, über Monate. Wenn Sie mal kurz im Bahnhof sind, kommt sofort jemand und wirft Sie wieder raus.«

Der Alkohol, der schon längst nicht mehr den Schmerz betäubt, und die Kälte rauben André Hoek nach und nach den letzten Lebensmut. Er richtet sich langsam auf das eigene Ende ein. Was auch immer am Anfang einer solchen Lebenskrise stand, einmal unten, auf der Straße angekommen, entfaltet sie eine zerstörerische Eigendynamik. Irgendwann, so Hoek, »kommt der point of no return«, der tatsächlich das Ende einläutet: »Es gibt einen Punkt, da ist man so geschwächt, wenn man den überschritten hat, dann stirbt man. Ich hab das gesehen. Die kriegen dann ein bestimmtes Aussehen, ein bestimmtes Verhalten und die gehen dann ganz tief in sich zurück. Den Punkt hatte ich überschritten. Ich hatte das bei anderen Obdachlosen beobachtet, die sind dann alle gestorben. Ich wusste, ich würde sterben, und ich hatte keine Idee, was ich noch tun könnte. Und dann saß ich jeden Tag am Bahnhof und hab auf den Tod gewartet. Ich wusste in drei, maximal sechs Wochen, bist du hier nicht mehr dabei.«

Dass André Hoek für uns rückblickend auf diese Lebensphase schaut, zeigt, dass sein Leben – für ihn selbst unerwartet – noch eine Wende nahm. Zwei junge Frauen, die sich ehrenamtlich um Obdachlose kümmern, sprechen ihn an, als er nur noch auf den Tod wartet. Zunächst dringen sie nicht durch, der Sog der Abwärtsbewegung ist zu stark. Aber sie lassen sich nicht abschütteln, setzen immer wieder nach und überreden ihn, in einem Krankenhaus einen Alkohol-Entzug zu starten. Es ist ein langer Weg, aber einmal vom Alkohol befreit, verändert sich Hoeks Perspektive auf das Leben: »Langsam kehrte mein Verstand zurück und da realisierte ich dann auch emotional, in welcher Gefahr ich mich befunden habe. Da habe ich begriffen, ich muss was ändern.« Er beginnt, Obdachlosenzeitungen zu verkaufen, findet einen kontinuierlichen Platz in einem Obdachlosenheim und vermittelt heute als Streetworker Interessierten, was das Leben als Obdachloser in der Realität bedeutet. André Hoek bezieht Hartz IV, hat aber einige Jobangebote und hofft darauf, mehr und mehr in eine neue Form von Normalität zurückzukehren.

André Hoek und Götz Wörner haben erlebt, was es heißt, draußen zu sein, einsam, aussortiert und im freien Fall. Armutsforscher Christoph Butterwegge kritisiert unseren Umgang mit denen, die kein aktiver Teil der Leistungsgesellschaft sind: »Im Moment fehlt vielen ein Solidaritätsgefühl für Menschen, die sich am Rande unserer Gesellschaft befinden und sozial ausgegrenzt werden. Jeder schaut nur auf sich. Dabei gibt es immer mehr Menschen, die im Schatten unseres Wohlstands leben und das Gefühl haben, dass es nur den anderen immer besser geht, ihnen aber nicht.«

Gespräche am Kassenautomat

Aber wie zeigen wir unsere Solidarität? Es ist sehr viel Unsicherheit zu spüren, wenn wir Obdachlosen begegnen. Auch ich schließe mich da nicht aus. Über einige Jahre hinweg habe ich immer dasselbe Parkhaus in der Dortmunder Innenstadt angesteuert. Am Ausgang bei den Kassenautomaten traf ich fast jedes Mal einen Obdachlosen, mit dem ich nach und nach immer mehr ins Gespräch kam. Wir redeten nicht intensiv über unser Leben, kannten nicht einmal unsere Namen. Aber er erzählte, wie es ihm gerade so erging, und ich berichtete, was ich am Tag noch so vorhatte. So lernten wir uns mit der Zeit etwas kennen. Manchmal redeten wir über Borussia. Ein Thema, um das man in Dortmund nicht herumkommt. Es fiel mir auf, dass er immer mal wieder offene Wunden am Fuß hatte, und ich fragte ihn, ob er denn was dagegen tue. Er antwortete glaubwürdig, dass er sich schon darum kümmere. Und in der Tat wechselte sein Zustand. Er schien sich zu erholen, die Wunden wirkten fast verheilt, bevor sich sein Zustand dann wieder etwas verschlechterte. So ging es über ca. zwei Jahre. Auf jeden Fall freuten wir uns, wenn wir uns sahen. Nebenbei ließ ich ihm jedes Mal einige Münzen zukommen. Aber das spielte keine wirkliche Rolle in unserem Gespräch, das auf eine angenehme Art wechselseitig unaufdringlich war. Irgendwann nutzte ich seltener das Parkhaus, und auch er war schließlich nicht mehr da. Ein anderer Obdachloser, der nun den Platz eingenommen hatte, konnte mir keine echte Auskunft zu ihm geben.

In diesem Fall gab es die Möglichkeit, sich durch die häufigen Begegnungen etwas aus der wechselseitigen Anonymität zu befreien. Wir alle kennen aber auch die Situationen, in denen wir einfach unsicher und hilflos sind, wie wir reagieren sollen, wenn sich Menschen notdürftig mit Pappkarton bedeckt im kühlen Herbst auf die Nacht vorbereiten. Menschen, hinter denen auch Geschichten stecken. Andere als bei André Hoek und Götz Wörner, aber ebenfalls Geschichten. Und Erfahrungswelten, über die sie häufig, wie wir von André Hoek erfahren haben, selbst untereinander nicht reden mögen.

Der Wohnungslose, den ich regelmäßig am Kassenautomat im Dortmunder Parkhaus traf, war offensichtlich zumindest phasenweise in ärztlicher Behandlung. Aber aus Unsicherheit über Kosten und Krankenkassenzugehörigkeit sowie aus Scham und Schwellenängsten, begeben sich viele Obdachlose erst gar nicht in ärztliche Obhut.[53] Ein Mann hatte den Willen, dies zu ändern. Auf seine Art.

Ambulanz ohne Grenzen

Sozialmediziner Prof. Dr. Gerhard Trabert behandelt Menschen, die am Rand der Gesellschaft stehen, vor allem wohnungslose und arme Menschen. Und zwar nicht in einer gewöhnlichen Praxis, sondern in der von ihm entwickelten »Ambulanz ohne Grenzen«. Wie kommt jemand auf die Idee, als Arzt Obdachlose vor Ort aufzusuchen und zu behandeln? Und damit Neuland zu betreten, denn so etwas gab es zuvor nicht in Deutschland. Die Motivation zum Einsatz für mehr Gerechtigkeit wird bei Gerhard Trabert früh gelegt. Er wächst mit seiner Familie in der Nähe eines Waisenhauses auf, in dem sein Vater als Erzieher arbeitet. Er kommt also früh in Kontakt mit anderen Kindern, die all das, was für ihn selbstverständlich ist – Geschenke,

Urlaub, Zuwendung –, nicht haben. Die Waisenkinder erfahren das, was wir hochgestochen Ausgrenzung und Stigmatisierung nennen. Trabert fühlt sich als Kind ohnmächtig: »Ich habe das als große Ungerechtigkeit empfunden. Und das hat mich damals unheimlich berührt, wütend und traurig gemacht, dass ich dagegen nichts tun konnte.« Und damit ist das Motiv für sein weiteres Leben gezeichnet. Trabert studiert zunächst Sozialarbeit, arbeitet ehrenamtlich mit Wohnungslosen und schließt dann noch ein Medizinstudium an. Schließlich schreibt er noch eine Doktorarbeit zur Gesundheitssituation obdachloser Menschen. Das, was in Deutschland bis dahin völlig neu ist, entwickelt sich organisch aus seinem Lebenslauf. Die von ihm gelebte Kombination aus Streetworker und Arzt lässt ihn die Idee entwickeln, nicht zu warten, bis ein Obdachloser in seine Praxis kommt, sondern auf sie zuzugehen, sie dort zu besuchen, wo sie sich im Alltag aufhalten. Als erster Arzt in Deutschland erhält er die kassenärztliche Zulassung, dies auch umzusetzen. Die ersten Gehversuche als Medical Streetworker sind holprig, aber erkenntnisreich. »Schnell war klar«, so Trabert rückblickend, »ich konnte schlecht in der Fußgängerzone zu den Leuten sagen: ›Machen Sie sich mal frei, ich muss Sie abhören.‹ Ich brauchte einen Schutzraum. Und da kam mir die Idee, so etwas wie ein fahrbares Sprechzimmer zu etablieren.« Eher durch Zufall erhält Trabert die Möglichkeit, tatsächlich ein Arztmobil anzuschaffen.

Aber warum gehen Wohnungslose in keine normale Praxis? Trabert berichtet, dass es vorgekommen sei, dass man Menschen, die übel riechen und nicht sauber gekleidet sind, in einer Praxis häufig nicht empfangen will und wegschickt. Hinzu kommen ein starkes Schamgefühl und die Angst, dass sie etwas zahlen müssen, weil sie aus welchen Gründen auch immer keine gültige Krankenversicherungskarte besitzen. Ein Grund nach dem anderen fällt ihm ein. Viele seien nicht mehr in der Lage, sich auf den Weg in eine Praxis zu machen, oder hätten nicht das Geld für öffentliche Verkehrsmittel.

Entscheidend ist die Augenhöhe

Wie begegnet er den Menschen auf der Straße? Und wo findet er sie? Trabert ist zweimal die Woche mit dem Arztmobil unterwegs. Er sucht ihre Übernachtungsplätze, einen Schrebergarten, eine Tiefgarage, einen Platz in der Innenstadt. Wenn er ein Gesundheitsproblem diagnostiziert, nimmt er die Patienten mit ins Arztmobil zur Untersuchung. Falls notwendig, erhalten sie direkt ein Medikament. Und worauf legt er Wert im Umgang mit ihnen? Trabert ist es wichtig, »auch einmal nur zuzuhören, gerade den Menschen, die so viel Diskriminierung und Stigmatisierung auf der Straße erleben und ihnen mit Respekt und Würde zu begegnen. Das ist nicht nur etwas Formales, sich auf Augenhöhe zu begeben, sondern in der Art der Kommunikation und Begegnung zu vermitteln: Sie sind uns wichtig und wertvoll. Wir kommen zu ihnen auf die Straße. Und den Menschen darüber ein Stück Würde zurückzugeben, mit der Hoffnung, dass sie dann auch wieder an sich selbst und die Bedeutsamkeit ihrer Person glauben und über diesen Weg auch wieder aktiver versuchen, ihr Leben in die Hand zu nehmen.«

Trabert hat den Eindruck, dass Wohnungslose häufig wissen, wie gefährlich ihre Situation ist, und dass das Leben auf der Straße, wie er es formuliert, »fast so etwas wie ein chronischer Suizid ist«. Ein Befund, der bestätigt, was André Hoek uns geschildert hat, als er vom »point of no return« sprach. In diesen Situationen will Trabert ihnen deutlich machen, dass er an sie denkt und sie ihm und allen Mitstreiterinnen und Mitstreitern wichtig sind, »deswegen ist manchmal nur das Kommen, das

Zuhören, in die Augen schauen und Berühren wichtiger als der Verband oder ein Medikament«.

Über die Jahre hat sich Trabert einen Vertrauensvorschuss erarbeitet. Das Verhältnis zu den Wohnungslosen beschreibt er als respektvoll, auf beiden Seiten. Trabert empfindet auch den Umgang mit ihm als liebevoll: »Deshalb ist das auch eine Arbeit, die mir persönlich unheimlich viel gibt, das geht nicht nur in eine Richtung, sondern in beide Richtungen.«

So erfüllend diese Arbeit für ihn persönlich ist, erfüllt sie den von ihm erwünschten Zweck? Oder ist sie am Ende kontraproduktiv, weil sich die Politik auf seinen Leistungen ausruhen kann und keine notwendigen Reformen anstößt? Die Gefahr ist Trabert durchaus bewusst. Sein Verein wird durch Spenden finanziert, um sich eine größtmögliche Unabhängigkeit von der Politik zu erhalten. Ihm ist wichtig klarzustellen: »Wir sind ein Extra-Angebot, und wir wollen auf keinen Fall den Staat aus seiner sozialen Verantwortung entlassen.« Er will keine Armutsmedizin etablieren und sieht sich doch dazu gezwungen. Auf Kritik kontert er mit dem Satz: »Ich kann keinen toten Wohnungslosen in die Gesellschaft reintegrieren – also müssen wir etwas tun.«

Ihm vorzuwerfen, seine Hilfe sei kontraproduktiv, wirkt vor diesem Hintergrund zynisch. Denn Trabert holt das Thema durch sein Engagement auch ins öffentliche Bewusstsein und erzeugt Druck. Und er kultiviert etwas, was auf Dauer sehr wertvoll ist: Er lebt Solidarität.

Gleichzeitig ist sein Handeln sehr zielgerichtet. Festangestellte Sozialarbeiterinnen und Sozialarbeiter versuchen, Obdachlose zurück ins Regelsystem zu führen. Immer häufiger führt er mit Einverständnis der Betroffenen Prozesse, um ihnen zu ihren Rechten zu verhelfen. Auch über diesen Weg schafft er es häufig, sie wieder ins System zu integrieren. Trabert meldet sich auch politisch zu Wort. Sein Verein leitet die Arbeitsgruppe »Armut und Gesundheit« der nationalen Armutskonferenz Deutschland, dem Zusammenschluss aller Betroffenen-Organisationen und Wohlfahrtsverbände. Er sieht bei keiner Partei ein überzeugendes Armutsbekämpfungskonzept. Sein Rezept dagegen ist, »den Finger immer wieder in die Wunde zu legen«.

In der Bevölkerung erfährt er viel Solidarität: »Ich empfinde da schon ein hohes Bewusstsein, mehr als in der etablierten Politik. Ich glaube, vielen Menschen geht es ähnlich wie mir. Sie erkennen, dass es Fehlentwicklungen gibt, dass soziale Gerechtigkeit nicht so auf der Agenda der Parteien steht. Sie sind deprimiert von der Politik, haben aber eine hohe Sensibilität für die Not des Einzelnen.«

Traberts Initiative ist mittlerweile kein Einzelfall mehr. Aber viele dieser mit großem persönlichen Engagement vorangetriebenen Projekte sind chronisch unterfinanziert. Außerdem finden wir sie meist nur in Großstädten.[54]

Peter Bieri, der Schweizer Philosoph, dessen Gedanken wir in diesem Buch schon häufiger gefolgt sind, merkt dazu an:

»Unser Leben als denkende, erlebende und handelnde Wesen ist zerbrechlich und stets gefährdet – von außen wie von innen. Die Lebensform der Würde ist der Versuch, diese Gefährdung in Schach zu halten.«[55] Wir haben in diesem Kapitel erlebt, wie schnell es uns aus dem gewohnten Leben herausreißen kann, unabhängig vom Wohnort oder unserer bisherigen Gehaltsklasse.

*»Ich rechne mir von Woche zu Woche aus,
wie viel Geld durch das Taxifahren dazugekommen ist,
und denke: Schau mal, jetzt kannst du schon wieder
ein bisschen länger leben.«*

Vera Scheefeld, 75 Jahre

Würdevolles Alter – Zwischen Selbstbestimmung und Einsamkeit?

Bei unserer Reise durch die Stationen eines Lebens haben wir Menschen durch ihre Kindheit und Jugend, durch ihr Familien- und Erwerbsleben und tiefe Krisen begleitet. Auch André Hoek und Götz Wörner wünschen sich nach ihrem tiefen Sturz ja grundsätzlich wieder die Rückkehr in einen Job, der ihr Leben dauerhaft durch Erfolgserlebnisse und soziale Kontakte bereichert. Und der ihnen finanziell wieder auf die Beine hilft. Irgendwann aber sind wir in einem Alter, in dem sich unsere Erwerbszeit dem Ende zuneigt. Haben wir eine Idee, was danach folgen soll? Sind wir vorbereitet auf die Zeit nach unserem letzten Arbeitstag, nach dem Abschied von den Kolleginnen und Kollegen? Irgendwann liegen die letzten Verabschiedungsumarmungen hinter uns. Und dann? Wie wird der nächste Morgen, wenn im Büro oder wo auch immer niemand mehr auf uns wartet? Haben wir finanziell vorgesorgt? Gehen wir beunruhigt und mit Sorgen oder entspannt und tatenhungrig in die nächste, die letzte Lebensphase? Die aber, wie wir wissen, immer länger wird. Wir reisen nun weiter in diesen letzten Lebensabschnitt. Wir werden im Ausland sein, im Pflegeheim, werden im Geist gemeinsam Taxi fahren und uns Gedanken machen über die Würde auf den letzten Metern.

Ein langer Weg zur Selbstbestimmung

Vera Scheefeld ist 75, als wir uns begegnen. Sie wirkt selbstbewusst und macht von Anfang an deutlich, dass sie mit ihrem Leben nicht hadert, nicht »jammert«, wie sie es nennt. Sie fährt mit Mitte siebzig noch Taxi, fünfmal in der Woche, jeweils gut neun Stunden, von vier Uhr nachmittags bis mindestens ein

Uhr nachts. Nicht aus Hobby und weil sie den Job so sehr liebt, sondern weil sie es muss. Es ist nicht das Leben, das sie sich erträumt hat, und sie brauchte auch Kraft, um genau dieses Leben anzunehmen. Aber je mehr wir erfahren über Vera Scheefeld, desto mehr können wir verstehen, warum ihr Selbstbestimmung so wichtig ist. Sie möchte nicht auf Hilfe angewiesen sein, denn dies war sie in prägenden Jahren ihres Lebens. Und genau deshalb möchte sie nie wieder in Abhängigkeit geraten.

Als sie ihr erstes Kind bekommt, ist Vera Scheefeld achtzehn Jahre. Früh Mutter zu werden ist nicht ungewöhnlich in ihrer Generation. In den Sechzigerjahren bekommen Frauen im Schnitt mit 23 Jahren ihr erstes Kind, heute mit fast dreißig.[56] Aber für Vera Scheefeld hat die Schwangerschaft gravierende Konsequenzen. Sie selbst ist bei Pflegeeltern aufgewachsen, die sie rückblickend als »geradliniges Ehepaar mit sehr engen Wertvorstellungen« charakterisiert. Nach der ungewollten Schwangerschaft brechen die Pflegeeltern den Kontakt zu ihr ab. Der Pflegevater kündigt als gesetzlicher Vormund zudem aus Wut hinter ihrem Rücken ihre Lehrstelle.

Haben wir richtig gehört? Der Pflegevater kündigt ihre Lehrstelle? Wenn wir uns aus heutiger Perspektive wundern, so zeigt dies auch, wie schnell wir vergessen. Vera Scheefeld ist kein Einzelfall. Denn welche Rechte hatten Frauen in den Fünfziger- und Sechzigerjahren? Die Gleichberechtigung, die im Grundgesetz Art. 3 Abs. 2 seit 1949 verankert ist, blieb bis 1958 bzw. 1977 de facto aus. Die Realität wurde nach wie vor von den Regeln des patriarchalisch ausgerichteten BGB von 1896 bestimmt.[57] Waren Frauen verheiratet und wollten einer Erwerbstätigkeit nachgehen, mussten sie ihren Ehemann um Erlaubnis bitten. Wenn der den Daumen senkte, musste die Ehefrau zu Hause bleiben und hatte keine Möglichkeit, sich beruflich zu entwickeln, geschweige denn zu verwirklichen. Erst mit Inkrafttreten des

Gleichberechtigungsgesetzes im Jahr 1958 wurden Frauen aus heutiger Sicht essentielle Rechte, wie z. B. das Recht, in die Ehe eingebrachtes Vermögen selbst zu verwalten, zugestanden. Eine Vielzahl der Benachteiligungen wurde allerdings erst mit dem Ersten Gesetz zur Reform des Ehe- und Familienrechts (1977) endgültig beseitigt, darunter die Abschaffung der gesetzlich festgelegten Aufgabenteilung in der Ehe und der väterlichen Vorrechte bei der Kindererziehung. Die Nachwirkungen der gesetzlichen Frauendiskriminierung klingen bis in unsere Zeit nach: So wurde in Deutschland der Straftatbestand der Vergewaltigung in der Ehe erst im Juli 1997 durch die Streichung des Merkmals *außerehelich* aus dem § 177 StGB eingeführt.[58]

Wenn wir über den gesellschaftlichen Wandel seit den Fünfziger- und Sechzigerjahren sprechen, so ist dies kein historisches Seminar. Wir beschäftigen uns nicht abstrakt mit zurückliegenden gesellschaftlichen Strukturen. Die Frauen, die damals ihren Mann um Erlaubnis fragen mussten, wenn sie erwerbstätig sein wollten, sind heute in den Siebzigern. Ihre Biographien wirken bis heute nach. Dass Vera Scheefeld mit Mitte siebzig noch Taxi fahren muss, geht auch zurück auf einen Pflegevater, der ihr einfach die Ausbildungsstelle kündigen konnte.

Und können wir uns heute vorstellen, was es damals bedeutete, als Frau *allein* mit dem Kind dazustehen? Wir haben in diesem Buch bei Alexandra Bohlig deutlich gespürt, welche Vorurteile gegenüber Alleinerziehenden heute noch wirken. Aber in den späten Fünfzigern? Vera Scheefeld geht eine »Notehe« ein, wie sie es ausdrückt. Gemeinsam mit ihrem Mann und dem Baby bezieht sie ein Acht-Quadratmeter-Zimmer bei ihrer Schwiegermutter, die ihren Mann im Krieg verloren hatte. Die Wohnverhältnisse empfindet sie als fürchterlich und die Situation verschärft sich noch einmal, als sie im folgenden Jahr wieder schwanger wird. Sie und ihr Mann hatten versucht, zu verhüten, aber »es ist halt schiefgelaufen«, so Scheefeld. Ihre Schwiegermutter drängt sie daraufhin vehement zur Abtreibung, »aber dafür war ich schon zu weit, und so kam auch unser zweites Mädchen zur Welt«.

Welche Haltung zum Leben und auch zur eigenen Identität entwickelt eine Frau, die so jung solche Situationen durchstehen muss? Lassen wir die folgenden Sätze etwas nachhallen:

»Ich war von Anfang an in dieser Rolle, dankbar sein zu müssen: Dankbar, dass unsere Schwiegermutter uns aufgenommen hat, dankbar, dass mein Mann mich geheiratet hat, und so bin ich in einem Bewusstsein erwachsen geworden, dass ich weder eine eigene Meinung haben durfte, noch irgendeine Art von Selbstbewusstsein.«

Zur Dankbarkeit verpflichtet schafft Scheefeld nicht nur im Haushalt, sondern verbessert die klamme finanzielle Situation der Familie durch zahlreiche Jobs. In einer Werft schält sie in der Großküche Kartoffeln, in einer anderen Firma montiert sie im Akkord Fernsehröhren. Dann kommt 1961 die Hamburger Sturmflut und überschwemmt die Erdgeschosswohnung der Schwiegermutter. Durch die starken Beschädigungen erhält sie eine Ersatzwohnung, die schließlich das junge Ehepaar bezieht, denn die Schwiegermutter will ihre alte Wohnung nicht verlassen. Einen alten Baum verpflanzt man nicht, daran ändert auch eine Sturmflut nichts. Auf das Thema kommen wir noch zurück. Die junge Familie ist glücklich in der Neubauwohnung, Normalität kehrt ein und mit ihr der Wunsch, vielleicht doch noch einen Sohn zu bekommen. Es werden schließlich sogar zwei, und Vera Scheefeld hat mittlerweile Übung im Spagat zwischen Haushalt, Kindererziehung und Erwerbstätigkeit. Bei der Bundesbahn verkauft sie in Hamburg S-Bahn-Tickets am Schalter, bis sie mit 27 plötzlich ohne Ausbildung eine ungeahnte berufliche Aufstiegsmöglichkeit erhält. »Am Anfang war ich eine kleine Avon-Beraterin, die abends, wenn die Kinder schliefen und mein Mann zu Hause war, von Tür zu Tür ging und die Frauen beraten hat, aber nach zwei Jahren wurde ich von Avon angeschrieben, ob ich nicht Lust hätte, Bezirksleiterin zu werden – ich war völlig aus dem Häuschen, dass die mir so was zutrauen.«

Plötzlich erwächst in ihr ein Selbstvertrauen, das sie sich zuvor nicht zugestehen wollte. Sie hat Erfolg, und der Job fordert sie zunehmend. Sie erlebt sich selbstbestimmt und trifft in ihrer Ehe auf das Gegenteil: »Mein Mann sagte dann irgendwann: Das ist schön und gut, aber so wie wir darunter leiden, hörst du besser wieder auf. Er erwartete, dass ich mich um die Kinder und die Wohnung kümmere und sein Essen pünktlich auf dem Tisch steht.«

Also wieder zurück in die dienende Rolle der Hausfrau und Mutter? Zurück in ihr altes, fremdbestimmtes Leben? Es kommt zur Zerreißprobe. Vera Scheefeld ist zu diesem Zeitpunkt nicht mehr die ohnmächtige Achtzehnjährige, die sich in eine Notehe flüchtete. Sie hatte sich persönlich weiterentwickelt, bekommt für ihre gute Arbeit viel Lob und will diese Quelle der Bestätigung und Erfüllung nicht versiegen lassen. So trennt sie sich schließlich von ihrem Ehemann und erhält das alleinige Sorgerecht für die vier Kinder. Den Job als Bezirksleiterin bei Avon kann sie nicht dauerhaft halten, zu stark ist die Beanspruchung durch die Erziehung ihrer Kinder. Sie muss den Job, der sie am meisten ausgefüllt hat, kündigen.

Mit 75 Taxi fahren – und dann?

Aber Vera Scheefeld bleibt eine selbstbewusste Frau, die ihre berufliche Zukunft selbst in die Hand nehmen möchte. Als Alleinerziehende kann sie nur abends und nachts arbeiten. Die Jobangebote halten sich ohne Ausbildung in Grenzen. Sie übernimmt eine kleine Gaststätte, versorgt tagsüber die Kinder und ist abends in der Kneipe beinahe ein Eine-Frau-Betrieb, »Putzen, Ausschenken, Gäste bespaßen« inklusive. Als es mit der Gaststätte nicht weitergeht, kommt sie über Umwege auf die Idee, eine Taxilizenz zu erwerben. Mit 57 kommt sie mit finanzieller Unterstützung aus der eigenen Familie zu einem eigenen Taxi, das sie auch heute, achtzehn Jahre später, noch fährt. Fahren muss, denn Scheefeld, die außer in den sechs Jahren als Avon-Bezirksstellenleiterin als Selbstständige nie in die Rentenkasse eingezahlt hat, muss weiter Geld verdienen. Sie hat sehr früh, bereits nach der Scheidung von ihrem Mann, mit klarem Blick ihre finanzielle Situation analysiert und eine Lebensversicherung abgeschlossen. 30 000 Euro liegen auf einem Konto und sind die finale Sicherung, die ihr ein gutes Gefühl, aber keine Sicherheit geben. Vier Kinder, die Ehe gescheitert, und nun selbstständige Taxifahrerin. Wie denkt Vera Scheefeld über ihr Leben?

»Als ich anfing, Taxi zu fahren, da habe ich mich so minderwertig gefühlt, dass ich immer einen Horror davor hatte, irgendwo in eine Gaststätte reinzugehen und zu sagen: Die Taxe ist da. Ich habe mich so fürchterlich gefühlt, so im Sinne von: Aus dir ist nichts geworden, jetzt musst du das machen! Nach ein paar Jahren habe ich dann irgendwann mal ein Selbstgespräch geführt und mir gesagt: Pass auf: Du musst jetzt mal der Realität ins Auge schauen – für dich ist der Zug abgefahren. Für dich gibt's nichts mehr auf dem Arbeitsmarkt. Wenn du Geld hättest, könntest du vielleicht noch was machen, was dir Spaß machen oder was dich befriedigen würde. Du hast das aber nicht, also blick den Tatsachen einfach ins Auge. Und dann habe ich mir so eine Plus-Minus-Liste gemacht und aufgezählt, welche Vorteile und Nachteile da sind. Ich habe erkannt, dass die Vorteile überwiegen. So konnte ich meinen Frieden schließen.«

Was bringt uns dazu, uns nicht beugen zu lassen? Wie schafft Vera Scheefeld es, nicht auf ihr Leben zurückzuschauen und ständig an den Moment zu denken, an dem ihr Pflegevater ihrer Ausbildung und damit ihren beruflichen Startchancen einfach den Stecker zog? Vielleicht, weil sie sich Freiheit erkämpft hat. Welche Freiheit? Auf die Frage, was sie bei aller Skepsis ihrem eigenen Beruf gegenüber am Taxifahren schätzt, antwortet sie klar: »Dass ich unabhängig bin.« *Sie* entscheidet, ob sie einen Tag Pause macht, wenn sie sich krank fühlt. *Sie* entscheidet, ob sie einmal kurz während der Arbeitszeit bei einer Freundin vorbeischaut. Da ist keiner mehr, der ihr kündigen kann, keiner mehr, dem sie zur immerwährenden Dankbarkeit verpflichtet ist. Sie hat vier Kinder großgezogen, mit denen sie bis heute eine gute Verbindung pflegt. Ihr Sohn hat sich im letzten Jahr ein Haus gekauft und ihr angeboten, bei ihm und seiner Familie zu wohnen, was sie sichtbar freut. Und trotzdem beharrt sie auf ihrer Unabhängigkeit: »Ich weiß, er meint das so, und das ist natürlich ein wahnsinniges Angebot, aber ich will es auch alleine schaffen.«

Vera Scheefeld beklagt sich nicht, auch nicht über ihre finanzielle Situation. Sie habe nicht viel in die Rentenkasse eingezahlt, und deshalb habe sie auch keinen Anspruch, viel zu bekommen. Wenn die Kinder sie fragen, wie lange sie noch Taxi fährt, so findet sie keine klare Antwort. Das Geld ist der Motor, das gibt sie offen zu. Wofür braucht sie das Geld? Nicht für ihren täglichen Bedarf, denn mit dem Alter sei sie genügsam geworden, so Scheefeld: »Ich brauche ja nicht viel, das ist ja auch der Vorteil im Alter, man ist nicht mehr so zukunftsorientiert.« Ihre Wohnung sei eingerichtet, mit Schmuck müsse sie sich nicht mehr behängen. »Wahrscheinlich«, sagt sie, »hat mich da die Zeit sehr geprägt, wo ich mir sehr viele Gedanken darüber machen musste, was mir noch zum Leben bleibt.« Bei unserer Begegnung, und das geht mir noch lange nach, spüre ich in ihr nicht einmal eine Prise Selbstmitleid. Vielleicht gehöre die Arbeit einfach zu ihrem Leben dazu, schließlich arbeite sie schon ein Leben lang.

Und in gewisser Weise sieht sie in jedem Tag, an dem sie noch Taxi fahren kann, einen gewonnenen Tag: »Ich rechne mir von Woche zu Woche aus, wie viel Geld durch das Taxifahren dazugekommen ist, und denke: Schau mal, jetzt kannst du schon wieder ein bisschen länger leben.«

Auch wenn Vera Scheefeld eine bemerkenswert kraftvolle Einstellung zum Leben hat, bleibt doch die Frage: Muss eine Frau, die vier Kinder großgezogen und in vielen Jobs ihr Bestes gegeben hat, um das Leben für sich und ihre Kinder zu finanzieren, mit 75 darauf angewiesen sein, selbst noch Taxi zu fahren?

Über eine Million Rentner müssen sich derzeit mit Mini-Jobs über Wasser halten.[59] »Das ist mehr als entwürdigend, wenn man am Ende seiner Arbeitsjahre ohne Absicherung dasteht und nicht in Würde altern kann«, so der Wissenschaftler Christoph Butterwegge. Umso wichtiger sei es, dass wirtschaftliche und politische Eliten die wachsende soziale Ungleichheit zur Kenntnis nehmen, dass Maßnahmen gegen Altersarmut ergriffen werden und dass auf diese Weise der gesellschaftliche Zusammenhalt gesichert wird.

Vera Scheefeld, das wollen wir auch nicht unterschlagen, geht es im Vergleich zu anderen noch verhältnismäßig gut. Sie besitzt 30 000 Euro als eiserne Reserve und die Unterstützung ihrer Kinder. Aber wie finden andere in den Schlaf, wenn solche Ruhekissen fehlen? Noch kann sie sich ihre Wohnung, ihr Umfeld, ihren Stolz bewahren. Aber wie lange noch?

Altersarmut: Über- oder unterschätzt?

Die Diskussionen um die soziale Situation von alten Menschen in Deutschland leben von widersprüchlichen Bildern. Es gibt diejenigen, die betonen, wie viel in den letzten Jahren und Jahrzehnten für alte Menschen getan wurde. Sie sehen sogar eine

Bevorzugung der Alten in unserem Sozialsystem auf Kosten jüngerer Menschen. Wurden Wahlgeschenke verteilt, um eine demographisch immer größer werdende Wählergruppe milde zu stimmen und zur Wahl der eigenen Partei zu bewegen? Manche bezweifeln sogar, dass es Altersarmut überhaupt noch gibt. Und wenn es sie gäbe, dann beträfe sie nur eine äußerst kleine Gruppe. Der Begriff der Altersarmut habe zwar Konjunktur, aber er verzerre die soziale Wirklichkeit in Deutschland. Der Dritte Bericht der Bundesregierung zur Anhebung der Regelaltersgrenze (2018) fasst die gestiegene Anzahl der älteren Arbeitnehmer beispielsweise sehr positiv auf. Laut dem Bericht seien in der Altersgruppe der 60- bis 64-Jährigen mittlerweile über 63 Prozent der Männer und über 53 Prozent der Frauen erwerbstätig, was einem zwei- bzw. vierfachen Anstieg gegenüber dem Jahr 2000 entspricht. Außerdem habe sich die »soziale und wirtschaftliche Situation der älteren Arbeitnehmerinnen und Arbeitnehmer (…) weiter verbessert«, und sie würden »im Durchschnitt über ein höheres Einkommen und über ein größeres Vermögen« als die jüngeren Kollegen verfügen.[60] Es gibt aber auch die Seite der Mahner, die darauf hinweisen, dass trotz einiger Fortschritte für Rentnerinnen und Rentner in der Vergangenheit bei uns aktuell alle Warnlampen angehen müssten. Sie sind überzeugt: Wenn wir uns in diesen Zeiten nicht mit der Altersarmut in Deutschland beschäftigen und das Thema von uns weisen, dann wird die Gesellschaft das Problem wie ein Bumerang einholen. Warum? Nicht nur, weil die Babyboomer ins Rentenalter kommen, sondern weil viele von ihnen auf gebrochene Erwerbsbiographien zurückschauen. Armutsforscher Stefan Sell fasst das, was gestern galt, prägnant zusammen: »Wenn ein Mann vierzig bis 45 Jahre gearbeitet hat, immer durchschnittlich verdient hat, dann bekam er eine ordentliche Rente – und die Frau zwar keine ordentliche Rente, aber dann doch wenigstens noch die Witwenrente.« Allerdings ist es schon lange nicht mehr die Regel, dass Menschen vierzig bis fünfzig Jahre konstant in die Rentenkasse einzahlen. Das Rentensystem war einmal ein Erfolgssystem, aber es lässt diejenigen, die nicht durchgängig gearbeitet haben, vergleichsweise im Regen stehen. Viele schlagen sich wie Frau Scheefeld und etliche andere Menschen, die Sie in diesem Buch kennenlernen, mit immer neuen Jobs durch, mal selbstständig, mal in Teilzeit, mal in Hartz IV. Was bleibt da, wenn wir an die Rente denken? Genau diese Entwicklung macht Armutsforschern wie Stefan Sell Sorgen. Seine Warnung klingt alarmierend: »Die große Welle an Altersarmut kommt erst noch auf uns zu, und es wird eine Riesenwelle sein.«

Die Ergebnisse der Studie »Entwicklung der Altersarmut bis 2036«, die 2017 vom Deutschen Institut für Wirtschaftsforschung (DIW) und dem Zentrum für Europäische Wirtschaftsforschung (ZEW) erstellt wurde, konkretisieren Sells Warnung. Die Prognosen, auch unter Berücksichtigung möglicher Unsicherheiten, sind alles andere als rosig. Die Armutsrisikoquote wird in den kommenden fünfzehn Jahren voraussichtlich von 16 Prozent auf etwa 20 Prozent steigen. Das Risiko betrifft vor allem sozial schwächere Gruppen – Personen mit niedriger Bildung, alleinstehende Frauen, Langzeitarbeitslose und Menschen mit Migrationshintergrund. Die Prognosen für Ostdeutschland sehen dabei besonders schlecht aus: In der ersten Hälfte der 2030er Jahre könnte sich die Armutsrisikoquote dort auf etwa 36 Prozent erhöhen, was auf die Umbrüche und hohe Arbeitslosigkeit in den 1990er und frühen 2000er Jahren zurückzuführen ist.[61] Gleichzeitig sorgt auch der demografische Wandel für eine Verschiebung der Balance zwischen der Zahl der Beitragszahlerinnen und Beitragzahler und der Zahl der Rentnerinnen und Rentner. Bis zum Jahr 2030 wird die Zahl der Menschen über 64 Jahre voraussichtlich um etwa 5,5 Millionen ansteigen, während die Zahl der Erwerbsfähigen in demselben Zeitraum um etwa sechs Millionen schrumpft. Der immer weiter steigende Altersquotient, d. h. das Verhältnis von Erwerbsfähigen zu den Altersrentnern, sorgt für weiteren Druck auf das momentane Renten- und Gesundheitssystem.[62]

Aber bleiben wir bewusst zunächst bei Menschen, die sich selbst nicht als arm bezeichnen würden und die trotzdem um ein würdevolles Leben kämpfen. Ahnen wir beispielsweise, welche Bedeutung im Alter eine Wohnung erhält, wenn die Räume, in denen wir uns im Leben bewegen, enger werden? Was bleibt, wenn Reisen kaum noch möglich sind und die Schritte schwerer fallen? Ganz zu schweigen von den Folgen für ältere Menschen, wenn sie gerade dann, wenn ihre Kräfte schwinden, aus ihrem gewohnten Lebensumfeld »raussaniert« werden.

Ein Leben in vier Wänden

Karin Jünke wurde in einem Altbau in München-Schwabing geboren und hat 71 Jahre dort gelebt. Bereits 1913 ist ihre Großmutter in dieses Haus eingezogen, ihre Mutter kam dort zur Welt und ist dort gestorben. So etwas nennt man Verwurzelung. Als ihr Ehemann vor einigen Jahren überraschend starb, kümmerten sich die Nachbarn im Haus rührend um sie: »Jeder hat geklingelt und gefragt, ob er was vom Großmarkt mitbringen kann.«

Nach der mittleren Reife hatte Karin Jünke zehn Jahre als Sekretärin gearbeitet. Als der erste Sohn in die Schule kam, blieb sie zu Hause, kümmerte sich um alles und hielt der Familie den Rücken frei. Nach dem Tod ihres Mannes blieb sie allein, aber sie hatte ja ihre Wohnung, ihre Nachbarn und die Witwenrente. Mit dem alten Vermieter verbindet die Familie eine lange, vertrauensvolle Beziehung. 15 Jahre lang hat sie sogar für 200 Euro im Monat als Hausmeisterin in diesem Mietshaus fungiert und kannte dort jeden Ziegelstein.

Karin Jünke wirkt hellwach, als ich mit ihr spreche. Aber mit der Geschwindigkeit ihres Verstands hält der Körper schon lange nicht mehr mit. Seit einigen Jahren leidet sie unter Gleichgewichtsstörungen und ist beim Gehen auf den Rollator angewiesen. Aber solange sie sich in ihrem gewohnten Umfeld befindet, ist dies kein großes Problem. Überall findet sie helfende Hände, überall warten bekannte Wege. Bis ein anderer Wind durchs Haus zieht.

Der Enkel des Vermieters hat das Haus geerbt und offenbar andere Pläne als der Senior. Als er das Haus vom Großvater übertragen bekommt, gratuliert ihm Karin Jünke noch nichtsahnend: »Dass ich jemals aus meiner Wohnung ausziehen muss, daran habe ich niemals einen Gedanken verschwendet, keine Minute.«

Doch dann werden ein neuer, topmoderner, gläserner Fahrstuhl und neue Fenster installiert, obwohl die Wohnung erst vierzehn Jahre zuvor kernsaniert worden war. Karin Jünkes Miete wird angehoben, Stück für Stück, erst um fünfzehn Prozent, dann noch einmal um 200 Euro. Am Ende sollen es 600 Euro mehr sein, obwohl der Senior ihr zugesichert hatte, dass sie dort unter den gleichen Konditionen weiterleben könnte. Ihr Rollator darf nicht mehr im Hausflur stehen, kommuniziert wird nur noch über E-Mails. Karin Jünke fühlt sich schikaniert und spürt immer deutlicher, dass sie in diesem Haus, ihrem Zuhause, keine Zukunft mehr hat. Sie empfindet das Unausweichliche und will es doch nicht wahrhaben: »Ich habe durchgeheult, und wenn ich morgens aufgestanden bin, dachte ich: Wie oft kannst du noch durch dein Fenster schauen?« Das alles ist ein Jahr her, und die Traurigkeit mischt sich mit dem Zorn über das, was ihr passiert ist:

»Wenn einer über Nacht zum Millionär wird, dann dreht er anscheinend durch. Wir hatten alle das Gefühl, nicht mehr in sein Haus zu passen. Mein Rollator hat wohl sein Schönheitsempfinden gestört. In seinen Höhenflug haben wir Alten nicht mehr hineingepasst. Ich empfinde das als skrupellos und asozial bis zum Gehtnichtmehr. Wir hatten das Gefühl, er ginge über Leichen. Ich hatte auch Angst, dass ich ihm mal eine geknallt hätte, wenn ich ihn im Treppenhaus gesehen hätte, irgendwann wäre mit mir der Gaul durchgegangen. Irgendwann ist man nervlich so fertig.«

Karin Jünke ist die Zweite, die auszieht. Fast alle anderen fünfzehn Parteien folgen. Sie erwägen zu klagen, nehmen sich auch eine Anwältin, aber sollten sie vor Gericht verlieren, müssten sie eventuell die Kosten des Verfahrens tragen. Das Geld haben sie nicht. Karin Jünke besitzt keine Rechtschutzversicherung, weil sie die Notwendigkeit nicht sah. Aber auch alle anderen resignieren schließlich. Der Vermieter pocht auf die Mieterhöhungen und verweist auf die energetischen Vorteile, die durch die Renovierung entstanden sind. Der Münchner Mietverein unterstützt die Mieter nach Kräften, aber die Rechtslage ist eher nicht auf ihrer Seite, wie auch Karin Jünke erkennt: »Der Gesetzgeber befürwortet das Vorgehen des Hausbesitzers. Wir sind praktisch energetisch herausmodernisiert worden.«

Wir können über Sinn und Unsinn dieser Rechtslage kontrovers diskutieren. Entscheidend ist, dass deren Effekte ein Gesicht bekommen. Karin Jünke hat in ihrem ganzen Leben in keiner anderen Wohnung gelebt als in dieser Altbauwohnung in Schwabing und muss sich mit 71 Jahren ein neues Zuhause suchen. Die über Jahrzehnte gewachsene Kultur unter den Nachbarn, die Hoffeste und Flohmärkte veranstaltet haben, gibt es nicht mehr. Oder, wie Karin Jünke es ausdrückt: »Das ist jetzt alles kaputt.« Fast 2000 Euro sollte sie am Ende zahlen. Und wenn sie klagt: »Leider Gottes trifft es immer die Alten, wie soll man das mit seiner Rente noch bezahlen können?«, so ist das aus ihrer Perspektive sicher nachvollziehbar.

Es gibt auch die andere Seite. Wenn jemand ein Haus in Schwabing erbt und kann bei guter konjunktureller Lage ein Vermögen damit machen – ist ihm dann übelzunehmen, wenn er dies in die Tat umsetzt? Der Vermieter verkauft die Wohnung von Frau Jünke schließlich für 850 000 Euro. Rein ökonomisch mag sein Handeln für ihn selbst sehr sinnvoll sein. Aber wir können es eben nicht von den Folgen entkoppeln.

Verpflanzt

Welche Ratschläge haben wir für Karin Jünke parat? Einfach noch einmal neu anfangen, woanders Wurzeln schlagen, optimistisch einen neuen Lebensabschnitt beginnen? Leichter gesagt als getan. Frau Jünke ist umgezogen in einen Vorort von München, nach Bogenhausen, immerhin in die Nähe ihres Sohnes. Eine nette kleine Wohnung hat sie gefunden, wie sie zugibt, in einer »Wohnen ab 60«-Wohnanlage. Aber sie hängt an den Orten, die über Jahrzehnte ihr Lebensmittelpunkt waren, denn diese Orte sind mit Menschen verbunden. Sie bleibt bei ihren vertrauten Ärzten, ist nun aber mit der Straßenbahn mehr als 45 Minuten zu ihnen unterwegs. Manchmal melden sich noch ehemalige Nachbarn, an diese Kontakte klammert sie sich. Und Wurzeln schlagen in Bogenhausen? Das hält sie für unmöglich:

»Ich bin in Schwabing aus dem Haus gegangen, man hat jeden gekannt und gegrüßt. Ich habe vierzig Jahre lang meinen gleichen Metzger gehabt und vierzig Jahre meine Zeitungsfrau. Es fällt mir verdammt schwer, jetzt ein neues Umfeld aufzubauen. Ich muss ehrlich sagen, zu 98 Prozent ist mein Leben kaputtgemacht worden. Ich habe meine ganzen sozialen Kontakte verloren. Schwabing ist immer noch mein Zuhause, mein Herz hängt immer noch an dieser Wohnung. Das tut verdammt weh. Jedes Mal, wenn ich jetzt mit der Straßenbahn dorthin fahre, hab ich das Gefühl, ich müsse meinen Schlüssel rausnehmen, und denke, ich fahre jetzt nach Hause.«

Aber ihr Zuhause ist verloren, für immer.

Lieber Katzenfutter als der Gang zum Amt?

Wenn wir ein Leben nur an Zahlen und Statistiken messen, dann erkennen wir weder bei Frau Scheefeld noch bei Frau Jünke einen Notstand. Die eine hat 30 000 Euro auf der Bank und verdient sich mit 75 durchs Taxifahren noch etwas hinzu. Die andere bekommt eine ordentliche Rente und hat genug zum Leben und zum Wohnen. Aber Frau Scheefeld arbeitet auch noch in ihrem achten Lebensjahrzehnt, weil da immer eine Angst lauert, irgendwann nicht mehr genug zu haben und auf andere angewiesen zu sein. Und Frau Jünke hat das verloren, was sie ihr Leben lang geprägt hat: ein Zuhause, Nachbarn, ein Umfeld, in dem sie verwurzelt war.

Es gibt, das werden wir noch sehen, ältere Menschen, denen es finanziell wesentlich schlechter geht als Frau Scheefeld und Karin Jünke. Aber wieso ist deren Notsituation in Deutschland nicht deutlicher an Zahlen abzulesen? Warum weisen die Zahlen beispielsweise »nur« 500 000 Ältere aus, die Grundsicherung beantragen?[63]

Die Forschungen des Armutsforschers Wolfang Sell zeigen, dass viele, die grundsicherungsberechtigt wären, diese erst gar nicht in Anspruch nehmen. Warum nicht? Sell liefert eine so einleuchtende wie vielsagende Begründung: »Ich hab immer wieder mit Älteren gesprochen: ›Warum nehmt ihr euren Anspruch nicht wahr?‹ Und dann sagen die: ›Ich geh nicht zum

Sozialamt. Da muss ich mich ausziehen, inklusive Unterhose. Das tu ich nicht. Da leb ich lieber von Katzenfutter.‹«

Die Verteilungsforscherin Irene Becker geht davon aus, dass die »verdeckte Armut« unter den Menschen mit einer niedrigen Rente weit verbreitet ist. Aus ihren Berechnungen, die auf repräsentativen Daten des Sozio-oekonomischen Panels (SOEP) für das Jahr 2007 basieren, geht hervor, dass von etwa einer Million der Menschen ab 65 Jahren, die einen Anspruch auf Grundsicherung hatten, nur 340 000 die Leistungen auch bezogen.[64] Die Daten sind zwar schon deutlich über zehn Jahre alt, aber glauben Sie, liebe Leserinnen und Leser, dass sich an dieser Tendenz etwas geändert hat?

Es ist eine Scham, die sie davon abhält, zum Amt zu gehen und Unterstützung zu beantragen. Diese Angst vor Demütigung hat viel zu tun mit der Wahrung einer letzten Dosis Würde, die sich alte Menschen in dieser Notsituation erhalten wollen. Hinzu kommen ganz reale Ängste. Denn fallen Menschen unter die Hartz-IV-Regel, dürfen sie nur in einem »angemessenen Wohnraum« leben. Dieser ist genau definiert. Ist ihre bisherige Wohnung zu groß oder zu teuer, müssen sie diese verlassen und in eine »angemessene« Wohnung umziehen.[65] Aber das Wohnen ist – das hat uns Frau Jünke vor Augen geführt – etwas Existenzielles im Leben. Umziehen kann bedeuten, unser altes Leben hinter uns zu lassen. Und damit Orte, mit denen wir viele Jahre unseres Lebens verbinden. Nachbarn, die uns zur Seite stehen. Wege, die uns vertraut sind und die uns Sicherheit und Halt geben.

Auch wenn es Frau Jünke finanziell recht gut geht: Die Befürchtung, gerade als Frau nach einem arbeitsreichen Leben finanziell am Abgrund zu stehen und sozial immer weiter ausgegrenzt zu werden, sie ist real. Und manchmal bleibt es nicht nur bei einer Abstiegsangst. Wir sprechen über Frauenbiographien, die

Erfahrungen einer Generation widerspiegeln, die sich zum Teil betrogen fühlt am Ende einer langen, oft arbeitsreichen Reise.

Von Ehen und Wertschätzung

Marion Zeuge hat 45 Jahre lang in Vollzeit gearbeitet. Nach zwei Scheidungen und gesundheitlichen Problemen lebt die Berlinerin heute von 940 Euro im Monat. Um finanziell einigermaßen über die Runden zu kommen, sammelt sie täglich Pfandflaschen auf der Straße. Statt eines entspannten, zufriedenen Lebensabends fühlt sie sich heute komplett alleine gelassen. Sie wirkt nicht gebrochen, als ich sie kennenlerne, aber desillusioniert und verbittert.

Aufgewachsen in einem kleinen Haus in Brandenburg lernt Marion Zeuge in ihrer Kindheit Armut, aber auch Geborgenheit kennen. Wie ihre zwei Geschwister trägt sie häufig Schuhe von Nachbarn und Bekannten. Wenn sie Hunger hat, macht sie sich eine Margarinestulle mit Zucker. Aber sie erlebt Eltern, die liebevoll miteinander umgehen. Ihr Vater, ein selbstständiger Busfahrer, spielt mit den Kindern häufig im Wald und erzählt aus seinem Leben. 68 Jahre bleiben ihre Eltern in ihrer Ehe in Liebe verbunden und werden zum Vorbild für Marion Zeuge. Auch die Nachkriegszeit prägt sie: »Für mich ist Glück, wenn ich gesund bin und wir keinen Krieg haben.«

Nach ihrer Schulzeit absolviert Zeuge eine Ausbildung zur Friseurin. Der Beruf macht ihr Spaß und erfüllt sie. Wegen der schlechten Bezahlung macht sie parallel zu ihrer Arbeit im Salon über den zweiten Bildungsweg schließlich trotzdem eine Ausbildung zur Industriekauffrau. Im Büro verdient sie deutlich besser, und auch dort ist sie zufrieden. Früh lernt sie auch ihre erste große Liebe kennen. Bereits im Alter von 21 heiratet sie, noch im selben Jahr folgt eine – zu diesem Zeitpunkt eigentlich noch nicht geplante – gemeinsame Tochter. Und schon sechs Wochen nach ihrer Geburt beginnt Marion Zeuge wieder in Vollzeit zu arbeiten. Auch den Haushalt und die Erziehung der Tochter übernimmt sie jahrelang diskussionslos. Rückblickend fragt sie sich oft, wie sie das geschafft hat, aber »man war jung und voller Tatendrang und wollte sich was schaffen«. Das junge Ehepaar schafft sich neue Möbel an, kann sich ein eigenes Auto leisten, an die Ostsee in den Urlaub fahren und mit Freunden ins Theater gehen. Doch die anfänglich stabile Ehe zerbricht. Ihr Mann, Techniker in einem großen Unternehmen, wendet sich immer mehr dem Alkohol zu. Marion Zeuge reicht nach 25 Jahren die Scheidung ein.

Mit ihrem zweiten Ehemann hat Zeuge noch weniger Glück. Er ist Busfahrer, wie ihr Vater. Aber die liebevolle Wertschätzung, die sie von ihren Eltern kennt, sucht sie bei ihrem Ehemann auf Dauer vergeblich: »Er war natürlich glücklich, dass er eine Frau hatte, die kochen kann, gut aussehen kann, gepflegt ist. Aber groß wertgeschätzt wurde die Arbeit nicht.«

Die Arbeitsbelastung bereitet ihr immer größere Probleme. Dem zunehmenden beruflichen Stress folgt ein schwerer Hörsturz, unter dessen Folgen sie bis heute stark zu leiden hat. Immer wieder klagt sie über Konzentrationsschwierigkeiten, ist oft müde und erschöpft. Zeuges Mann bringt ihr nur wenig Verständnis für ihre Beschwerden entgegen, beschimpft sie als faul und arbeitsscheu. Wenn Marion Zeuge sich an diese Zeit erinnert, fasst sie die Demütigung in knappen Worten zusammen: »Jeder Tag war Anschreien, Krieg und Verletzung.« Schließlich eröffnet sie ihrem Hausarzt, sie würde sich am liebsten scheiden lassen. Der bestärkt sie in diesem Schritt. Marion Zeuge bereut die Scheidung bis heute nicht. Ja, finanziell würde es ihr wahrscheinlich etwas besser gehen, »aber so hab ich meinen Frieden«.

Der letzte Ring für einen Urlaub

Marion Zeuge geht es in den nächsten Jahren immer schlechter. Zum Tinnitus gesellen sich Arthrose in den Fingern und am Fußgelenk. Heute bekommt sie eine Rente, die ganze sieben Euro über der Grundsicherung liegt. Sieben Euro. Verständlich, dass sie sich fragt, ob sich die jahrzehntelange Arbeit für sie überhaupt gelohnt hat: »Hätte ich nicht gearbeitet, wäre mein Körper nicht kaputt und ich hätte nur sieben Euro weniger im Portemonnaie. Es würde mir bessergehen.«

Mit der Frühverrentung beginnt ihr sozialer Abstieg. Das Geld wird knapper, die Miet- und Lebenserhaltungskosten in Berlin steigen. Anfangs sucht sich Zeuge Nebenjobs, um sich ihre Kasse aufzubessern, doch ihre Gesundheit lässt auch das bald nicht mehr zu. Sie lebt in einer kleinen Eineinhalbzimmerwohnung. Sie heizt selten, weil sie fürchtet, die Umlagen nicht zahlen zu können. Die Möbel sind Second Hand. Abzüglich aller Kosten bleibt für Ausflüge, Theaterbesuche oder gemeinsame Kneipenabende mit Freunden längst kein Geld mehr. Nur einen Luxus gönnt sie sich, die tägliche Tageszeitung. Sie will lesen, immerhin über diesen Weg mit der Welt verbunden bleiben. Aber um sich das leisten zu können, kauft sie einige dringend benötigte Medikamente wegen des Eigenanteils nicht mehr. Sie scheut keinen Schritt, um sich selbst zu helfen, so entwürdigend es auf andere auch wirken mag: »Ich gehe jetzt täglich Altflaschen sammeln. Da schäme ich mich aber nicht. Ich habe ja immer gearbeitet.«

Vor zwei Jahren ist sie mit ihren Freunden noch in den Urlaub gefahren. Marion Zeuge hat ihren letzten Ring verkauft, um die Reise zu finanzieren. »Aber ich konnte mir da nichts leisten. Ich bin im Restaurant am Tisch gesessen, und ich kann mir da nichts leisten. Ich bin das ja schon gewohnt, aber meine

Freunde konnten das einfach nicht verstehen. Da haben wir uns ganz schön gezofft. Ich habe mich dann von ihnen abgewendet. Das hat mir wehgetan.«

Einmal pro Woche arbeitet Marion Zeuge ehrenamtlich für fünf Stunden in einer Begegnungsstätte für Senioren. In der Cafeteria kocht sie Kaffee, gibt Kuchen und belegte Brötchen aus und kellnert. Pro Monat erhält sie dafür 30 Euro. Aber die Arbeit macht ihr Spaß, sie kommt unter Menschen und hat Freude daran, ihnen zu helfen: »Das zieht mich selber dann auch wieder hoch aus allem.« Außerdem pflegt sie ihre neunzigjährige Mutter. Mit großer Sorge beobachtet sie die steigenden Mietpreise und Lebenshaltungskosten. Und die Politik? Von der fühlt sie sich im Stich gelassen. Und plötzlich ist es so, als müsste sie sich Luft machen, als würde sich der Zorn und die Verzweiflung mit einem Mal entladen:

»Meine Generation, meine Großeltern, meine Eltern und ich haben Deutschland mit aufgebaut. Das wird nicht wertgeschätzt. Ich fühle mich da alleingelassen. Ich finde das ganz traurig, dass ich mir nichts mehr leisten kann. Kein Theater, kein Kino, kein Zoo, keine Tasse Kaffee unterwegs. Aber das interessiert keinen. Ich glaube auch an keine Wahlkampfprogramme mehr, die wurden nie eingehalten. Ich habe immer gearbeitet, auch als Rentnerin habe ich mir immer was dazuverdient. Ich habe in einer Fabrik gearbeitet, im Hotel als Zimmermädchen, im Kino an der Popcornmaschine, als Haushälterin, Verkäuferin, Putzfrau, in einer Kneipe gekellnert. Früher auch viel in der Schicht, Frühschicht, Nachtschicht, feiertags, sonntags. Ich habe keine Arbeit gescheut. Ich bin fleißig, pünktlich, willig, zuversichtlich. So wurde ich erzogen. So gesehen hatte ich mit meinen Arbeitgebern nie Probleme. In meiner Generation hatten wir alle einen festen Job mit festem Arbeitsvertrag. Da hatte man immer einen sicheren Stand. Aber ich bin heute gesundheitlich neben dem Tinnitus auch mit meinen Beinen angeschlagen. Ich wurde dreimal an den Beinen operiert, die tun mir gerade wieder sehr weh. Ich habe Arthrose an den Händen, Fingern und am Fußgelenk. (...) Und inzwischen bin ich die allerunterste Schicht.«

Und dann ergänzt sie noch: »Ich habe Angst. Die nächste Stufe wäre Obdachlosigkeit. Die darauffolgende Stufe wäre der Tod. Diese beiden Stufen erwarten mich noch in meinem Leben.«

Diese Worte stehen. Und es wäre zu einfach, sie mit aufmunternden Phrasen wegzuwischen. Marion Zeuge hat beschrieben, was ihr Kraft gibt. Die Arbeit in der Cafeteria, das Lesen ihrer Tageszeitung. Aber in der Summe überwiegen die körperlichen Schmerzen, die Perspektivlosigkeit und die verlorenen sozialen Kontakte. Denn auch der letzte Ring, den sie für die gemeinsame Urlaubsreise mit Freunden geopfert hat, konnte den Riss in ihrem Freundeskreis nicht kitten. Wer sich gar nichts mehr leisten kann, ist draußen.

Von Alter, Teilhabe und Lebensqualität

Teilhabe ist Voraussetzung von Lebensqualität. Wer keine sozialen Kontakte mehr hat, wer Freude und Leid mit niemandem teilt, geht irgendwann an der sozialen Isolation zugrunde. Bereits am Anfang des Lebens, durch das wir reisen, haben wir erfahren, wie wichtig Teilhabe ist. Wer kein Geld hat für Klassenfahrten, ausgehen oder Sportvereine, der wird irgendwann sozial ausgegrenzt. Auch wenn wir in diesem Zusammenhang die Kritikpunkte am von der Politik geschnürten »Teilhabepaket« thematisiert haben – das Prinzip, Teilhabe in den Fokus der gesellschaftlichen Bemühungen zu nehmen, ist richtig. Gerade vor dem Hintergrund, dass wir in Zukunft eher mehr als weniger über Altersarmut sprechen werden, sollten wir nach Wegen suchen, Teilhabe aktiv zu ermöglichen. Teilhabe, das hat uns schon der Kulturpass von Götz Wörner gezeigt, ist ein entscheidender Faktor für Lebensqualität. Hinter dem Wort Altersarmut verbergen sich nicht nur existenzielle, finanzielle Probleme. Es geht um Vereinsamung. Die Kreise werden enger. Mobilität ist zum Teil nur noch mit Unterstützung möglich, nicht nur, weil die Beine nicht mehr so tragen. Andere Menschen besuchen zu können, sich so viel wie möglich an Mobilität zu erhalten, hält ältere Menschen im und am Leben. Wenn ältere Menschen dies nicht mehr können, sprechen Forscher auch von »Mobilitätsarmut« oder »Einsamkeitsarmut«.[66] Gerade ältere Frauen, die ihre Partner verlieren, rutschen häufig in die Altersarmut. Sie verlieren ihre sozialen Netzwerke, ihre alten Bekanntenkreise und versinken mehr und mehr in sozialer Vereinsamung. Armutsforscher Stefan Sell fordert in diesem Zusammenhang eine »aktive Seniorenpolitik, die sich um diese Gruppe kümmert und Angebote für Tagesstätten und Vernetzungsangebote schafft«. Es gebe hier zwar schon einige »Leuchtturmkommunen«, aber in den meisten Kommunen, so Sell, »herrscht da noch völlige Dunkelheit«.

Voraussetzung für eine soziale Vernetzung und Teilhabe ist die Mobilität älterer Menschen. So, wie aus Marion Zeuge ihre Verzweiflung plötzlich herausbricht, so wird auch beim Armutsforscher Stefan Sell sofort spürbar, dass wir bei der Teilhabe über ein zentrales Thema unserer Gesellschaft sprechen. Angesprochen auf die Frage, wie wir für ältere Menschen Teilhabe und Mobilität besser ermöglichen können, lässt er seinen Gedanken und Empfindungen freien Lauf:

»Teilhabe ist ein ganz wichtiges Thema, da bin ich radikal! Früher war klar, dass der öffentliche Personennahverkehr nicht sofort nur unter Kostengesichtspunkten betrachtet wurde, sondern das war Daseinsvorsorge – so heißt dieser alte Begriff. Der Staat hat in bestimmten Bereichen gefälligst für das Dasein vorzusorgen, und wenn ich das ernst nehme, müsste ich dafür sorgen, dass altersarme Menschen einen kostenlosen Zugang zum öffentlichen Personennahverkehr haben. Und ich darf den auch nicht so eindampfen, dass der letztendlich nur auf dem Papier steht, weil kein Bus mehr fährt. Unabhängig davon, was das kostet, weil Mobilität total wichtig für die Menschen ist. Die Folgekosten der Vereinsamung, gerade der altersarmen Menschen, sind enorm. Wenn die nicht mehr rauskommen, wenn die keine sozialen Interaktionen mehr haben, dann wissen wir, dass die Gefahren, pflegebedürftig oder früher krank zu werden, in anderen Systemen hohe Kosten auslösen. Nur da guckt nie jemand hin!«

Haben wir schon ernsthaft genug darüber nachgedacht, welche Möglichkeiten es gibt, älteren Menschen Teilhabe zu ermöglichen? Ich glaube nicht. Es gibt Menschen, die suchen den Ausweg woanders. Ganz woanders.

Rettungsanker Bulgarien?

Nehmen wir ein Leben, das für viele steht, so außergewöhnlich es ist. Annette Britsch aus Bad Rappenau. Heute lebt sie in Bulgarien. Wieso das? Frau Britsch war viermal verheiratet, ihre vier Kinder stammen aus den ersten beiden Ehen. Der dritte Mann verstarb an Krebs, mit dem vierten war sie vierzehn Jahre lang verheiratet. 2012 hat sie ihn verlassen, aber scheiden lassen wollte sie sich eigentlich nicht. »Ich wollte ihn wachrütteln, weil er mich eigentlich vergessen hatte«, sagt sie.

Annette Britsch hat gekocht, geputzt, Wäsche gewaschen und gebügelt. Äußerlich hat alles funktioniert, »aber wahrgenommen hat er mich nicht mehr«. Wie die Erfahrungen unter

Frauen dieser Generation sich doch gleichen. Sie wollte ausbrechen aus der Routine und die Liebe wiederbeleben. Das Ergebnis? Desillusionierend: »Ich wollte ihm eigentlich nur kurz an den Kopf klopfen und sagen: Du, werde wach, sonst bin ich endgültig weg! Aber das war ihm scheinbar recht. Ich bin ausgezogen und er hat es gar nicht gemerkt.«

Nach der Scheidung von ihrem Mann hatte sie kein Einkommen. Zu lange hatte sie ihre Energie in den Haushalt gesteckt und damit ihrem Mann das Leben erleichtert. Sie beantragte Rente. Und kurz darauf der Schock: Die Rente reichte nicht zum Leben.

Am nächsten Tag hörte sie mit dem Rauchen auf. Das war nicht mehr drin. Sie ging zum Sozialamt und beantragte alles, was ihr möglicherweise zustehen könnte. Ein Schritt, den viele scheuen. Aus Scham. Und auch für Frau Britsch wurde der Gang zum Amt zu einer bleibenden Erinnerung. Die Empörung und die Demütigung sind noch Jahre später zu spüren:

»Ich wurde behandelt wie der letzte Dreck. Ich hatte meine Fünfzig-Quadratmeter-Wohnung, liebevoll eingerichtet. Da hieß es: ›Ja, da müssen Sie aber ausziehen! Das sind vier Quadratmeter zu viel für Sie!‹ Wissen Sie, ich habe vier Kinder geboren und mein Leben lang gearbeitet, ich war Bürokauffrau, Sanitäterin, Familienpflegerin, Altenbetreuerin, Winzerin und habe all diese Ausbildungen absolviert. Zuletzt habe ich fünf Jahre lang ein eigenes Fitnessstudio geführt, das auch ganz gut lief, und habe dort zwölf Stunden am Tag gearbeitet. Und dann bekomme ich eine Rente, von der ich nicht mal leben kann? Da dachte ich: ›So bedankt sich Deutschland bei seinen Müttern? Nö! Dann gehe ich! So lasse ich mich nicht behandeln.‹«

Ihre Kinder will sie nicht anbetteln. Annette Britsch ist ein stolzer Mensch. Und sie denkt, dass es irgendwo auf der Welt doch einen Ort geben muss, wo sie mit ihrer kleinen Rente ein

Leben in Würde führen kann. Sie recherchiert im Internet und versucht herauszufinden, wo die Lebenshaltungskosten sehr gering sind. Und sie stößt zunächst auf Kambodscha, Paraguay, Vietnam und Bulgarien.

Kambodscha? Paraguay? Vietnam? Bulgarien? Die meisten hätten die Suche spätestens da aufgegeben. Nicht so Frau Britsch. Spontan geht sie ins Reisebüro und bucht einen Flug nach Bulgarien – eine Woche Aufenthalt inklusive. Sie will ein Haus suchen, das sie selbst mit ihren bescheidenen Mitteln renovieren kann. Aber die ersten Tage in Bulgarien sind ernüchternd. Sie findet kein Haus, irrt etwas ziellos umher und beherrscht die Sprache nicht. Sie fragt sich plötzlich, was sie da will, ganz alleine, in Bulgarien. Und verliert den Mut: »Ich wollte eigentlich zurück und in Deutschland aufs Sterben warten.«

Doch dann findet sie zunächst einen Straßenhund, der nicht mehr von ihrer Seite weicht, und später, nach einigen Rückschlägen und Wochen der Verzweiflung, eine neue Heimat: »Ich habe schließlich dieses wunderbare renovierte Bauernhäuschen gefunden. Ich bin hier total glücklich und zufrieden. Es ist klein und fein. Ich zahle 180 Euro Miete für 60 Quadratmeter, mit Garage, mit Hof, mit Sommerküche, mit Garten, mit Bäumen, an denen Feigen wachsen. Es ist der Traum! Wasser, Strom, Internet, Telefon das kostet nochmal zusammen umgerechnet 40 Euro. Und mit dem Telefon kann ich fünf Stunden kostenlos nach Deutschland telefonieren. Was will ich mehr? Ich will es mir nicht nur ein bisschen gut gehen lassen. Sehr gut will ich es! Ich habe auch nicht nur eine gute Lebensqualität, sondern zum ersten Mal in meinem Leben eine sehr gute! Ich muss nicht mehr arbeiten, ich habe es nicht langweilig. Ich habe einen komplett schönen, ausgefüllten Tag.«

Der Himmel ist strahlend blau

Letzte Ausfahrt Bulgarien? Ist das die Alternative für Frauen, die ihr Leben lang in Deutschland gearbeitet haben? Ob im Haushalt oder in diversen Berufen? In ihrem Dorf leben übrigens fünfzig Einwohner. Zehn Prozent von ihnen sind Deutsche. »Alles Armutsrentner, Wirtschaftsflüchtlinge.« Annette Britsch lacht. Sie hat gut lachen. Sie hat tatsächlich in Bulgarien ihr neues Zuhause gefunden. Morgens macht sie ihre Runde mit dem Hund. Mittags kocht sie. Ihre Freundin kommt zum Essen. Danach gehen beide ans Meer. Oder sie liest etwas. »Ich bin hier vor allen Dingen mit mir im Einklang«, sagt sie. »Es geht mir hier einfach gut.«

Ihre Kinder und Enkelkinder vermisst sie. Aber auch in Deutschland haben sie sich nicht häufig gesehen. Ihr jüngster Sohn und ihre Schwester haben sie sogar schon in Bulgarien besucht. Sie hat ihnen ihre neue Welt gezeigt. Außerdem hält sie über Facebook und Skype Kontakt. Früher wusste sie gar nicht, wie sie einen Computer bedienen soll. Heute ist er aus ihrem Leben nicht wegzudenken. In Bulgarien hat sie mittlerweile mehr soziale Kontakte als zuletzt in Deutschland.

Zurück zieht es sie nicht mehr. Sie hat mit ihrem Heimatland abgeschlossen. In Bulgarien blüht sie auf. »Der Himmel ist strahlend blau«, schwärmt sie. »Es ist ein ganz anderes Licht, eine ganz andere Atmosphäre. Ich habe hier keine negativen Gedanken.«

Annette Britsch hat zu einem Leben in Würde gefunden. Sie ist eins mit sich, ihrer Umgebung und ihrem selbstbestimmten Leben. Es ist ungewöhnlich, in Bulgarien ein solches Leben zu suchen und zu finden, aber warum nicht?

Was kann auf politischer Ebene getan werden, um auch die Perspektiven in Deutschland zu verbessern? Wenn Armutsforscher Stefan Sell über notwendige politische Maßnahmen nachdenkt, wird auch das Thema der sozialen Ungleichheit, der Zerrissenheit in unserer Gesellschaft wieder sichtbar:

»Wir müssen den älteren Menschen verdammt noch mal eine Antwort geben: ›Wie können wir ihnen ein Leben in Würde garantieren?‹ Und das geht nicht anders als mit systematischen Eingriffen in die Rentenversicherung. Es braucht eine deutliche Aufstockung der niedrigen Renten. Das hat man in der Vergangenheit schon gemacht und die armen Rentner in der Rentenversicherung einfach bessergestellt. Aus Spargründen hat man das 1993 gestrichen. Das könnte man wieder einführen. Man könnte aber auch darüber nachdenken, einen Wechsel zu einem echten Grundrentensystem zu machen, was ein halbwegs auskömmliches Alter ermöglicht, so wie in Holland. Auch die Schweden oder die Österreicher haben eine bessere Altersvorsorge. Keiner soll in Deutschland damit kommen, dass das nicht möglich ist. Nein, wir sind begründungspflichtig, mit unserer sauschlechten Versorgung von altersarmen Menschen. Die WHO hat nachgewiesen, dass die deutschen Geringverdiener im Alter am schlechtesten abgesichert sind. Die Besserverdiener hingegen kriegen immer noch Superrenten.«

Ein Reisender im Pflegeheim

Der 77-jährige Hans-Joachim Dera wirkt schon auf den ersten Blick sympathisch und einnehmend. Umso stärker berührt seine Geschichte, denn sie handelt von einer Einsamkeit, die er manchmal kaum aushält. Er lebt in einem Pflegeheim in Pforzheim und findet nur wenig Kontakt, denn viele der anderen Bewohner des Heims sind dement.

In seiner Jugend ist er viel gereist, sogar bis nach Indien, und das in Zeiten, in denen das alles andere als selbstverständlich war. In der Regel war er als Anhalter unterwegs, mal allein, mal mit »einem Kumpel« und oft über mehrere Monate. Das Reisen und das Erkunden anderer Kulturen entsprechen ihm und einem Fernweh, das ihn über viele Jahre umtreibt. Noch heute geben ihm alte Fotos, die jene Erlebnisse seiner Jugend in ihm wachrufen, Kraft, Lebensmut und das Gefühl, in seinem Leben etwas Besonderes erfahren zu haben.

Mit 27 ringt er sich schließlich dazu durch, einer »vernünftigen«, geregelten Arbeit nachzugehen, erlernt den Beruf des Großhandelskaufmanns und arbeitet fortan 31 Jahre bei einer Versicherung. Zum Reisen bleibt nicht mehr viel Zeit. Über viele Jahre führt er eine Beziehung, doch irgendwann trennen sich die beiden. Er heiratet nie, hat keine Kinder, eine Familie hat er sich lange nicht vorstellen können, aber »im Nachhinein«, so sagt er, »wäre es schon schöner gewesen«. Über viele Jahre pflegt er einen gewachsenen Bekannten- und Freundeskreis und erinnert sich rückblickend auch gern an die Zeit, als seine Eltern noch lebten. Heiligabend wurde damals nur im engsten Kreis gefeiert, aber am ersten Weihnachtsfeiertag war das Haus voll mit Verwandten und dem besonderen Flair der Feiertage: »Wir hatten immer einen schönen Weihnachtsbaum im Zimmer, wir hatten eine Ofenheizung, dazu der Geruch vom Weihnachtsbaum, der war schon sehr schön.«

Wenn sich mit 77 die Einsamkeit ins Leben schleicht

Vor einigen Jahren verliebte er sich, in eine Frau, die er noch heute liebevoll seine »Kaktusblüte« nennt, und zieht von Berlin nach Pforzheim. Außer der Kaktusblüte kennt er niemanden dort, aber er bleibt auch, als die Beziehung auseinandergeht. In Berlin hatte sich sein Umfeld mittlerweile auch verflüchtigt, geblieben sind ihm nur zwei Cousins, zu denen er aber auch keinen regelmäßigen Kontakt pflegt. Hans-Joachim Dera zieht zunächst in eine Wohnanlage, die Betreutes Wohnen anbietet, und kommt mit sich und seinem Leben ganz gut zurecht, bis ihn ein Herzinfarkt aus dem Rhythmus bringt. Er geht ins Pflegeheim, weil er es sich nicht mehr alleine zutraut, seinen Alltag zu meistern. Dann erkrankt er auch noch an Parkinson, was ihn in seiner Mobilität einschränkt, da er fortan auf Gehhilfen angewiesen ist. Das für die Krankheit typische Zittern hat sich bei ihm (noch) nicht eingestellt, auch Schmerzen hat er kaum. Aber ihn bedrückt, dass er seine Zeit im Pflegeheim fast durchweg allein verbringt. Freunde hat er nicht und auch sonst fühlt er sich einsam:

»So richtig zum Reden habe ich eigentlich niemanden mehr. Das Einzige, was ich jetzt noch habe, ist ein Handy und ein Tablet mit Internet, da kann ich ein bisschen schauen. Das habe ich mir beigebracht. Es gibt Gruppen, da wird Karten gespielt, oder es ist Gymnastik und so was in der Art, aber ansonsten ist nicht so sehr viel.«

Weihnachten ist für ihn zu einer gefürchteten Zeit geworden, denn während der Feiertage wird ihm bewusst, dass er niemanden mehr hat, zu dem er gehen kann. Und auch niemanden, der ihn besucht. Schon in den Jahren, bevor er ins Pflegeheim kam, verbrachte er Weihnachten allein: »Ich war zu Hause und habe nichts gemacht. Irgendwie hat man dann doch so ein komisches Gefühl. Man erinnert sich an Weihnachten, wie es früher war. Mit den Eltern, mit den Verwandten. Und jetzt nichts mehr – ich war froh, wenn Weihnachten vorbei war.«

Ist das nicht das Szenario, das viele von uns fürchten? Dass wir – betäubt durch Arbeit, Termine, Verpflichtungen – gar nicht merken, wie unser soziales Umfeld schrumpft? Wir, die wir doch so aktiv und mobil durchs Leben gehen, eben noch so sicher, dass wir unsere Zukunft kontrollieren können, und plötzlich erodiert der Boden unter uns, bis die Einsamkeit sich ins Leben schleicht, ganz langsam, aber stetig, und mehr und mehr Besitz von unserem Alltag ergreift, bis wir schließlich an

Weihnachten dasitzen, sinnieren und einfach keinen Ausweg aus der Einsamkeit finden?

Risikofaktor Einsamkeit

Was genau macht dieses Gefühl der Einsamkeit aus? Es muss wehtun, sonst ist es keine Einsamkeit. Es gibt Menschen, die das Alleinsein suchen, es genießen und auch ohne intensive Sozialkontakte nie davon sprechen würden, einsam zu sein. Umgekehrt gibt es einsame Menschen, die mit vielen anderen unter einem Dach leben. Auch Herr Dera ist im Pflegeheim nicht ständig allein, aber er fühlt sich fast durchweg einsam. Einsamkeit ist ein Zustand, unter dem wir leiden. Die Dimension des Leidens wurde lange unterschätzt. Der Ulmer Hirnforscher Manfred Spitzer macht im Gespräch deutlich, dass »Einsamkeit ein Phänomen unserer Zeit« ist und »fatale Folgen für Körper und Geist« haben kann. Einsamkeit ist inzwischen die Todesursache Nummer eins in den westlichen Ländern, denn wer einsam ist, erkrankt häufiger als andere an Krebs, Herzinfarkt, Schlaganfall, Depressionen und Demenz. Eine Metastudie, die über 148 verschiedene Studien mit insgesamt über 300 000 Teilnehmern einbezieht, konnte nachweisen, dass Personen mit unzureichenden sozialen Kontakten und Isolation einem um fünfzig Prozent höheren Sterblichkeitsrisiko unterliegen.[67] Die Einsamkeit als Beschleuniger, vielleicht sogar Verursacher so vieler unterschiedlicher Krankheiten? Das überrascht und zeigt, welch tiefe Spuren dieser unangenehme Zustand hinterlassen kann. Übrigens über alle Generationen hinweg.

Betroffen sind nicht nur Singles und Rentner, sondern zum Beispiel auch junge Mädchen und junge Frauen, die – einmal von ihrer Peer-Group ausgeschlossen – schnell isoliert sind und darunter leiden. Leiden übrigens im wörtlichen Sinne.

Der Hirnforscher Manfred Spitzer berichtet, »dass Einsamkeit Schmerzen macht«. Nicht nur im metaphorischen, sondern auch im körperlichen Sinne, da dasselbe Zentrum im Gehirn, das Schmerzen erlebt, auch bei Einsamkeitsgefühlen »angeht«.

Wie können wir es gar nicht erst so weit kommen lassen? Die Präventionsvorschläge der Expertinnen und Experten klingen einleuchtend: früh Hobbys zulegen, das Leben in Gemeinschaften suchen, sein soziales Umfeld pflegen, die Zeit im Alter frühzeitig planen, sich nicht vom Arbeitsende überraschen lassen. In England existiert übrigens ein Ministerium für Einsamkeit. Auf politischer Ebene werden Programme aufgelegt mit dem Ziel, Menschen zum Beispiel im Alter systematisch über Hobbys miteinander in Kontakt zu bringen. Wenn wir die gesundheitliche Risikodimension der Einsamkeit ernst nehmen, so ist dies auch aus ökonomischer Perspektive zur Entlastung der Sozialsysteme sinnvoll. Aber müssen wir auf dieser Ebene diskutieren? Ergibt es nicht einfach Sinn, in einer Gesellschaft, in der einerseits der Trend zur Individualisierung gefördert und kommerziell genutzt wird, auf der anderen Seite auch die Folgen einer Vereinzelung politisch aktiv zu bekämpfen? Ob es durch Mehrgenerationenhäuser oder andere kreative Projekte gelingt: Der Bedarf ist da. England macht es mit einem Einsamkeits-Ministerium vor, Deutschland sollte nachziehen. Gleichzeitig müssen wir das Thema aber noch enttabuisieren, denn noch immer wird Einsamkeit als Makel erlebt, noch immer empfinden viele zu viel Scham, um sich gegenüber anderen zu offenbaren. Wenn Hans-Joachim Dera so offen darüber spricht, wie die Einsamkeit ihn ummantelt und erdrückt, dann ist er eine Ausnahme.

Ein Jahr nach seinem ersten Besuch treffe ich Hans-Joachim Dera im Nachtcafé wieder. Nach dem Auftritt bei uns waren viele Menschen auf ihn zugekommen. An Heiligabend hatte ihn überraschend eine Familie im Pflegeheim besucht und ihn eingeladen, den Abend bei ihnen zu verbringen. Kinder, Eltern und Großeltern wohnten nicht weit vom Heim entfernt in einem Haus. Hans-Joachim Dera verbrachte mitten unter ihnen an Heiligabend eine besondere Zeit: »Es war da wunderschön, so wie es früher war, mit Tannenbaum, mit Geschenken darunter, mit erzählen. Es waren so nette Leute, die kannten mich ja gar nicht, wir waren ja praktisch fremd, aber sie haben mich so in die Familie mit reingenommen, als wenn ich schon immer da wäre und wir uns schon jahrelang kennen. Das war ein einmaliges Gefühl. So etwas habe ich lange nicht mehr erlebt.«

Freunde hat er bis heute im Pflegeheim nicht gefunden. Zu den Demenzkranken fällt es schwer, eine Beziehung aufzubauen. »Das löst sich auf«, erklärt Dera, »da kommt man nicht ran, erst ja, aber nach ein, zwei Tagen wissen sie dann nicht mehr, wer man ist«. Mit seinen 77 Jahren zählt er außerdem zu den Jüngsten im Heim. Gegenüber den über Neunzig- und Hundertjährigen spürt er einen Generationsunterschied, denn er ist nicht der Typ für Volksmusik und Singkreise, sondern hat einen modernen Musikgeschmack. Gesundheitlich hat er abgebaut in diesem Jahr. Ohne Rollator kann er sich nicht mehr fortbewegen. Nur noch ein paar Schritte, und auch die nur wacklig, mit großer Sturzgefahr. Und doch wirkt er einnehmend und aufgeräumt, als ich mit ihm spreche. Als ich ihn frage, was er sich für das nächste Jahr wünsche, bricht es aber plötzlich aus ihm heraus. Er erinnert sich an das Oktoberfest, das sie im Pflegeheim gefeiert haben. Ihm ging es an diesem Tag schlecht, wie er es seit Jahrzehnten nicht mehr erlebt hat. Er war depressiv, musste das Fest verlassen und konnte keinen Spaß empfinden. Das, was er dann erzählt, lässt wohl die wenigsten unberührt:

»Ich bin raus in mein Zimmer und ich habe stundenlang unheimlich geweint. Was ich eigentlich noch nie gehabt habe, noch nicht mal, als meine Mutter, noch nicht mal, als mein Vater verstorben ist. So schlimm war es noch nie. Da ist alles rausgekommen, dass ich nicht mehr laufen kann, nicht mehr reisen kann, dass ich praktisch gar nichts mehr kann, nicht mehr mobil bin. Da gibt es ja die Demenzleute, die sind dement, aber die können körperlich noch viel. Tanzen und so, wenn sie aufgefordert werden. Geht bei mir ja alles nicht mehr. Da ist mir alles hochgekommen, was weg ist. Und wenn man da auf seinem Zimmer sitzt, da kommen mir schon Suizidgedanken. Weil ich denke, jetzt sitzt man hier im Pflegeheim, das ist praktisch die letzte Station, dahinter kommt nichts mehr, da geht nichts mehr, das ist das Ende praktisch, da wartet man nur noch ab. Auf den Tod, wenn man ehrlich ist.«

Als wir darüber sprechen, was ihm Kraft gibt, doch weiterzumachen, erwähnt er auch eine junge Frau, die in Frankfurt studiert und sich nach der letzten Sendung bei ihm gemeldet hat. Sie ist 24 und hat ihm sehr lange Briefe geschrieben. Immer wieder, kontinuierlich über das Jahr hinweg. Wenn sie in den Urlaub fährt, beschreibt sie ihm detailliert den Ort, die Straßen und ihre Eindrücke. Vor zwei Wochen erst war sie sogar im Pflegeheim und hat ihn besucht.

Die Gespräche mit Hans-Joachim Dera sind unvergesslich, und ich hoffe, ihn in diesem Jahr wiederzusehen. Die Treffen mit der Familie an Heiligabend und der kontinuierliche Kontakt mit der 24-jährigen Studentin aus Frankfurt sind ein Hinweis darauf, dass die Begegnungen nicht nur für ihn, sondern auch für andere ein Gewinn waren. Sollten wir uns damit abfinden, jemanden wie ihn, der kommunikativ, neugierig und humorvoll ist, im Pflegeheim seiner Einsamkeit zu überlassen?

Der Soziologe Heinz Bude schließt sein aktuelles Buch zum Thema Solidarität mit folgendem Satz: »Man weiß den Gewinn der Solidarität nur zu ermessen, wenn man die Einsamkeit kennt.«[68] Das können wir am Ende dieses Kapitel genau so stehen lassen.

»Ich habe das Gefühl, Politiker bräuchten
nur einmal einen Nachtdienst mit mir erleben,
dann wäre alles klar.«

Martina Köstler, Pflegehelferin

Würdevolle Pflege – Von Hilfe und Grenzüberschreitung?

Wir haben in diesem Buch den Kampf von Jugendlichen um ihre tägliche Würde erlebt. Wir sind weiter durch ein Leben gereist und haben konkret erfahren, wie zum Beispiel Alleinerziehende, Familien mit Kindern und Menschen, die auf dem Arbeitsmarkt straucheln, die Risse in dieser Gesellschaft wahrnehmen. Und wir haben erlebt, wie hart der Kampf um Würde und Teilhabe im Alter sein kann. Wir setzen diese Reise nun fort. Denn häufig gehören zu einem Leben, vor allem im Alter, auch Situationen, die uns hineinkatapultieren in ein anderes Leben. Ein Unfall, eine Krankheit oder einfach nur die Schwäche des älter werdenden Körpers führen uns in Krankenhäuser, Alten- oder Pflegeheime. Sofort wächst die Distanz zu allen Themen, über die wir bisher nachgedacht haben. Wohnungssuche? Kinogänge? Freunde treffen oder kostenlose Tickets für den Personennahverkehr? Stattdessen besteht der Alltag in den immer gleichen Fluren, den Besuchszeiten und den langen Nächten, die nicht enden wollen. Und von einem Tag auf den anderen wird der Kampf um Würde auf ganz andere Weise konkret.

In diesem Kapitel versammeln sich mehrere Generationen. Uns ereilen schwere Krankheiten zwar häufiger, je älter wir werden. Aber trotzdem sind wir nicht nur gegen Ende des Lebens mit diesen Themen konfrontiert. Die Zustände in Krankenhäusern, Pflege- und Altenheimen betreffen auch Freunde und Angehörige, die sich Sorgen um das Wohlergehen ihrer Verwandten machen. Und sie betreffen nicht zuletzt auch das Leben der Menschen, die in diesen Einrichtungen arbeiten. Wenn wir über Würde in der Pflege nachdenken, dann sollten wir all diese Perspektiven in den Blick nehmen. Welche Erwartungen haben wir an eine gute, würdevolle Pflege? Was können und müssen wir tun, um diese Erwartungen durchzusetzen?

Manchmal sind es schleichende Prozesse, die irgendwann mit der Pflegebedürftigkeit enden. Manchmal ändert sich das Leben aber von einem Moment auf den anderen. Die Veränderung durchschneidet unseren bisherigen Alltag, und nicht nur die plötzlich Pflegebedürftigen, sondern auch ihre Angehörigen finden sich in einem neuen, häufig komplett anderen Leben wieder.

Plötzlich in einem anderen Leben

Es ist der Tag vor Heiligabend. Brigitte Luft und ihr Mann genießen ihren ersten Ferientag. Sie frühstücken gemeinsam im Bett und schmieden Pläne für den weiteren Tagesverlauf. Plötzlich fällt der Kopf ihres Mannes in den Nacken und er atmet nicht mehr. Brigitte Luft ist geschockt und braucht einen Moment, um den Ernst der Lage zu begreifen. Sie ruft ihren jüngeren Sohn, der zufällig im Haus ist. Er beginnt sofort mit der Mund-zu-Mund-Beatmung, die ihrem Mann das Leben rettet. Der Hausarzt wohnt am Ende der Straße. Brigitte Luft ruft ihn um Hilfe, und es dauert nur zwei Minuten, bis er eintrifft. Er alarmiert sofort den Notarzt, der ebenfalls nur wenige Minuten braucht. Aber Minuten sind eine Ewigkeit, wenn das Gehirn nicht durchblutet wird. Die Reanimation klappt nicht beim ersten Mal, eine halbe Stunde lang kämpfen die Sanitäter um sein Leben. Brigitte Luft ist auf das Allerschlimmste gefasst. Doch ihr Mann bleibt am Leben, wird auf die Intensivstation transportiert und liegt zwei Wochen im Koma. Am 1. Januar kommt er langsam wieder zu sich, und es wird schnell deutlich, dass er sich verändert hat. Immerhin, er ist fähig, einzelne Worte zu sprechen, doch er kann seine Situation nicht erfassen. Gleich am nächsten Tag wird er für dreieinhalb Monate in eine Rehaklinik verlegt. Aber die Diagnose lässt für Hoffnung keinen großen Spielraum. Ihr Mann hat eine hypoxische Hirnschädigung erlitten und befindet sich nach Auskunft der Ärzte auf der geistigen Stufe eines Kleinkindes. Kleine Hoffnungsschimmer gibt es dennoch. Schon während der Reha nimmt Brigitte Luft ihren Mann gelegentlich über das Wochenende mit nach Hause. Er kommt in vertrauter Umgebung besser zurecht und kann selbstständig auf die Toilette gehen. Auch die Ärzte bestärken sie darin, möglichst viel Zeit mit ihm in heimischer Umgebung zu verbringen, denn dies könne ihm nur guttun. Ihn mit nach Hause zu nehmen und für ihn da zu sein, ist für sie selbstverständlich: »Wenn es um den eigenen Partner geht, dann möchte man natürlich alles Menschenmögliche für ihn tun. Für mich hat sich gar nicht die Frage gestellt, ihn in ein Heim zu geben. Ich dachte mir, weil ich ja Pädagogin bin, kann ich vielleicht das eine oder andere erreichen.«

Doch Brigitte Luft ahnt nicht, was auf sie zukommt. Sie versucht, ihren Mann mit Unterstützung von Experten wieder geistig zu aktivieren. Er macht auch kleine Fortschritte, was ihre Hoffnung zunächst nährt. Ihr Hausarzt schreibt sie für sechs Monate krank, weil ihr Mann sie jetzt brauche. Aber schon nach zwei, drei Wochen steigt in ihr das Gefühl auf, »wenn ich ihn jetzt nur noch pflege, dann werde ich verrückt«. Sie entscheidet, zumindest reduziert wieder als Lehrerin zu arbeiten, und besorgt sich für den Vormittag eine Pflegerin zur Unterstützung. Sie braucht zumindest »ein bisschen Normalität« und muss schließlich auch finanziell an die Zukunft denken.

Nach und nach wird deutlich, dass die Fortschritte ihres Mannes begrenzt sind. Sein Kurzzeitgedächtnis funktioniert nicht mehr. Unter der Dusche weiß er nicht, ob er sich eingeseift hat oder nicht. Beim Anziehen morgens kann er nicht unterscheiden, ob er sich gerade an- oder ausziehen soll. Es fehlt ihm der Überblick über Tages- und Jahreszeiten. Im Straßenverkehr ist er verloren. Nach dem Koma hatte er zwar wieder zu gehen gelernt, aber er bewegt sich sehr, sehr langsam.

Im Irrsinn eingerichtet?

Ihr Mann erhält zwar die volle Rente, weil er schon genügend Dienstjahre geleistet hatte. Trotzdem wird es finanziell kritisch, denn die Pflegekraft kostet deutlich mehr, als sie für ihren Mann von der Krankenkasse zugesprochen bekommt. Wenn sich Menschen wie Frau Luft aufopfern, profitiert der Staat davon, aber nicht die Angehörigen, das wird Brigitte Luft im Nachhinein deutlich:

»Ich habe innerhalb dieser zehn Jahre so ca. 50 000 Euro für meinen Mann bekommen. Hätte ich meinen Mann gleich in ein Pflegeheim gegeben, hätte die gleiche Kasse in den zehn Jahren 150 000 Euro bezahlt. Das heißt, ich habe dem Gesundheitssystem 100 000 Euro gespart. Was hätte ich mit dem Geld alles machen können? Da hätte ich mir auch nachmittags noch eine Pflegekraft nehmen können. Oder ich hätte mal Urlaub machen können. Ich hatte ja definitiv keinerlei Freizeit, nicht einmal am Wochenende.«

Brigitte Luft arbeitet so gut wie ohne Unterbrechung. Morgens in der Schule, direkt anschließend löst sie zu Hause die Pflegekraft ab. Parallel muss der Unterricht vorbereitet, der Haushalt geführt und der Garten gepflegt werden. »Man ist im Grunde genommen bei so einer Belastung mit Pflege und Beruf eine funktionierende Maschine. Man ist so auf den Kranken ausgerichtet und so mit Arbeit zugeschüttet, dass gar keine Zeit ist, über die eigene Position nachzudenken. Und so sind dann neun Jahre vergangen. Wenn ich abends ziemlich erschöpft ins Bett gegangen bin, dann habe ich immer gemerkt, dass jemand vergessen hatte, meinen Kopf auszuschalten. Ich habe immer weiter organisiert. Wenn ich es übertreibe, würde ich sagen, ich hatte mich wirklich im Irrsinn eingerichtet.«

Nach zwei Jahren spürt sie zum ersten Mal, dass sie ihre Kräfte verlassen. Und doch macht sie weiter. Nach neun Jahren erleidet sie ihren ersten Kreislaufzusammenbruch. »Dabei bin ich mehr oder weniger in der Schule zusammengebrochen. Plötzlich habe ich nichts mehr gesehen, obwohl ich bei Bewusstsein war. Ich habe mich auf eine Mauer gesetzt und um Hilfe gerufen. Dann kamen zwei Frauen, die sofort den Krankenwagen gerufen haben. Das war ein Burn-out, mein Körper war vollständig ausgelaugt. Da haben mir dann mein ältester Sohn und meine Schwiegertochter nahegelegt, doch nach einer anderen Lösung zu suchen.«

Bis es nicht mehr geht

Brigitte Luft schaut sich verschiedene Heime an, doch noch kann sie den Schritt nicht vollziehen. Fünf Monate nach ihrer Kur erleidet sie den zweiten Zusammenbruch. Jetzt ist klar: Sie muss handeln, ihr Mann muss woanders gepflegt werden. Denn plötzlich macht Brigitte Luft sich Angst um sich selbst, und ihr wird bewusst, dass sie sich endlich auch um sich selbst kümmern muss.

Ihr ältester Sohn unterstützt sie bei der Suche nach einem Pflegeheim, und tatsächlich, es ist ein Platz frei. Nach der Pflegezeit, als sie zu sich kommt, lässt sie alle Emotionen zu, die vorher eingesperrt waren. Sie weint stundenlang und kann kaum damit aufhören. Beim Aufstehen merkt sie immer wieder, »dass mein Körper in Generalstreik getreten ist«. Sie ist kaum fähig, ans Telefon zu gehen, um sich bei der Arbeit krank zu melden. Die Pflegende ist beinahe selbst zum Pflegefall geworden. Ihre Neurologin rät ihr, einen Fünfzig-Prozent-Schwerbehindertenausweis zu beantragen, den sie auch erhält. Brigitte Luft ist ihr dafür noch heute sehr dankbar.

Sie hat kein schlechtes Gewissen, dass sie ihren Mann ins Heim gegeben hat. Zehn Jahre hat sie alles gegeben, um ihm eine bestmögliche Pflege zukommen zu lassen. Anfangs hat es ihr »unendlich leidgetan, dass er jetzt sein Dasein in einem Pflegeheim fristen muss«. Sie weiß also, dass dieser Ort für ihren Mann offenbar die Lebensqualität nicht erhöht. Aber sie kann nicht mehr, und deshalb ist sie mit ihrer Entscheidung auch rückblickend zufrieden. Im ersten Jahr besucht sie ihn in jeder Woche, mittlerweile nur noch ganz sporadisch, »wenn ich das Gefühl habe, ich bin in der Lage dazu. Es tut mir unendlich weh, ihn da so zu sehen.«

Wenn wir hören, dass eine Frau ihren Mann nur selten im Pflegeheim besucht, dann mögen wir bei oberflächlicher Betrachtung schnell zum Urteil kommen, dass es sich hier um eine Herzlosigkeit handelt. Wie wir erfahren haben, ist das Gegenteil der Fall. Brigitte Luft hat sich aufgeopfert und ihre eigene Gesundheit riskiert. Erst im letzten Moment hat sich ihr Selbsterhaltungstrieb gemeldet und ihr signalisiert, dass sie auch an sich denken muss. Und wenn sie heute ihren Mann im Pflegeheim besucht, können wir uns ausmalen, wie traurig und aufgewühlt sie solch ein Besuch zurücklässt. Doch die Fragen, die wir uns in diesem Kapitel stellen, betreffen auch andere: Wie sehr geraten nicht nur Angehörige wie Brigitte Luft, sondern auch Pflegekräfte an ihre Grenzen?

Aus dem Alltag eines Pflegehelfers

Manchmal reichen einige Sätze, um die Tragweite einer Notsituation zu erfassen. Burkhard Hänle ist ein passionierter Pflegehelfer. Er will im klassischen Sinn »da sein« für die Menschen, die er pflegt. Aber wenn zu wenige Pfleger für zu viele Pflegebedürftige zuständig sind, dann kann er seinem eigenen Anspruch im wahrsten Sinne des Wortes nur hinterherlaufen. Er muss über persönliche Grenzen gehen und hat doch keine Chance auf einen menschlichen Umgang mit denen, die ihn so nötig hätten. Und genau diese Notsituation wird in wenigen Sätzen deutlich, wenn wir Burkhard Hänle zuhören:

»Wenn Sie eine Patientin haben, die im Sterben liegt, und sie schreit vor Angst oder Schmerzen – und Sie können ihr helfen, indem Sie sich fünf Minuten zu ihr hinsetzen und ihre Hand halten oder sie streicheln oder auf sie einreden und sie beruhigen. Aber die Zeit haben Sie einfach nicht mehr. Weil da sind ja die anderen, die schreien, die klingeln, die Sie waschen müssen, die Sie zum Frühstücken bringen müssen, dass sie aus dem Bett kommen, dass sie auf der Toilette waren. Ich schlafe manchmal nachts nicht mehr, weil das Klingeln nicht mehr aus dem Kopf rausgeht.«

Das, was Burkhard Hänle beschreibt, ist das Gegenteil einer würdevollen Pflege. Wir lassen Pflegebedürftige allein, weil die Zeit schlicht nicht reicht, um echte Pflege zu leisten.

Burkhard Hänle war ursprünglich Handwerker. Nach seiner Ausbildung zum Schreiner arbeitete er viele Jahre als Geselle in diesem Beruf, machte parallel zum Job seinen Meisterbrief und war schließlich sieben Jahre als Schreinermeister in einem Betrieb tätig. Aber die wirtschaftliche Lage war schwierig. Vieles, was den Reiz des Berufs ausgemacht hatte, ging verloren, und so hielt Burkhard Hänle Ausschau nach etwas Neuem. Er suchte eine sinnstiftende Tätigkeit im sozialen Bereich und entschied sich für die Altenpflege.

Alte Menschen zu unterstützen und ihnen zu helfen, das kann ohne Frage sinnstiftend sein. Seit acht Jahren arbeitet Hänle nun schon in einer Stuttgarter Pflegeeinrichtung.

Die Zahlen lesen sich stattlich. Neun Häuser mit insgesamt 950 Mitarbeiterinnen und Mitarbeitern, 840 vollstationäre Plätze, 300 Wohnungen in betreuten Wohnanlagen, 34 Plätze in Tagespflegeeinrichtungen und ein zusätzlicher ambulanter Pflegedienst gehören dazu. Aber Zahlen und Leistungsschauen sagen nicht viel aus über das, was den Alltag in solchen Einrichtungen ausmacht. Denn entscheidend für die Qualität der Pflege ist nicht die Gesamtzahl der Mitarbeiterinnen und Mitarbeitern, sondern vor allem die Frage, für wie viele alte Menschen ein Pfleger wie Herr Hänle in seiner Schicht zuständig ist. Die Entwicklung, die Burkhard Hänle in den letzten Jahren beobachtet, spricht gegen alle Beteuerungen von Politik und Pflegeanbietern, die Situation verbessern zu wollen. Denn Hänle registriert, dass das Personal immer weiter abgebaut wurde. Die Anzahl der Pfleger ist – so Hänle – in seiner Zeit sogar halbiert worden. Früher seien sie zu viert oder zu fünft für eine Frühschicht zuständig gewesen, heute regelmäßig nur noch zu zweit. Er selbst hat seine Arbeitszeit von 60 auf 70 Prozent erhöht, um nicht mehr so viele Überstunden sammeln zu müssen. Aber immer wieder wird er auch heute noch an seinen freien Tagen gebeten, einzuspringen.

Burkhard Hänles Alltag ist bestimmt von Druck und einem »ständigen Kampf gegen die Zeit«. Wie kann er den Pflegebedürftigen auch nur ansatzweise gerecht werden? Zumal diejenigen, die im Wohnheim untergebracht werden, pflegebedürftiger sind als noch vor einigen Jahren. Durch die steigende Lebenserwartung, Pflege von Angehörigen sowie die Inanspruchnahme von ambulanten Pflegediensten bleiben ältere Menschen länger als früher zu Hause. Sie kommen erst dann ins Pflegeheim, wenn die Pflege zu Hause nicht mehr leistbar ist. Dadurch seien die Pflegefälle, mit denen sie im Wohnheim umgehen müssen, viel intensiver als früher.[69]

Das Thema Würde wird in Pflegeheimen intensiv spürbar. Wie gehen wir mit den auch körperlich intimsten Bereichen der Menschen um? Welcher Hilflosigkeit setzen wir sie aus? Gibt es noch so etwas wie Augenhöhe? Je konkreter wir die Pflegesituation vor Augen haben, desto klarer erkennen wir, wann Grenzen überschritten werden.

Der Kampf gegen die Zeit

Burkhard Hänle gerät ständig an Grenzen. Wie schafft er es, mit Demenzkranken angemessen umzugehen? Manchen muss er immer wieder in kurzen Intervallen erklären, wo die Toilette ist und dass sie sich hinsetzen sollen. Eine Demenzkranke weint den ganzen Tag über und versteht nicht, warum sie dort im Pflegeheim ist. Immer wieder fragt sie: »Warum halten Sie mich fest?« Eine andere will nach Hause, um ihren Vater, ihren Mann und ihre kleinen Kinder zu versorgen. Aber Hänle hat nicht die Zeit ihr zu erklären, dass ihr Vater nicht mehr lebt, ihr Mann ebenfalls verstorben ist und die Kinder schon längst erwachsen und ausgezogen sind. Die Situation spitzt sich zu, wenn es laut und aggressiv wird. Ein Demenzkranker sei jede zweite Minute aufgestanden und habe »Helfen Sie mir doch, helfen Sie mir doch!« geschrien. Am ersten Tag habe er noch die Ruhe aufgebracht, ihn wieder auf seinen Platz zu führen und ihn auf die Toilette zu bringen. Am zweiten Tag ebenfalls. Aber »am dritten Tag wird es dann schwieriger, weil der Stress Ihre Geduld langsam zu Ende bringt und Sie selbst mit Ihren Kräften am Ende sind. Am vierten Tag schnauzen Sie ihn dann an, weil Sie es einfach nicht mehr schaffen, beim zehnten Mal. Das tut Ihnen immer leid.«

Es gibt ältere Menschen, die noch mobil sind und denen ein Spaziergang guttun würde. Häufig wird Hänle von Angehörigen gefragt, warum er die Großmutter nicht einmal an die Hand

nehme und mit ihr morgens an die frische Luft gehe, sonst
»gehen die Leute hier doch ein wie Primeln«. Der Wunsch ist
nachzuvollziehen. Welch eine Bereicherung kann es sein, einmal
die Flure und das Heim zu verlassen, das Gras zu riechen, den
Himmel zu sehen und die Luft tief einatmen zu können. Darauf
kann er nur freundlich antworten, woher er sich die Zeit nehmen soll, zu zweit aus dem Haus zu gehen. Schließlich seien nur
zwei Pflegekräfte für 18 bis 21 Pflegebedürftige verantwortlich.
Der Kampf gegen die Zeit lässt so etwas nicht zu.

Wenn Burkhard Hänle nicht schnell genug ist, kann dies
den kompletten Zeitplan durcheinanderbringen, dann ist »Gefahr im Verzug«. Wenn ein Pflegebedürftiger versucht, allein
den Weg zur Toilette zu bestreiten »und es nicht schafft und
völlig voll ist, dann brauchen wir eine Stunde, um ihn sauber
zu machen«. Immer wieder spürt er, dass er auch einmal verweilen müsste, um wirklich zu helfen. Ab und zu versucht er
dann kurz, beruhigend einzuwirken, aber schon muss er wieder
los und weiterrennen durch die Flure in immer wieder andere
Zimmer. Oft sind es kleine Gesten, die große Wirkung entfalten
können. Wenn Pflegebedürftige ihn bitten, die Blumen zu gießen, erfüllt er ihnen immer wieder einmal den Wunsch, obwohl
es nicht zu seinem Aufgabengebiet gehört. Frisches Wasser in
eine Vase zu gießen, das lässt sich gerade noch in den Zeitplan
integrieren. Aber wenn Menschen ihn bitten, ihm einfach einmal zuzuhören, wird es schwierig, leider. Manche im Wohnheim
sind über 100 Jahre alt und wünschen sich jemanden, der mit
ihnen spricht, und sei es nur für fünf Minuten. Oder jemanden,
der sich zu ihnen setzt und sie bittet, einmal etwas aus ihrem
Leben zu erzählen. Burkhard Hänle spürt Tag für Tag, dass die
Menschen im Heim ihn nicht nur für Pflege brauchen, sondern
auch für menschliche Wärme. Er registriert gleichzeitig, wie wenig er den Einzelnen geben kann. Ein Dilemma, aus dem er kei-

nen Ausweg findet: »Ich bin hin- und hergerissen, es einerseits gut machen zu wollen, es aber andererseits nicht zu können.«

Die Grenzen, an die Burkhard Hänle kommt, sind in jeder Zeile spürbar. Wer von uns kann unter diesen Umständen nicht nachvollziehen, dass es zu Gereiztheiten und Ruppigkeiten von Pflegerinnen und Pflegern kommt? Dass sie ab einem bestimmten Punkt körperlich und psychisch nicht mehr können? Burkhard Hänle ist das Arbeiten gewohnt. Dreißig Jahre in der Schreinerei waren auch fordernd. Aber wenn er fünf Tage nacheinander im Pflegeheim gearbeitet hat, weiß er manchmal nicht mehr, wie er heimkommen soll. Dabei ist er auch mit Anfang fünfzig ein sportlicher Mensch und trainiert jeden zweiten Tag, um die Belastung auszuhalten. Aber nach drei Tagen Frühdienst und anschließend zwei Tagen Spätdienst findet er keinen gesunden Schlafrhythmus. Der Körper macht es einfach nicht mehr mit »und will es auch gar nicht mehr mitmachen«. Denn jeder einzelne Mensch, für den sie als Pflegerinnen und Pfleger da sein sollen und wollen, ist immer nur ein Teil einer langen Kette von Akkord-Pflegevisiten und wird begleitet von ihrer ständigen Unzufriedenheit mit dem, was leistbar ist. Und in manchen Situationen kumuliert diese Unzufriedenheit und Überforderung und bricht sich Bahn:

»Vor kurzem bin ich bei einer Bewohnerin dringestanden und es klingelte nur noch. Sie hatte Durchfall – was ja nichts Schlimmes an sich ist –, aber wenn sie unter dem Druck stehen, dass Sie zum dritten Mal das Bett abziehen und die Frau von oben bis unten waschen müssen, und dann diese Klingelei – da sind mir die Tränen gekommen und ich habe gesagt: ›Ich kann nicht mehr! Ich weiß nicht mehr, wie es gehen soll!‹«

Wenn wir über Würde in der Pflege nachdenken, geht es also nicht ausschließlich um die Würde der Pflegebedürftigen, sondern auch um die Frage, wie unzumutbar ein Pflegesystem sein kann, das idealistische Menschen wie Burkhard Hänle in solche

Situationen bringt. Pflegerinnen und Pfleger werden sicher häufig auch zu Recht beschuldigt, Fehler in der Pflege zu begehen und mit den ihnen anvertrauten Menschen nicht angemessen umzugehen. Aber sie sind ebenso wie die Pflegebedürftigen im Grunde diejenigen, die Missstände ausbaden.

Wertschätzung für Pflegeberufe? Fehlanzeige!

Über drei Viertel der pflegebedürftigen Menschen werden nach der Pflegestatistik von 2017 zu Hause gepflegt, entweder ausschließlich von Angehörigen oder mit der Unterstützung eines Pflegedienstes. 24 Prozent sind in Pflegeheimen untergebracht.[70] Bei aller Emotionalität, die mit jedem einzelnen Schicksal verbunden ist, sollten wir die gesellschaftlichen Entwicklungen berücksichtigen, die zu den heutigen Missständen in Pflegeheimen geführt haben und führen. Vor einigen Jahrzehnten spielten Pflegeheime noch keine so bedeutende Rolle wie heute. Vor zwanzig, dreißig Jahren stand noch viel eher die Frage im Raum, ob ältere Menschen ins Altenheim wechseln sollten oder nicht. Dies wurde in Familien auch diskutiert, wenn noch gar keine Pflegebedürftigkeit vorlag.

Was hat sich verändert? Wir werden im Durchschnitt immer älter. Die Lebenserwartung für heute geborene Kinder liegt bei etwa achtzig Jahren. Die Folge: Wir erreichen häufiger ein Alter, in dem wir auf Pflege angewiesen sind. Gleichzeitig sollen Familien mobil sein, um flexibel dorthin zu gehen, wo Arbeit wartet. Wenn aber beide Partner arbeiten wollen oder müssen, möglicherweise auch noch an wechselnden Orten, dann bleibt weniger Zeit für die Pflege der Eltern zu Hause. Das Ergebnis: Die Pflege wird mehr und mehr institutionalisiert.

Je mehr wir auf die Pflege in Pflegeheimen angewiesen sind, desto wichtiger wird die Frage, ob wir ausreichend (gut qualifiziertes) Personal dafür haben. Und ob wir diese ohne Zweifel wichtige gesellschaftliche Tätigkeit genug wertschätzen. Prof. Dr. Hartmut Remmers, einer der führenden Experten im Bereich der Pflegewissenschaft, sieht hier großen Nachholbedarf: »Es muss im Grunde genommen eine riesige, gesellschaftliche Offensive stattfinden, eine bundespolitische Offensive, die diesem Berufsstand mehr Anerkennung zuteilwerden lässt.«

Wo sollte diese Offensive ansetzen? Für Remmers beginnt sie schon in unserer Honorierung von Leistungen für diese Gesellschaft. Unsere »kulturellen Selbstverständlichkeiten« laufen für ihn immer wieder darauf hinaus, vor allem »das für sehr wertvoll zu schätzen, was vorweisbare produktive Leistungen in unserer postindustriellen Gesellschaft erzeugt. Aber die sogenannten reproduktiven Arbeiten, also alles was mit der Pflege von Kindern, erkrankten Menschen und Alten zu tun hat, sind gesamtgesellschaftlich viel zu wenig geschätzte und bewertete Leistungen.«

Solch ein Kulturwandel in der Bewertung von Leistungen in Pflegeberufen wäre sicher nötig, denn wenn die Zustände sich weiter so dramatisch entwickeln, wie Burkhard Hänle es beschreibt, wird sich die Abwärtsspirale fortsetzen. Einerseits besteht in unserer Gesellschaft durchaus Respekt vor den Leistungen des Pflegepersonals. Viele von uns gestehen sich selbst ein, dass wir selbst zu einer solchen Arbeit gar nicht fähig wären. Es wird auch anerkannt, dass solche Leistungen wichtig für die Gesellschaft sind. Aber wer hat schon Lust, für wenig Geld in solchen Zuständen zu arbeiten? Immer an persönliche Grenzen zu gehen und dafür noch nicht einmal finanzielle Wertschätzung erfahren, das geht nicht lange gut. Dazu kommt noch, dass von Pflegekräften große zeitliche Flexibilität erwartet wird, die mit den privaten Lebensverhältnissen nur schwer vereinbar sind. Eine Aufwertung könnte auf Dauer nur funktionieren, wenn für diese fordernde Tätigkeit mehr gezahlt würde und sich so gleichzeitig der Betreuungsschlüssel wieder auf ein Niveau hebt, das eine gute Pflege möglich macht. Wir brauchen eine »tatsächliche, sich in einem Gehalt ausdrückende gesellschaftliche Anerkennung«, wie Remmers es formuliert. Denn selbst wenn die Zustände nicht so offensichtlich unhaltbar sind, wie Burkhard Hänle sie beschreibt, führen sie ansonsten immer wieder in Situationen, in denen Würde nur ein Wort bleibt.

Im Jahr 2030 werden rund vier Millionen Menschen auf Betreuung und Pflege angewiesen sein. Experten schätzen, dass bis dahin in Deutschland rund eine halbe Million Pflegekräfte fehlen werden.[71] Die Politik nimmt das Thema zunehmend ernst. 2019 haben sich gleich drei Bundesministerien zusammengetan, um Lösungsansätze zu entwickeln. Eine Pflegeoffensive wird angekündigt. Gemeinsam wollen sie die Weichen dafür stellen, dass der Fachkräftemangel behoben wird. Vor allem die Ausbildungen sollen umstrukturiert werden. Dadurch und durch höhere Löhne sollen mehr Auszubildende für den Beruf interessiert werden. Die Ankündigung, durch eine Tariflohnregulierung die Attraktivität des Berufs zu erhöhen, sorgte allerdings prompt für verfassungsrechtliche Bedenken.[72] Das Thema ist komplex, denn wer kann sich eine würdevolle Betreuung der Angehörigen leisten? Die Pflegeversicherung und die Sozialhilfe sollen bereitstehen, wenn das Geld nicht reicht. Das bisher schon praktizierte System konnte allerdings die beschriebenen katastrophalen Zustände nicht verhindern. Die beteiligten Ministerien sehen die neue Initiative als »Zwischenschritt«.[73] Doch werden sich mehr Fachkräfte für den Pflegeberuf entscheiden, solange sie solche Zustände in den Heimen vorfinden? Trotzdem ist es gut, dass der Notstand in der Pflege endlich aktiv angegangen wird, selbst wenn es viele Kritiker der angekündigten Maßnahmen gibt. Wir werden gleich gemeinsam noch weiter eintauchen in die Strukturen hinter dem Notstand. Wir kommen dabei auch nicht vorbei an der Frage, ob private Unternehmen mit der Pflege Profit erwirtschaften sollten. Aber lassen Sie uns zunächst noch einmal die Perspektive wechseln und uns selbst einige Fragen stellen.

Auf den ersten Blick ist alles gut

Wie viel Verantwortung können und wollen wir für Menschen übernehmen, die auf die Zielgerade ihres Lebens einbiegen? Welche eigenen Lebenspläne können auch dagegen sprechen, dass wir uns intensiv um Eltern oder Großeltern kümmern?

Andrea Siedler lebte jahrelang mit einem Kompromiss und fühlte sich, wenn auch anders als Burkhard Hänle, hin- und hergerissen zwischen eigenen Ansprüchen an ihr Leben und dem Wunsch, für ihre Großmutter da zu sein. Sie selbst hatte in ihrer Jugend Betriebswirtschaft studiert, war damit aber nicht glücklich geworden. Aus Interesse an medizinischen Themen arbeitete sie später in einer Tierklinik und auf einem Gestüt, bevor sie in einen gut bezahlten Bürojob wechselte. Dann aber durchschnitten Schicksalsschläge ihren gewohnten Alltag. Ihre Mutter und ihr Partner erkrankten an Krebs. Die Mutter verstarb, der Partner erholte sich, doch es kam zur Trennung.

Seit dem Tod ihrer Mutter kümmert sich Andrea Siedler um ihre Großmutter, ihre einzige noch lebende Verwandte. Sie schaut sich zunächst auch Pflegeheime an, aber immer wieder ist sie abgeschreckt. Es liegt nicht einmal am Personal, es ist ein Geruch zwischen Desinfektionsmitteln und Urin, der durch die Flure und Zimmer schwebt und sie immer wieder zweifeln lässt. Regelmäßig ist sie froh, gemeinsam mit ihrer Großmutter wieder an der frischen Luft zu sein, und kommt zu der Überzeugung, »das ist kein schöner Ort, um seinen Lebensabend zu verbringen«. Aber wenn sie ihr eigenes Leben auch nur ansatzweise weiterführen möchte, braucht Andrea Siedler Entlastung.

Die Kurzzeitpflege scheint eine Lösung zu sein. In einem Heim, in dem die Großmutter schon seit Jahren an Nachmittagen vorbeischaut, wirkt alles stimmig. Die Bewohner, die in der Kurzzeitpflege sind, werden morgens aus dem Zimmer geholt, in die Tagespflegeeinrichtung gebracht und haben dann bis vier Uhr nachmittags Programm. Im Vergleich zu den Notständen am Pflege-Minimum, von denen Burkhard Hänle berichtet, offensichtlich paradiesische Zustände. Es wird gemeinsam gefrühstückt, zu Mittag gegessen, Kaffee getrunken und ein Spaziergang gemacht. Um vier Uhr ist das Programm beendet, und alle werden zurück auf ihre Station gebracht. Andrea Siedler fällt es leicht, ihre Großmutter dort für einige Tage unterzubringen. Die vertraute Umgebung und die äußerlich tadellosen Bedingungen verleihen ihr ein gutes Gefühl. Dass sich dieses Heim nicht offiziell »Pflegeheim« nennen darf, sondern als »Senioren-WG« firmiert, weckt zunächst kein Misstrauen. Pflegeleistungen werden von einem Pflegedienst übernommen, der extra bezahlt werden muss.

Risse im Bild

Zunächst sind es von außen betrachtet »Kleinigkeiten«, die feine Risse im Bild hinterlassen. Ihre Großmutter ist das, was Schlafforscher als »Eule« bezeichnen. Sie schläft lang und wird entsprechend abends erst richtig aktiv. Andrea Siedler nennt sie ihre »Lagerfeuer-Oma«, die gerne draußen ist und nachts Camping macht. Ab vier Uhr war aber im Heim nichts mehr möglich. So hockt die Großmutter auf ihrem Zimmer, und es gibt niemanden, der sie an die Luft begleiten kann. Andrea Siedler versucht privat jemanden zu engagieren, gerät aber schnell an ihre Grenzen.

Ihre Großmutter ist höflich und zurückhaltend. Sie gehört nicht zu denen, die sich aktiv beklagen oder auch nur zu Wort melden. Zudem hat sie bereits zu dieser Zeit eine beginnende Demenz. Als die Pflegerinnen und Pfleger ihr das Frühstück unter einer Plastikhaube auf den Beistelltisch stellen, erkennt sie nicht, was sich darunter verbergen soll. Sie isst nichts, die Pflegerinnen registrieren dies, aber beim Mittagessen geschieht das Gleiche, bis Frau Siedler einschreitet. Nachmittags wird aus Routine der Fernseher eingeschaltet und laut gestellt. So muss Frau Siedler Formel 1 und Serien schauen, obwohl sie Fernsehen nicht mag und zu Hause niemals Fernsehen schaut. Sie ist erleichtert, wenn ihre Enkelin vorbeischaut und den Apparat ausstellt.

Dies alles sind feine Unstimmigkeiten, die sicher in der Routine eines Pflegealltags passieren können. Aber sie deuten an, dass ein automatisch abgespultes Programm das individuelle Eingehen auf Persönlichkeiten kaum möglich macht. Und sie sind nur Vorboten für Erfahrungen, die tiefer greifen und die Würde noch offensichtlicher tangieren.

Panik im Blick

Andrea Siedler ist zunehmend irritiert, aber noch erscheint ihr die Kurzzeitpflege als beste Alternative, wenn sie ihr altes Leben nicht komplett aufgeben will. Aber dann ereignen sich Vorfälle, die ihr nachhaltig im Kopf bleiben und deren Bilder nicht verschwinden wollen. Eines Morgens kommt sie beispielsweise wie immer unangemeldet auf die Station, um ihre Großmutter zu besuchen. Sie registriert, dass sie sich im Bad aufhält. Zu dieser Zeit ist die Großmutter noch so mobil, dass sie sich unter Anleitung selbstständig waschen kann. Sie ist noch in der Lage, gut alleine zu stehen und braucht weder einen Rollator noch einen Stock, um sich fortzubewegen. Als Andrea Siedler das Bad betritt, trifft sie auf folgende Szenerie:

»Ich komme rein, und das Erste, was ich sehe, ist, wie meine Oma sich am Waschbeckenrand festhält, mit beiden Händen nach vorne gebeugt. Sie hatte einen schrecklichen Gesichtsausdruck, ich dachte, es sei etwas Schlimmes passiert. Ich habe sofort die Luft angehalten. Und ich sehe, dass die Pflegekraft hinter ihr stand, die Windelhose war in die Kniekehle hinuntergezogen, da war ein Handtuch reingelegt, damit die nicht nass wird, weil die Windelhose ja stark saugfähig ist. Und von hinten wurde die Intimpflege meiner Oma gemacht, also mit einem Waschlappen von hinten der Popo sauber gemacht. Das war so schrecklich, es ist eine ganz grauenhaft entwürdigende Stellung gewesen, und wenn man bedenkt, was diese Generation, speziell meine Oma, im Krieg durchgemacht hat – aber egal, was sie durchgemacht hat, keine Frau sollte so am Waschbecken stehen und von hinten gewaschen werden. Besonders nicht, wenn man ihr ins Gesicht schaut und die Panik in ihren Augen sieht. Ich habe gleich gesagt: ›Stopp, bitte, was machen Sie da?‹ Und es hieß, das sei einfach praktisch, die Windelhose würde nicht nass werden und so würde es am schnellsten gehen. Das war der Standard. Es war einfach keine Zeit, jemanden ins Badezimmer zu begleiten, sodass derjenige sich von Kopf bis Fuß selbst hätte waschen können.«

Würde als Recht, nicht beschämt zu werden

Warum berührt mich diese Situation? Für mich ist entscheidend, dass Andrea Siedler Panik in den Augen ihrer Großmutter ausmacht. Wahrscheinlich reagieren andere ältere Menschen in einer ähnlichen Situation anders. Aber ihre Oma wollte das offensichtlich nicht, wusste gar nicht recht, was ihr geschah. Es fühlt sich an wie ein Eingriff in ihre Intimsphäre. Der Philosoph Peter Bieri, den wir mit seinen Gedanken bereits zu Beginn des Buchs kennengelernt haben, widmet sich intensiv den Zusammenhängen zwischen Würde und Intimsphäre. Wir haben, so Bieri, »das Bedürfnis nach einem intimen Raum in unserem Leben. Wenn andere diesen Raum gegen unseren Willen betreten oder wir ihn für andere aus den falschen Gründen öffnen, kann unsere Würde in Gefahr geraten.«[74]

Wir alle brauchen einen Schutzraum. In Pflegesituationen müssen sich viele Menschen ohnehin daran gewöhnen, dass Menschen ihre intimsten Körperregionen berühren. Sollte es eine Vertrauensbasis geben, ist dies häufig kein Problem. Die Pflegebedürftigen merken, dass es ihnen guttut, und empfinden die Pflege als Akt der Zuwendung. Wenn es aber ein solches Vertrauensverhältnis nicht gibt oder aufgrund einer Demenz die Einschätzung der Situation nicht mehr ohne weiteres möglich ist, bleibt das Gefühl, sich schutzlos zu fühlen. Zum Objekt zu werden. Und gerade dieses Gefühl führt, wie wir wissen, häufig zu dem Gefühl von Würdelosigkeit. Wir sind keine Subjekte mehr mit eigenem Willen und eigener Selbstständigkeit. Wir werden zum Objekt, sind schutzlos ausgeliefert. So etwas sollte uns nach Möglichkeit erspart werden, findet auch der Philosoph Peter Bieri: »Würde, könnte man sagen, ist das Recht, nicht beschämt zu werden.«[75]

Andrea Siedlers Großmutter kann ihren Willen nicht mehr ohne weiteres formulieren. Das enthebt uns aber nicht von der Aufgabe, würdevoll mit ihr umzugehen. Das gilt für Demenz, aber auch für viele andere Krankheiten und Zustände, die uns die Fähigkeit nehmen, uns zu äußern. Eine große Herausforderung für Angehörige und Pflegepersonal.

Erfahren wir die Situation, die Andrea Siedler beschreibt, aus Sicht einer Angehörigen, sind wir geneigt, Pflegerinnen und Pfleger als Schuldige auszumachen. Aber noch einmal: Häufig sind sie selbst Opfer eines Kampfs gegen die Uhr, wie ihn Burkhard Hänle so eindrücklich geschildert hat.

Pflege der Großmutter ein »exklusives Hobby«?

Andrea Siedler fühlt sich für ihre Großmutter verantwortlich. Aber gleichzeitig gerät sie in ihrem eigenen Leben ins Trudeln. Je pflegebedürftiger und dementer die Großmutter wird, desto weniger scheint Andrea Siedler die Kurzzeitpflege geeignet, ihr eine Auszeit zu verschaffen, denn nach jedem Aufenthalt ist der Zustand der Großmutter deutlich schlechter als zuvor: »Ich bin sicher, ganz sicher, dass meine Omi schon lange nicht mehr leben würde, wenn sie stationär in ein Heim gekommen wäre.« Sie findet keine Möglichkeit, neben der Pflege kontinuierlich etwas dazuzuverdienen. Auf dem Jobcenter erläutert man ihr – »und das war nicht böse gemeint, sondern einfach nur erklärt« –, dass es keine gesetzliche Verpflichtung gebe, die Großeltern in dieser Weise zu unterstützen. Die Großmutter sei nicht ihr behindertes Kind und ihr Engagement vor dem Gesetz gleichzusetzen mit einem exklusiven Hobby. Dass sie ihre Oma pflege, sei ihr Privatvergnügen (welch eine zynische Formulierung). Es gebe dafür keine Freibeträge und keine andere Möglichkeit, dazuzuverdienen. Die Pflege der eigenen Großmutter ein »Privatvergnügen«, ein »exklusives Hobby«? Dies zeigt, wie sehr sich unsere Gesellschaft vom Solidargedanken der früheren Großfamilien entfernt hat. Gleichzeitig ist es nur richtig, festzuhalten, dass sich die Flexibilitäts- und Mobilitätsanforderungen der Arbeitswelt mit einer solchen Pflegesituation nicht vereinbaren lassen. Wer trotzdem beides verbinden will, gerät häufig in Überforderungssituationen. Ein Dilemma, das viele Angehörige von pflegebedürftigen Menschen in die Knie zwingt. Auf der einen Seite arbeiten in uns noch traditionelle Vorstellungen von Familienzusammenhalt und gegenseitiger Fürsorge, auf der anderen Seite ist die Zeit für ein Engagement wie von Frau Siedler einfach nicht mehr vorgesehen. Angehörige bilden zwar nach wie vor das Rückgrat der Pflege, der »Vorrang der häuslichen Pflege« ist auch politisch gewollt. Aber trotz mancher Verbesserung der Rahmenbedingungen in den letzten Jahren, zum Beispiel der Ausweitung des Pflegebedürftigkeitsbegriffs seit 2017, ist eine Pflegeauszeit in der Regel mit erheblichen beruflichen und finanziellen Nachteilen verbunden.[76] Und trotzdem schlägt der Wertekompass von Andreas Siedler eindeutig in eine Richtung aus:

»Ich muss sagen, dass ich jahrelang wirklich gekämpft habe, es war zwischendurch richtig die Hölle. Aber dass ich sie pflege, war für mich nie eine Frage.« Immer wieder wird aus ihren Worten deutlich, wie sehr sie durch die Pflege der Großmutter auch selbst bereichert wird. Die täglichen Routinen werden zu einem liebevollen Zusammenspiel:

»Morgens strahlt sie mich an, auch wenn sie erst einmal überhaupt nicht weiß, wo sie ist. Aber sie strahlt, wenn jemand sie anlächelt und ich ihr alle Zeit gebe. Wenn ich komme, frage ich sie, ob sie ein bisschen ›molschen‹ möchte, das ist ein alter, ostpreußischer Ausdruck dafür, faul im Bett herumzuliegen. Und wenn sie sagt, das wäre schön, sage ich ihr, sie solle noch ein bisschen molschen, ich mache schon einmal Frühstück und dass wir dann zusammen frühstücken. Ich setze mich morgens zu ihr auf die Bettkante, dann singen wir ein Lied. Das ist immer das gleiche, ›Guten Morgen lieber Sonnenschein‹, dann spreche ich über die Sonne und darüber, dass es gleich Frühstück gibt, Kaffee, und dann strahlt sie. Und manchmal frage ich: ›Weißt du, wo du bist?‹ Und sie sagt: ›Nein‹, aber sie fühlt sich richtig wohl, das sieht man an ihren Augen, auch, wenn die fast blind sind. Sie ist in sich ruhend, zufrieden. Jeden Morgen ist es das Gleiche, und jeden Morgen freut sie sich, als ob es Ostersonntag wäre, obwohl es jeden Morgen das Gleiche gibt. Sie kommt jeden Tag raus an die frische Luft, und ich merke einfach, dass sie innerlich strahlt und dass es ihr gut geht. Abends bringe ich sie ins Bett, mit aller Zeit. Ich singe mit ihr, ich mache das Gute-Nacht-Gebet, sie freut sich total und schläft ganz kuschelig ein, wie ein Kind in viele Kissen gekuschelt. Und ich weiß genau: Wenn sie in dieser Nacht die Augen zumachen würde, wäre es gut. Sie fühlt sich total geborgen.«

Noch einmal: Eine solche Konsequenz ist nicht für jeden Angehörigen möglich. Wir sollten vorsichtig sein, über diejenigen zu richten, die nicht alles stehen und liegen lassen, um sich der Pflege von Familienmitgliedern zu widmen. Zu viel – auch eigenes Leben – steht auf dem Spiel. Die Verantwortung für Kinder und Partner, die Leidenschaft im Beruf und auch körperliche Grenzen, die wir bei der Pflege von Angehörigen schnell erreichen können, lassen ein Engagement wie von Frau Siedler häufig unmöglich erscheinen. Und noch etwas ist wichtig: Nicht jeder Pflegebedürftige möchte von eigenen Angehörigen umhegt werden. Manchen ist es lieber, wenn geschultes Pflegepersonal die oft intime Pflege übernimmt und zu den nahen Angehörigen in dieser Hinsicht eine würdevolle Distanz und Eigenständigkeit gewahrt bleibt.

Entscheidend ist, ob wir im Alter einen Platz finden können, der uns ein würdevolles Leben ermöglicht. Wenn wir geistig und körperlich auf Hilfe und Unterstützung angewiesen sind, möchte niemand von uns in einem Heim mit der Klingel einen Hilferuf senden, der entweder unerhört bleibt oder auf Ungeduld und Schroffheit trifft. Auf der anderen Seite wollen wir auch nicht grundsätzlich den Stab brechen über Pflegeheime, denn es gibt auch Einrichtungen, die eine hohe Lebensqualität ermöglichen und sehr gut geführt sind. Menschen wie Andrea Siedler, die nach vielen Heimerfahrungen desillusioniert sind, treffen einen zentralen Punkt, wenn sie die Pflegestrukturen kritisieren. Aus ihrer Sicht tragen die oft privatwirtschaftlich agierenden Betreiber der Einrichtungen die Verantwortung, denn »die saugen viel Geld heraus und müssen alles immer noch billiger machen«.

Dabei ist gute Pflege für einen Experten wie Prof. Dr. Hartmut Remmers klar zu definieren. Sie betrifft in der Theorie vor allem zwei Pflegeansprüche. Auf der einen Seite muss die auf körperliche und kognitive Einschränkungen bezogene Pflege funktionieren. Das ist sozusagen die Basis. Aber der andere – gleichberechtigte – Anspruch sollte sein, den Menschen in ihrer Situation einfach beizustehen. Was meint Prof. Remmers, wenn er von Beistand spricht? Seine Antwort liest sich, als sei sie mit Burkhard Hänle und Andrea Siedler abgesprochen. Es bedeute, »sie zu begleiten, präsent zu sein, offen zu sein für ihre Anliegen, sich mit ihnen über ihre subjektiven Nöte und über ihr Leid auch zu unterhalten. Mit ihnen zu sprechen, und ihnen ein Gefühl der Sicherheit zu geben, nicht alleine zu sein. Also eine ganz weiche Komponente. Die Patienten anzusprechen, also sie auch einmal in den Arm zu nehmen und ihnen dadurch Nähe und Sicherheit zu vermitteln, ist elementar. Und das kommt zusehends bei einer Pflege, die zeitlich vertaktet und quasi an industrielle Muster angelehnt ist, schlichtweg zu kurz.«

Und wieder sind wir bei dem Punkt, dass Würde davon lebt, weiterhin als eigenständiger Mensch wahrgenommen zu werden.

Notstand mit System

Zu wenig Personal und die daraus resultierende Zeitnot und Überforderung verhindern gute Pflege und ein persönliches Eingehen auf die Patienten. Sie sind häufig nur noch Zimmernummer und Pflegezustand, nicht mehr. Das, was wir aus den Erfahrungen von Burkhard Hänle und Andrea Siedler herauslesen, sind keine Einzelphänomene. Der Notstand hat System. Die berufliche Belastung zeigt sich auf mehreren Ebenen. Sowohl körperlich als auch psychisch sind die Pflegenden immer wieder überfordert. Davon zeugen auch die Ergebnisse einer Repräsentativumfrage aus dem Jahr 2018 zu den Arbeitsbedingungen in der Alten- und Krankenpflege. Achtzig Prozent der Beschäftigten in der Krankenpflege bzw. 69 Prozent in der Altenpflege geben an, sehr häufig oder oft gehetzt zu arbeiten. Die Anforderung, emotionale Selbstkontrolle sehr häufig oder oft an den Tag legen zu müssen, gibt mehr als die Hälfte der Befragten an. In dieser Hinsicht liegen die Beschäftigten in der Pflegebranche etwa um das Doppelte über dem Durchschnitt für alle Berufe.[77] Hinzu kommen organisatorische Mängel, die zu einer weiteren Verschärfung der Gesamtsituation beitragen. In Pflegeheimen, auch diese Diagnose Hänles hält der Analyse von Experten wie Prof. Remmers stand, haben wir es mittlerweile zu mehr als fünfzig Prozent mit Pflegebedürftigen über achtzig Jahren zu tun. Darunter auch sehr viele Demenzkranke, chronisch Kranke mit fortschreitender Krankheitslast und einer stetigen Zunahme an Einschränkungen. Was sind Erfolgserlebnisse, die Menschen, die in solchen Heimen arbeiten, mit nach Hause nehmen?

Den Menschen, mit denen sie es zu tun haben, geht es tendenziell immer schlechter. Sie erleben kaum Menschen, die nach überstandenen Krankheitsphasen wieder aufblühen und erholt und wieder selbstständig kleine Spaziergänge antreten. Wie definieren wir bei einer solchen Arbeit Erfolg? Er besteht nicht in der Heilung, sondern allenfalls in der Tempoverminderung und Dämpfung eines Abwärtstrends.

Zur ganzen Wahrheit gehört aber auch, dass wir in Deutschland nicht flächendeckend von desolaten Zuständen sprechen können. Es gibt gut organisierte Pflegeheime, die vieles von dem leisten, was wir bereits als gute Pflege definiert haben. Dort kommen auch die Vorteile zum Tragen, die solche Angebote im

Vergleich zur Pflege zu Hause in die Waagschale werfen können. Fachkräfte sind im Optimalfall ständig verfügbar, was eine schnelle und professionelle Reaktion auf gesundheitliche Komplikationen möglich macht. Auch die Alltagsgestaltung kann zur Bereicherung werden, wenn das Miteinander gezielt gefördert wird.

Der Pflegewissenschaftler Prof. Hartmut Remmers ist folgerichtig der Meinung, man solle in der politischen Diskussion »auch die Vorteile der Pflege in Pflegeheimen akzentuieren«. Darunter fallen regelmäßige Angebote der Alltagsgestaltung bis hin zu Exkursionen, »um noch am gesellschaftlichen Leben teilzuhaben, obwohl man im Pflegeheim untergebracht ist«. Ob diese Vorteile eingelöst werden, steht auf einem anderen Blatt. Häufig, wie wir bereits erfahren haben, geschieht dies nicht. Für Remmers auch eine Frage »des Qualitätsbewusstseins eines Pflegeheims«. Das Qualitätsbewusstsein sowie die an den Tag gelegte Transparenz bleiben allerdings im Ermessen der Heimbetreiber. Wie schwierig sich Qualitätskontrollen erweisen können, belegt eine Untersuchung der Stiftung Warentest, die Ende 2017 durchgeführt wurde. Im Rahmen der Recherche wurden dreißig Pflegeheime, die zu den zehn landesweit wichtigsten Heimbetreibern gehören, um die Einsicht in je drei reale, anonymisierte Verträge gebeten. Das Ziel war, zu prüfen, ob die Verträge für Pflegebedürftige günstige oder ungünstige Regelungen bzw. gar Gesetzesverstöße enthalten. Von den dreißig Pflegeheimen waren lediglich sieben kooperativ, eine besondere Transparenz konnte nur einem Heimbetreiber bescheinigt werden.[78]

Wenn ein System kollabiert

So viele Vorteile Heime älteren Menschen theoretisch bringen könnten, so selten entfalten sich diese Vorzüge in der Realität. Oft sind Heime keine Vitalitätsquellen, sondern traurige Orte für alle Beteiligten. Die 52-jährige Martina Köstler arbeitet seit sechs Jahren als Pflegehilfskraft in einem Pflegeheim in Rottenburg am Neckar, als ich sie im Nachtcafé treffe. Die Erfahrungen, die Burkhard Hänle in Stuttgart macht, bestätigt sie nicht nur, sondern prangert die Zustände, die sie tagtäglich durchlebt, aufs Schärfste an. Sie sieht den Weg in die Öffentlichkeit als die einzige Möglichkeit, um ihrer Verzweiflung Luft zu machen und etwas zu ändern. Denn ihrer Meinung nach dürfen wir nicht länger zuschauen und so dazu beitragen, dass sich das Leiden aller Beteiligten verlängert. Was sie anklagt? In einem Satz drückt sie die Dimension ihres Unmuts aus: »Die Würde kann man gleich an der Eingangstür zum Heim abgeben, das gilt sowohl für die Pflegenden als auch die Gepflegten.«

Das Haus, in dem sie arbeitet, ist in fünf Wohneinheiten aufgeteilt, in denen jeweils zwölf Menschen wohnen. In den Nachtdiensten ist sie gemeinsam mit einer Fachkraft für alle sechzig Heimbewohner zuständig. Sobald es einen Notfall gibt, gerät das System aus den Fugen. Martina Köstler ist dann sofort voll gefordert und muss sich auf diesen Patienten fokussieren. Sie führt Voruntersuchungen durch, untersucht Puls und Blutdruck, misst Fieber, ruft den Notdienst und lässt ihn herein. Und wenn in dieser Zeit andere Bewohner oder Bewohnerinnen rufen und es auch dort zu kritischen Situationen kommt? Was soll sie machen, wenn ein sturzgefährdeter Demenzpatient unruhig bleibt und umherläuft? Martina Köstler räumt ein, dass Demenzpatienten in solchen Situationen häufig medikamentös ruhiggestellt und, wenn das nicht klappt, »anders fixiert« werden. Dies wird von Pflegeheimen häufig abgestritten, aber Martina Köstler bekennt sehr offen:

»Wir können gar nicht mehr anders, es werden oft auch die Pfleger angegriffen, und was soll ich dann tun? Ich kann eigentlich nichts anderes machen, als den so lange zu fixieren. Natürlich lassen wir das richterlich genehmigen, aber das wird eben auch immer mehr. Wir haben diese Genehmigung für so gut wie jede demente Person.«

Gegen den Willen ruhiggestellt?

Auch der Pflegewissenschaftler Hartmut Remmers bestätigt, dass im Pflegealltag nach wie vor sedierende Medikamente verabreicht werden. Ein unhaltbarer Zustand, so Remmers, denn dies »widerspricht massiv Pflegestandards, die entwickelt worden sind, auch durch meine Kolleginnen und Kollegen in der Pflegewissenschaft«. Die Fixierung, das wird auch schon aus den Worten Martina Köstlers deutlich, ist im Grunde eine widerrechtliche Maßnahme, die richterlich genehmigt werden muss. Das Bundesverfassungsgericht urteilte 2018, dass die langfristige, d.h. über eine halbe Stunde andauernde Fixierung eines Patienten einen Eingriff in dessen Grundrecht auf Freiheit der Person (Art. 2 Abs. 2 Satz 2 i.V.m. Art. 104 GG) darstellt. Rechtlich bedeutet dies, dass jede langandauernde Fixierung als eine eigenständige Freiheitsentziehungsmaßnahme einer separaten richterlichen Anordnung bedarf.[79] Wenn diese Genehmigung aber aufgrund des Notstands in Pflegeheimen im großen Umfang erteilt wird, hebelt man dadurch eine sinnvolle Beschränkung solcher Maßnahmen aus. Dabei gibt es, so Remmers, »sehr gut wissenschaftlich ausgearbeitete und methodisch überprüfte Maßnahmenbündel, wie man auch ohne Medikation und Anwendung von Zwangsmitteln mit gerontopsychiatrischen Patienten umgehen kann, denn Medikation kann man ja auch als Zwangsmittel betrachten«. Sedierende Medikamente müssen vom Arzt verordnet werden und stellen zunächst einmal einen Eingriff in das Persönlichkeitsrecht dar. Hier muss sensibel abgewogen werden, stattdessen scheint sich eine Praxis zu verselbstständigen, die nicht im Sinne der Patientinnen und Patienten sein kann.

Der Pflegereport 2017 der AOK führt uns das Ausmaß der Praxis vor Augen. Die Untersuchung der Klinischen Pharmakologin Prof. Petra Thürmann zeigt: Jeder fünfte Pflegebedürftige erhält Antidepressiva, im Heim sind es sogar dreißig Prozent. Neuroleptika, also Arzneimittel gegen Wahnvorstellungen, werden jedem fünften Patienten verordnet, bei Demenzkranken jedem Dritten.[80] Das, was Martina Köstler schildert, ist somit kein Einzelfall. Denn für die Maßnahmen, die ohne Zwangsmittel angewandt werden können, braucht man ausreichend geschultes Personal, das häufig nicht vorhanden ist. Den Zahlen, die es zum Einsatz von Medikamenten und Fixierungen gibt, traut Remmers nicht. Um verlässliche Zahlen zu erhalten, müssten Pflegeheime wahrheitsgemäß Auskunft geben. Jeder Einsatz solcher Zwangsmittel muss dokumentiert werden. »Aber wenn sie das dokumentieren«, so Remmers, »dann haben sie sofort die Kontrollinstanzen, die ihnen auf die Finger schauen und ihnen mit Recht Probleme bereiten, und darum ist es nicht immer verlässlich, was dokumentiert wird.«

Schon dieses Beispiel zeigt, dass angekündigte Visiten von Pflegeheimen und theoretische Erörterungen einer guten Pflegepraxis mit dem wahren Leben nicht viel zu tun haben müssen. Was macht Martina Köstler, wenn sie nicht mehr aus und ein weiß? Wenn ein Notfall den ohnehin schon kaum zu bewältigenden Ablauf einer Nachtschicht zur Farce werden lässt? Sie improvisiert, sie entscheidet, sie überschreitet Grenzen, weil sie in ihrer ethischen Abwägung gar nicht anders kann.

So kommt es vor, dass Martina Köstler in der Nacht Aufgaben übernimmt, die sie als Pflegehelferin gar nicht übernehmen dürfte. Sie macht es im Gespräch an einem Beispiel konkret. Wie soll sie zum Beispiel reagieren, wenn sie feststellt, dass ein

Pflegebedürftiger mit Lungenkrebs und Atemproblemen stark verschleimt ist? Sie informiert pflichtgemäß die Pflegefachkraft, die mit ihr Dienst hat. Aber was, wenn die nicht reagiert und nur äußert, dass sie gar nicht wisse, wo es Absauggeräte gebe? In diesem konkreten Fall fällt ihr ein, dass es in einer anderen Wohneinheit solch ein Gerät gibt. Sie holt das Gerät, obwohl sie weiß, dass es Ärger geben wird, weil sie nicht befugt ist, eine ärztliche Anordnung braucht und nur eine Fachkraft eine solche Aufgabe übernehmen darf. Warum schreitet Martina Köstler trotzdem zur Tat, obwohl sie weiß, dass sie sich damit nicht regelkonform verhält? Ihre Antwort zeigt das ganze Dilemma, dem sie als Pflegehelferin ausgesetzt ist.

»Bevor ich zugucke, wie jemand an seinem eigenen Schleim und unter Panik erstickt, mache ich das trotzdem. Das ist leider oft so. Ich habe da mehrere Beispiele, auch wenn ich Verbände gewechselt habe, weil der Tagesdienst nicht dazu gekommen ist. Oder ich sehe: Bei einer Dekubitus-Behandlung (Anm.: der Versorgung von Druckgeschwüren) ist der Verband eingestuhlt. Also mache ich das.«

Wir wollen uns gar nicht ausmalen, welche Folgen es hat, wenn eine Pflegehelferin einem Patienten, ob im Krankenhaus oder im Pflegeheim, in einer Notsituation unerlaubterweise den Schleim absaugt und der Patient dabei zu Schaden kommt. Wenn eine Pflegerin solche Aufgaben übernimmt, dann nur, weil sie es als unethisch empfindet, Menschen leiden zu lassen und ihnen in gefährlichen Situationen nicht zur Hilfe zu kommen, wenn keiner sonst zur Stelle ist. Ich erlebe Martina Köstler als engagierte, zutiefst menschliche und idealistische Frau, die nicht für sich, sondern im Sinne der Pflegebedürftigen für bessere Bedingungen kämpft. Kann es sein, dass wir Menschen, die ein Gewissen haben und diesen Beruf ausfüllen, weil sie Gutes tun wollen, solchen Risiken aussetzen? Dürfen wir es so weit kommen lassen? Welche Auswirkungen hat ein solcher Alltag auf die eigene Psyche? Wie kann Martina Köstler überhaupt mit einer solchen Dauerbelastung leben? Wieder einmal braucht es eine längere Antwort, um die Tragweite zu erfassen:

»Manchmal verzweifle ich selbst richtig, weil ich moralisch gesehen im Dienst nicht allen gerecht werden kann. Ich kann mich nicht so gut abgrenzen, sonst würde ich nicht heimgehen und losweinen. Ich habe auch im Pflegeheim schon erbrochen, weil ich nicht mehr konnte. Ich selbst war schon öfter knapp am Burn-out, eine Krankschreibung hatte ich einmal, weil ich wirklich nicht mehr konnte. Ich war schon im Bus auf der Fahrt zu meinem Dienst und habe angefangen zu weinen, ich konnte mich nicht mehr beruhigen. Ich habe auch richtig Angst gehabt, in den Dienst zu gehen. Ich bin vorher ausgestiegen und zum Arzt gegangen. Meine Hausärztin hat mir geraten, eine Therapie zu machen. Ich habe dann zu ihr gesagt, dass ich es nicht einsehe, eine Therapie zu machen, wenn das System so krank ist.«

Protest, Angst und Resignation

Was ist krank an diesem System? Köstler prangert an, dass nicht mehr die Pflegebedürftigen im Mittelpunkt stehen, sondern die Kosteneffizienz. In Dienstbesprechungen geht es immer wieder darum, wo noch eingespart werden könne, warum zu viele Einlagen verbraucht worden seien und dass das Heim immer noch zu viele Pflegerinnen und Pfleger beschäftige, was zynisch anmutet, wenn sie ihren Alltag vor Augen hat. Martina Köstler spricht unangenehme Wahrheiten aus, auch wenn sie Gefahr läuft, deshalb ihren Job zu verlieren. Ihr Anliegen ist, dass Pflegerinnen und Pfleger »nach außen laut werden, denn das sind keine Zustände. Es sind nicht nur die Gepflegten, sondern auch die Pfleger betroffen.« Viele ihrer Kolleginnen und Kollegen hätten sich »einen Schutzpanzer angeeignet«, sagt sie, »aber ich habe mir gesagt, entweder kämpfe ich dafür, dass ich mit den Menschen umgehen kann, wie ich es mir vorstelle, oder ich gehe raus aus der Pflege«.

Doch Köstler nimmt auch eine Atmosphäre wahr, in der sich niemand traut, die Wahrheit zu sagen. Wenn der medizinische Kontrolldienst Bewohner und Mitarbeiter um ihr Urteil bittet, wagen diese häufig »nicht zu schreiben, was Sache ist, obwohl das anonym ist«, merkt sie verbittert an. Vor einigen Jahren hat Martina Köstler einen Brief mit der Überschrift »Worte einer Pflegenden« an ihre Vorgesetzte und ans Bundesgesundheitsministerium geschickt, um darzulegen, welche Rahmenbedingungen für sie wichtig sind, ihren Job gut auszufüllen. Die damalige Heimleitung reagierte ziemlich »verschnupft«, vom Ministerium erhält sie eine Antwort, »über die konnte ich aber nur laut lachen«. Ihr wurde beschrieben, welche Maßnahmen die Bundesregierung ergreifen wolle, aber aus ihrer Erfahrung heraus war Martina Köstler klar, dass diese »nur ein Tropfen auf dem heißen Stein« sein können. »Was politisch gemacht wird, ist für mich Augenwischerei«, sagt sie bestimmt. »Ich habe das Gefühl, die Politiker bräuchten nur einmal einen Nachtdienst mit mir erleben, dann wäre alles klar. Die könnten das nicht einmal, wenn sie es wollten. Da ist es natürlich besser, es lieber nicht genau wissen zu wollen und Augenwischerei zu betreiben, bis viele wieder ruhig sind.«

Köstler ist der Meinung, im Pflegeheim könnten Menschen derzeit nur dann ein angenehmes Leben führen, wenn sich Angehörige weiter intensiv um sie kümmern und sie massiv unterstützen. Ansonsten, so ihre erschreckende Bilanz nach vielen Jahren in der Pflege, »kann man es sich als Horrorszenario vorstellen, später einmal ins Heim zu müssen«.

Mit Pflege Rendite erwirtschaften?

Da spricht eine Frau, die es aus eigener Erfahrung wissen muss, von einem Horrorszenario. Das muss ein Alarmsignal für alle sein, die sich um eine würdevolle Pflege bemühen. Gewinn-maximierung zerstört eine würdevolle Pflege, so lässt sich ihre Bilanz der letzten Jahre auch lesen. Ein Pflegeexperte wie Prof. Remmers ist sich einerseits sicher, dass unerträgliche Zustände in Pflegeheimen nicht lange unerkannt bleiben. Nicht zuletzt durch Angehörige wie Andrea Siedler und Pflegerinnen und Pfleger wie Martina Köstler und Burkhard Hänle, die mutig auf Missstände hinweisen. Sie sorgen häufig dafür, dass unhaltbare Praktiken aufgedeckt werden und es mitunter auch zu haftungs- und strafrechtlichen Konsequenzen kommt. Außerdem gibt es regelmäßig Qualitätskontrollen, über deren Effektivität aller-dings unterschiedliche Meinungen bestehen. Aber selbst wenn noch ein Grundvertrauen in Kontrollmechanismen besteht, bleiben Zweifel und Sorgen. So ist auch Remmers besorgt, denn »man kann nicht von der Hand weisen, dass man mit schlechter Pflege Geld verdienen möchte, diese Tendenz wird immer grö-ßer. Das ist bedrohlich.«

Sieben der zehn Marktführer im Pflegebereich in Deutsch-land sind gewinnorientierte Konzerne.[81] Was ist die Konsequenz daraus? Ein gewinnorientiertes Unternehmen muss Rendite er-wirtschaften. Das ist der Maßstab, an dem der Erfolg der Ver-antwortlichen gemessen wird. Und genau an dieser Stelle kom-men wir zu einem grundsätzlichen Thema: Welche Bereiche unseres Lebens dürfen den Prinzipien der börsennotierten Ge-winnmaximierung unterworfen werden, und welche sollten wir ausnehmen, wenn wir ein ernsthaftes Interesse an einem Erhalt der Würde und Solidarität in unserer Gesellschaft haben? An dieser Stelle wird auch Remmers deutlich:

»Ich halte es nicht für akzeptabel, dass mit Pflege Rendite erwirtschaftet wird. Ich glaube, dass die Öffnung des Marktes eigentlich den Grundprinzipien der solidarischen Finanzierung der Pflegeversicherung widerspricht.«

Wollen wir als Gesellschaft zulassen, dass aus der Pflege ein Markt wird, an dem Unternehmen sich bereichern? Bleibt die Würde in einem solchen Fall wirklich, wie es Artikel 1 der Verfassung verspricht, unantastbar?

Die Orientierung am Gewinn ist ja kein Drohszenario, sie existiert bereits. Wenn Pflegerinnen und Pfleger bereits bestätigen, dass es in den Teambesprechungen immer wieder um Finanzielles geht, dann erinnert es an Bankmitarbeiter, die an ihren Abschlüssen gemessen werden. Unabhängig davon, ob sie gut für die Kundinnen und Kunden sind oder nicht. Werden die Pflegebedürftigen noch ihrem Zustand entsprechend behandelt? Oder wird nur das gemacht, was Geld bringt, und dort gespart, wo kein Ärger zu erwarten ist? Ein Misstrauen, das sich übrigens nicht nur auf die Pflege beschränkt. Auch in Krankenhäusern herrschen vergleichbare Zustände. Auch dort gibt es große Konzerne, die aus Krankenhäusern kommerzielle Unternehmen gemacht haben.[82] Und auch dort wird das Misstrauen von Patientinnen und Patienten größer, dass nicht ihr Gesundheitszustand, sondern ihr Versicherungsstatus ihre Therapie bestimmt. Dies ist ein weitgehender Vorwurf, von dem sicher viele idealistische, kompetente und integre Ärztinnen und Ärzte ausgenommen werden müssen. Aber selbst aus den eigenen Reihen kommen immer wieder Klagen, die ebenfalls die Gewinnorientierung der Krankenhäuser anprangern.

Wie kann es sein, dass es Zielvorgaben gibt, wie viele Hüften in einem Krankenhaus im Jahr operiert werden sollten? Wie kann es sein, dass am Ende eines Jahres Ärzte in den Konflikt geraten, selbst dann eine Hüftoperation vorzuschlagen und durchzuführen, wenn sie vermeidbar gewesen wäre.[83] Von anderen, vielleicht sogar lebensbedrohlichen Maßnahmen ganz zu schweigen. Wer so handelt, der mag kurzfristig eine positive Bilanz ausweisen. Aber er untergräbt das Vertrauen einer Gesellschaft in seine Institutionen. Wenn wir in Krankenhäuser und Pflegeheime müssen, dann sind wir in der Regel hilfebedürftig und nicht im Vollbesitz unserer Kräfte. Wenn wir schon in einer solch »schwachen« Position sind, dann darf zur Ohnmacht nicht auch noch das Misstrauen kommen, dass wir zum Objekt degradiert werden, das als »Fall« und nicht als Individuum mit eigener Geschichte betrachtet wird.

Einmal nicht da

Als mein Vater an Krebs erkrankt war, haben wir ihn als Familie sieben Jahre lang begleitet. Ich habe die medizinische Mitverantwortung übernommen und war immer bei ihm, wenn es zu Arztterminen oder Operationen kam. Nachdem man ihm in einem Dortmunder Krankenhaus die Krebsdiagnose auf die denkbar unsensibelste Weise nahegebracht hatte, war unser Anliegen, bei allen Terminen mit Ärztinnen und Ärzten nicht nur über seine Krankheitsgeschichte, sein Grading und seine bisherigen Operationen zu sprechen, sondern gemeinsam mit meinem Vater auch deutlich zu machen, dass wir eine Geschichte haben. Dass mit meinem Vater jemand auf die Station kommt, der kämpft, der Hoffnung hat, der auch schon einen Weg hinter sich gebracht hat, den viele ihm nicht zugetraut haben. Der am Anfang geschockt war, aber der es geschafft hat, jahrelang mit hoher Lebensqualität weiterzugehen, und der seinen Humor nie verloren hat. Sein Zustand war immer besser als die Summe seiner Operationen oder Behandlungen, denn viele davon hatte er überstanden und hinter sich gelassen.

Wir wollten vermeiden, dass aus ihm eine Nummer im System wird. Eins von acht Betten, das vor einem Untersuchungszimmer steht. Ohne Geschichte, mit einer Mappe samt Krankenhistorie auf der Brust oder am Fuß des Bettes. Nicht mehr wahrgenommen als Mensch mit eigener Biographie, sondern als einer von Hunderten im Schlafanzug. Nicht mehr ernst genommen als Vater, Ehemann und Mensch mit all dem, was sein Leben ausmacht. Reduziert nur noch auf den flüchtigen Blick in die Akte: Krebs, fortgeschrittenes Stadium, also hoffnungslos.

Durch die teilweise vielleicht sogar penetrante Präsenz ist es immer wieder gelungen, auch einen persönlichen Draht zu den Ärztinnen und Ärzten zu entwickeln. Und ich kann mit Überzeugung sagen, dass viele von ihnen zu sehr viel Empathie fähig sind und meinem Vater und uns immer wieder Halt und Orientierung gegeben haben. Ich will nicht ausschließen, dass es geholfen hat, dass ich damals schon als Fernsehjournalist gearbeitet habe und sich dadurch Türen weiter geöffnet haben als üblich. Aber es nur darauf zu reduzieren, würde den Ärztinnen und Ärzten, die ich vor meinen Augen Revue passieren lasse, nicht gerecht.

Einmal war ich nicht da, einmal habe ich die Gefahr nicht erkannt. Mein Vater war in keiner lebensbedrohlichen Situation, zumindest haben die Ärzte und ich das nicht wahrgenommen. Er hatte einen Infekt gut überstanden und war zur Beobachtung noch im Krankenhaus. Er war gut gelaunt, wir hatten an diesem Tag noch den nächsten gemeinsamen Urlaub geplant. Am Abend sollte er auf eine andere Station verlegt werden, das hatte mir der Arzt beiläufig erklärt, mit dem ich ebenfalls ein gutes Miteinander aufgebaut hatte. Ich habe diesem Satz zu wenig Aufmerksamkeit geschenkt. Auf eine andere Station. Wo dieser Arzt nicht zuständig war. Wo meinen Vater niemand kannte, wo er eine Akte war, wo seine Geschichte nicht wahrgenommen wurde. In der Nacht hatte er plötzlich einen Puls von 200, wie ich später erfahren habe. Die Pflegerin hatte die diensthabende Ärztin informiert, aber sie hat nicht persönlich nach ihm geschaut. Sie ist nicht vorbeigekommen, bei einem Puls von 200. Sie hat per Ferndiagnose angeordnet, ihm ein Schlafmittel zu geben. Er ist in dieser Nacht gestorben, und ich bin überzeugt, es hätte nicht passieren müssen. Die Pflegerin, die in der Nacht dort war, sagte am nächsten Morgen zu mir, mit dem Wunsch mich zu trösten: »Aber er hatte ja schon lange Krebs.« Ja, aber seine Metastasen waren seit Jahren unter Kontrolle. Er war noch weit weg von einem Stadium, das Ärzte »austherapiert« nennen. Er stand nicht am Ende eines langen Leidensweges, sondern freute sich auf den nächsten Urlaub und war gespannt auf den nächsten Spieltag der Fußballbundesliga. Ich habe darum gebeten, mit der Ärztin sprechen zu können, nur um zu erfahren, was sie davon abgehalten hat, nach ihm zu schauen. Ich habe Verständnis dafür, dass Mediziner in einer Notsituation Entscheidungen treffen müssen. Nachts sind auch sie häufig überlastet, wenn es Notfälle gibt. Aber ich hätte es gerne erfahren. Ich wollte auch nicht, dass er geht wie eine Nummer. Patient auf Station B gestorben, hatte ohnehin eine lange Krankengeschichte. Das Krankenhaus hat mir das Gespräch verwehrt. Ein befreundeter Mediziner hat mir klargemacht, was es bedeutet, weitere, vielleicht auch juristische Schritte einzuleiten. Der Tod des Vaters wird zu einem Fall, zur Bürokratie, immer wieder aktenkundig beschrieben. Das erschwert die Trauer und wird dem, wofür mein Vater für unsere Familie gestanden hat, nicht gerecht.

Den Vorwurf, in dieser Nacht nicht dagewesen zu sein, werde ich mir immer machen. Viele haben versucht, ihn mir zu nehmen, und ich weiß, dass eine lückenlose Begleitung nicht möglich ist. Aber in mir bleibt der Schmerz wie ein Stich, dass mein Vater nicht so würdevoll gehen konnte, wie er es verdient hatte. Auch wenn er sich unserer Liebe gewiss war und keine Konflikte zwischen uns standen. Im Gegenteil. Aber dieser Schmerz wird bleiben.

Ich habe in den sieben Jahren, in denen ich mit meinem Vater viele Krankenhäuser in Deutschland kennengelernt habe, ein Gefühl dafür entwickelt, wie schnell Menschen dort ihre Würde und ihre Statur verlieren können. Wenn sie im Schlafanzug daliegen, weicht häufig der Respekt vor einer Lebensleistung.

In dem Moment, da ich all dies schreibe, bin ich mir nicht sicher, ob es im Buch erscheinen sollte, weil ich das Privatleben meiner Familie schützen möchte. Und das Erlebnis mit meinem Vater berührt mein Innerstes. Es arbeitet auch heute, dreizehn Jahre nach seinem Tod, noch in mir. Andererseits steht es im Zentrum dieses Themas. Wie erhalten wir die Würde von Menschen, die uns wichtig sind? Was passiert mit Angehörigen, die um die Würde ihrer Liebsten kämpfen und verlieren? Wie werden wir damit fertig? Was können wir tun, dass diejenigen, die Hilfe brauchen, nicht zu einer Nummer im System werden?

Es ist für mich schon ein Skandal, dass Kassenpatienten bestimmte Therapieformen, die ohnehin nicht von der Kasse bezahlt werden, obwohl sie sinnvoll sein könnten, gar nicht erst vorgeschlagen werden. Sollten wir, wenn es um Leben und Tod geht, nicht alle gleich sein? Ist das eine Leben mehr wert als das andere? Kann es da ein Abwägen, ein Kalkulieren geben? Und müssen umgekehrt Privatpatientinnen und -patienten mit der Sorge leben, dass sie alle Therapieansätze, die von ihrer privaten Krankenkasse bezahlt werden, auch durchleiden müssen, ob sie sinnvoll sind oder nicht? »Hier noch eine Untersuchung, da noch eine Behandlung, und dies könnten wir auch noch tun?« Denn mit jeder Maßnahme wächst die Profitspanne?

Nein, hier zeigt es sich. Hier muss eine Gesellschaft Farbe bekennen. Wie fair und menschenfreundlich und solidarisch und würdig ist sie für diejenigen da, die es nötig haben. Für die Kranken und Pflegebedürftigen und Schwachen. Wie schön wäre es, wenn wir nicht leben müssten mit der Sorge, dass am Ende des Weges die Kälte und die Einsamkeit und die Ohnmacht warten, weil nicht mehr das zählt, was war und unser Leben ausgemacht hat, sondern nur noch das, was wir am Ende noch kosten oder wert sind.

Umdenken

Die Zustände in vielen Pflegeheimen sind nicht mehr tragbar. Es werden dringend mehr Pflegekräfte gebraucht. Was aber kann Menschen motivieren, einen pflegenden Beruf auszuüben? Ganz oben steht sicher das Bewusstsein, etwas Sinnvolles zu tun. Das spüren wir bei aller Verzweiflung und Empörung auch in jedem Satz, den Burkhard Hänle und Martina Köstler als Pflegende formulieren. Noch einmal: Es gibt auch gut geführte und qualitativ hochwertige Pflegeheime in Deutschland. Wenn die Rahmenbedingungen der Pflege stimmen, *könnte* es ein ausfüllender Beruf sein. Aber zu häufig sind die Zustände katastrophal. Wer will einen pflegenden Beruf ergreifen, wenn die Arbeitsbedingungen und die finanzielle Vergütung derart schlecht sind?

Wenn wir als Gesellschaft diese Tätigkeit als wertvoll erachten, müssen wir uns nachhaltig Gedanken machen, wie wir sie aufwerten. Pflegende müssen mehr verdienen und bessere Arbeitsbedingungen vorfinden. Das ist nicht aussichtslos, denn in anderen europäischen Ländern funktioniert es besser. In Skandinavien wird die Pflege dadurch aufgewertet, dass zu einer Qualifizierung für den Beruf auch ein hoher Anteil akademischer Ausbildung gehört. In den ersten Studienjahren teilen sich die künftigen Pflegenden die Hörsäle mit den Medizinstudierenden.[84] Pflegeexperte Hartmut Remmers sieht in der Akademisierung des Berufs zwar nicht den alleinigen Lösungsansatz, aber er stellt fest, dass die »gesellschaftliche Anerkennung des Pflegeberufs in Skandinavien eine viel höhere ist, und sie schlägt sich auch in einer besseren Bezahlung nieder«.

Manche hoffen, dass sich durch den Einsatz digitaler Technik die Situation der Pflegebedürftigen verbessern lässt. Bereits heute werden Assistenzsysteme eingesetzt, die beispielsweise durch Sensoren am Boden anzeigen können, wenn ein Patient stürzt, und umgehend einen Notfallruf auslösen.[85] Kritiker würdigen durchaus die Potenziale, fürchten aber gleichzeitig, dass durch den Einsatz von Technik ein noch kälterer Wind durch die Flure zieht und wir noch weniger zwischenmenschliche Fürsorge in Pflegeheimen antreffen. Durch Technik könnten wir eventuell die bereits vorhandenen Abläufe optimieren, aber ist es nicht an der Zeit, auch völlig neuen Pflegeformen eine Chance zu geben, die Menschen näher zusammenbringen? So wurden bereits mit Erfolg sogenannte »Hausgemeinschaftsmodelle« erprobt, in denen ein Schwerpunkt der Pflege darin besteht, die Bewohner der Heime mobil zu halten. Im Pflegeheim Fehlatal werden regelmäßig Ausflüge mit Pflegebedürftigen unternommen. Wenn die Bewohner einziehen, werden sie nicht gefragt, was alles nicht mehr geht, sondern was sie am liebsten noch unternehmen würden. Sie dürfen Wünsche äußern, von einem Stadionbesuch beim VFB Stuttgart bis zu einem Reitausflug. Kaspar Pfister, Diplomverwaltungswirt, Ideengeber und mittlerweile Chef von dreißig Einrichtungen dieser Art in fünf Bundesländern, versucht diese Wünsche mit seinen Mitarbeiterinnen und Mitarbeitern zu erfüllen. Jede Möglichkeit zur Aktivierung wird genutzt, was offenbar zur Folge hat, dass deutlich weniger Bewohner bettlägerig werden. Im Garten gibt es Gemüse- und Kräuterbeete, für die auch die Pflegebedürftigen mit zuständig sind. Wer noch kann, begleitet die Mitarbeiter zum Einkaufen auf den Markt. Alle Bewohner werden zum Mitkochen und anderen hauswirtschaftlichen Tätigkeiten animiert.

Dabei ist dieses Modell nicht als Eliteeinrichtung für Reiche konzipiert, sondern bietet auch Sozialhilfeempfängern einen Platz. »Alle finden diese stationären, klassischen Strukturen nicht gut«, sagt Pfister dem Deutschlandfunk, »aber sie werden immer mehr zementiert. Es wird dokumentiert, es wird genau gemessen, und man kümmert sich um die Strukturen und um den Prozess. Und um den Bewohner? Und um den Menschen? Der bleibt einfach auf der Strecke.«[86] Einrichtungen wie das Pflegeheim Fehlatal könnten zu einem Umdenken führen. Eine solche Idee steht für Gemeinschaft, Miteinander, Aktivierung, sich einbringen und weiterhin wertvoll fühlen. Warum erforschen wir nicht solche Modelle und geben ihnen eine Chance?

Die Guerilla-Taktik

Bis die Veränderungen greifen, hilft manchmal nur Hartnäckigkeit. Veronika Lavielle ist eine Frau, die Sie sich nicht als Gegnerin wünschen. Sie lässt nicht locker und geht dorthin, wo es wehtut.

Seit 1972 ist die ausgebildete Steuerfachgehilfin, die immer noch in ihrem Beruf arbeitet, verheiratet. Das Paar hat zusammen drei erwachsene Kinder. Ihr ältester Sohn wurde im Alter von fünf Jahren beim Spielen auf dem Gehweg von einem Auto erfasst. Die Folgen: eine mehrfache Behinderung, Epilepsie inklusive. Die persönliche Erfahrung mit ihrem Sohn bewog Veronika Lavielle vor dreißig Jahren, sich ehrenamtlich zu engagieren. Seitdem ist sie Mitglied im SKM-Breisgau-Hochschwarzwald, dem Katholischen Verband für soziale Dienste in Deutschland, der zur Caritas gehört. Der SKM ist ein Betreuungsverein, der sich um Menschen kümmert, die ihren Alltag aus unterschiedlichsten Gründen nicht mehr selbst gestalten können. Zu Veronika Lavielles Aufgaben gehört es, für diese Menschen Plätze in Pflegeheimen zu suchen und sie auch regelmäßig vor Ort zu betreuen, um sie bei der Durchsetzung ihrer Rechte und der Verbesserung ihrer Lebensumstände zu unterstützen.

Dieser Aufgabe hat sich Veronika Lavielle verschrieben, mit ganzem Herzen. Der Großteil ihrer derzeit 24 Betreuten lebt im Großraum Freiburg. Für den einen oder anderen muss sie jedoch bis zu 100 Kilometer weit fahren. Im Februar dieses Jahres holte sie eine 51-jährige demente Frau aus einem Heim, weil sich ihre Betreute in einem bedauernswerten, und wie sich später herausstellte, sogar lebensbedrohlichen Zustand befand. Veronika Lavielle brachte sie in einem besseren Heim unter, um ihr ein würdiges Leben zu ermöglichen. Wie sie das erreicht? Sie nervt, ganz bewusst. Immer wieder. Sie lenkt die Aufmerksamkeit auch auf Details, die wichtig sind, aber von anderen vielleicht überhört oder übersehen werden. So beschwert sie sich darüber, dass ihren Betreuten nicht auf Augenhöhe begegnet wird. Veronika Lavielle kritisiert den Umgangston, zum Beispiel das selbstverständliche Duzen:

»Unlängst war ich bei einer Betreuten und habe sie besucht. Sie hat sechsmal geläutet, dann streckte eine Pflegehelferin den Kopf rein und sagte: ›Du musst schon warten, bis ich Zeit habe.‹ Die habe ich an ihrem Kittel reingezogen. Sie kam dann schon mit der Bettpfanne, aber das ist der Umgangston, und ich habe sie gefragt, wann sie denn das letzte Mal Schweine mit ihr gehütet hätte. Ich bin zur Pflegedienstleitung. Das ist ein Ausschnitt im Moment. Sie können ja nicht Tag und Nacht danebenstehen.«

Für Veronika Lavielle gehört zu einem würdevollen Alltag auch die angemessene Kleidung ihrer Betreuten. »Also gehe ich für sie einkaufen, um dann zu bewundern, wie der Zimmernachbar die Kleidung trägt. Das hat auch was mit Würde zu tun.

Und da frage ich mich immer: ›Wozu werden die Kleidungsstücke mit Namen versehen?‹ Dann hab ich neulich zu einer Schwester gesagt: ›Wieso trägt er schon wieder die beste Hose meines Betreuten?‹ ›Ja, der hatte grad keine!‹ Und dann hab ich gefragt: ›Dann gehen Sie in die Kleiderkammer. Das hat mein Betreuter nicht auszubaden.‹«

An diesen Beispielen können Sie schon ablesen, dass Veronika Lavielle nicht bereit ist, Fehlverhalten zu entschuldigen und im Sinne ihrer Betreuten Kompromisse einzugehen. Sie hält sich zwar vor Augen, dass das Pflegepersonal überlastet und vieles dem Personalmangel geschuldet ist. Deshalb versucht sie zunächst, mit dem Pflegepersonal ins Gespräch zu kommen. Wenn sich dann aber nichts verändert, handelt sie auf anderer Ebene: »Dann gehe ich zur Pflegedienstleitung. Wenn das nichts bringt, gehe ich noch eine Stufe höher. Hier im Badischen sagt man: ›Nicht mit dem Weckle sprechen, sondern mit dem Bäcker.‹ Den Bäcker ereile ich auch überfallartig, denn da ist es mit Höflichkeit auch nicht getan. Die sind aber Kummer mit mir gewöhnt.«

Was halten Sie von dieser Kompromisslosigkeit? Ich könnte mir vorstellen, dass sich manche sorgen, dass Lavielles Hartnäckigkeit zu Nachteilen für die Falschen führt, nämlich für Pflegerinnen und Pfleger, die selbst zu den Opfern des Systems gehören. Andererseits trägt Lavielle die Beschwerden direkt an die Stellen, die verantwortlich sind. Sie signalisiert damit, dass Fehlentwicklungen registriert werden und nicht zu einem bedauerlichen, aber durch Sachzwänge unvermeidlichen Alltag gehören. Sie hat verschiedene Methoden, sich nachdrücklich Gehör zu verschaffen. Zu ihren einfachen Übungen gehört das deutliche Nachfassen:

»Dann sage ich: ›Herr Sowieso, ich komm grad von meinem Betreuten.‹ In den meisten Häusern habe ich mehrere. ›Dies, das und jenes funktioniert wieder mal nicht.‹

›Ja, ich stell's ab.‹

›Können Sie mir auch eine Jahreszahl dazu sagen?‹

›Ja, wie meinen Sie das?‹

›Das haben Sie das letzte Mal auch gesagt. Ich wüsste jetzt ganz gerne, wann sie das abstellen. Wie wär's mit sofort? Sie kommen bitte mit.‹

Das machen sie dann in aller Regel, weil sie wissen, dass ich sonst nicht mehr abrücke.«

Steigerungsform »Waterloo«

Das, ich habe es angedeutet, ist aber nur die erste Stufe ihrer Hartnäckigkeit. Es gibt auch noch Steigerungsmöglichkeiten, wenn sich bei ihr der Eindruck verfestigt, dass die Verantwortlichen sie übergehen oder ihre Beschwerden aussitzen wollen. Lavielles Ruf in den Pflegeheimen ist nicht der Beste, denn sie ist unbequem. *Wie* unbequem, das können wir nachvollziehen, wenn sie uns teilhaben lässt an ihrer nächsten Eskalationsstufe:

»Es gibt noch eine Verschärfung des Ganzen. Dann nehme ich meinen behinderten Sohn mit, wenn er zu Hause ist. Ich gebe ihm seinen Rekorder mit seinen ABBA-Kassetten mit. Er liebt ABBA. Wenn Sie zwanzigmal Waterloo gehört haben, sind Sie in der Lage, einen Mord zu begehen. Also ich zumindest. Und das Gute ist: Er hört es halt so gerne, dass er immer genau auf Waterloo zurückspulen kann. Ich nehme ihm den Rekorder und die Kassetten mit. Dann setze ich mich hin und sage: ›Ich gehe jetzt erst, wenn wir das geklärt haben.‹

›Ja, Sie sehen, ich hab zu tun.‹

›Das macht nichts. Ich hab Zeit. André, möchtest du nicht Musik hören?‹

›Ja, Loo …‹

›Hör du ruhig Waterloo.‹ Und schon geht's los: ›Water-
loooo …‹ Ich denke immer: Um Gottes Willen, wie konnten
die so ein grässliches Lied spielen? Kaum ist es fertig, spult er
zurück. Beim fünften Mal ›Waterloo‹ hat der Pflegeheimleiter
schon leicht enerviert geguckt. Er fragte: ›Gibt's da kein anderes
Lied drauf?‹

›Doch, jede Menge. Aber es ist halt sein Lieblingslied.‹

Nach dem zehnten Mal war er schon leicht grün im Gesicht.
Die Gefahr will dann niemand mehr auf sich nehmen.

Obwohl der Pflegeheimleiter so wenig Zeit hatte, hat er sich
eine Stunde nerven lassen. Mittlerweile waren wir bei Nummer
19 von Waterloo. Den hätten Sie stöhnen hören sollen: ›Also,
dann gehen wir halt auf die Station.‹

›Warum nicht gleich so!‹

Für den Betreuten haben wir erreicht, dass der Zimmernachbar nicht mehr in seinen Hosen herumrennt.«

Dieses Verhalten ist grenzwertig. Aber Veronika Lavielle bewegt etwas. Sie setzt sich dafür ein, dass die Pflegeheime die
Leistungen, für die sie Geld erhalten, auch umsetzen. So zahlen
die Pflegekassen 125 Euro für Betreuungs- und Entlastungs-
leistungen an die Pflegeheime.[87] Lavielle fällt auf, dass »die wenigsten danach fragen, was die Pflegeheime für diese Leistungen
machen«. Sie fragt danach. Selbst wenn es schwerfällt, sucht sie
mit Leidenschaft nach Lösungen, die die Lebensqualität ihrer
Betreuten erhöhen können:

»Ein Schwerdementer kann Ihnen unter Umständen nicht
mehr sagen, was ihm guttut. Da müssen Sie halt in der Familie
fragen, was er denn früher gerne gemacht hat. Einer hat acht
Kinder, und man hat mir gesagt, dass er so gerne Briefmarken
gesammelt hat. Dann hab ich gefragt: ›Ja, habt ihr noch Alben?‹

›Nee, die haben wir alle weggeworfen.‹

Na Bingo!

Heute kriegst du ja Briefmarken nachgeworfen. Dann hab ich ihm so ein Billigalbum gekauft, Briefmarken und eine Pinzette, und jetzt sitzt er stundenlang mit dem Alltagshelfer da und sortiert hin und her. Er ist sicher der Ansicht, dass er die Blaue Mauritius hat, und kann sich da verweilen. Für so was ist das Geld da. Oder sie spielen Karten zusammen. Er ist immer der Ansicht, dass er gewinnt. Aber das ist ja egal.«

Veronika Lavielle fordert Rechte ein, gerade für die, die nicht mehr stark genug sind, sie sich selbst zu erkämpfen. Das ist ein elementares Gut unserer Gesellschaft, denn Rechte schützen vor Willkür. Nicht jeder Angehörige wird den Weg gehen können und wollen, den Veronika Lavielle hier vorlebt. Die Konfliktbereitschaft, gepaart mit Humor, macht Lavielle sicher besonders. Aber was auffällt ist: Wenn wir hartnäckig auf Missstände hinweisen, bewegt sich etwas. Auch dieses Buch soll dazu beitragen, dass sich hinter verschlossenen Heimtüren die Zustände nicht weiter verschlechtern und wir nichts davon mitbekommen. Deshalb sind mutige Stimmen, die nicht aufhören, würdelose Zustände beim Namen zu nennen, so wichtig.

*»Ich wache morgens auf,
und mein Ziel ist der Abend,
der nächste Tag.«*

Oliver Moßmann, an ALS erkrankt

Abschied – Von der Würde auf den letzten Metern

Was wohl noch kommt

Der Schauspieler Winfried Glatzeder hat einen sehr eigenwilligen Charme. Er versteht es, humorvoll und direkt zu sein und Wahrheiten auf seine ganz eigene Art auszusprechen. Glatzeder setzt sich bereits in der DDR durch Filme wie »Zeit der Störche« und »Die Legende von Paul und Paula« ein filmisches Denkmal. 1981 stellt er erfolgreich einen Ausreiseantrag und ist fortan auch in der Bundesrepublik sowohl im Fernsehen als auch im Theater ein gefragter Künstler. Als ich ihn im Nachtcafé treffe, ist er 73 Jahre alt, hellwach und voller Mitteilungsdrang. Dabei geht es nicht um einen Blick zurück auf sein schaffensreiches Leben, sondern um einen Blick nach vorn. Was kommt wohl noch?

Glatzeder beschäftigt sich laufend mit dem Tod, und das in einer teilweise schon skurrilen Intensität. Tagtäglich wird er in vielerlei Hinsicht an ein nahendes Ende erinnert. So zeigt ihm sein Hund im Zeitraffer, was Sterben bedeutet. Der ist im Moment dreizehn Jahre alt, was Glatzeder mit ungefähr neunzig Menschenjahren gleichsetzt. In seiner eigenen Art schlägt er einen Bogen von dem, was sein Hund gerade erlebt, zu dem, was Glatzeder selbst einmal erwartet: »Er rutscht mit den Hinterbeinen weg, kommt nicht mehr die Treppe hoch, er tröpfelt – also alles, was auch mir eines Tages widerfahren wird.«

»Nicht angenehm« findet Glatzeder diese Vorstellung. Trotzdem möchte er 103 Jahre alt werden, nach Möglichkeit natürlich bis zuletzt in bester Gesundheit. Früher wollte er immer mindestens 93 werden, bis ein Professor der Charité ihm versicherte, er könne auch noch zehn Jahre mehr schaffen. Seitdem sind

103 Jahre sein Ziel. Er hofft zudem, dass er sich auch in der letzten Phase seines Lebens seinen Humor erhalten kann, aber ihm ist auch bewusst, dass ihn wahrscheinlich eine harte Prüfung erwartet. »Altwerden ist scheiße«, zitiert er Peter Ustinov und hat zahlreiche Selbststudien unternommen, die diese These untermauern.

Wenn er ans Alter denkt, dann erinnert er sich zum Beispiel häufig an seinen zwanzig Jahre älteren Berliner Schauspieler-Kollegen Friedrich Schönfelder. Als der Anfang siebzig war wie Glatzeder heute, hatte er in schonungsloser Selbsteinschätzung gesagt: »Ich bin ein Ersatzteillager, ich habe zwei neue Kniegelenke, Hörgeräte von Siemens, ein Gebiss, zwei neue Augenlinsen, ich habe einen Herzschrittmacher – wenn die mich mal verbrennen, bin ich Sondermüll.« Damals hat Glatzeder gedacht: »O Gott, der ist ja ein Wrack.« Doch heute registriert er augenzwinkernd eigene Einschränkungen. So sei er schon von 1,93 Meter auf 1,90 Meter »geschrumpft«, aber das sei längst nicht alles: »Ich habe rechts schon ein Titankniegelenk, links fängt es auch schon an, die Prostata wächst andauernd, ich muss in der Nacht mehrmals pinkeln.« Doch gleichzeitig hat Glatzeder den Eindruck, dass sich mit dem Alter die Wahrnehmung von Lebensqualität verschiebt. Wenn er einmal den Rollstuhl oder den Treppenlift brauchen sollte, dann setzt er auf einen Schutzmechanismus, der ihm sagt: »Ja, ist doch ganz schön, die Vögel da draußen zu sehen und aus dem Fenster schauen zu können.«

Probeliegen im Dunkeln

Glatzeder formuliert vordergründig manchmal sarkastisch, aber es schwingt doch immer etwas mit, dass in der Tiefe Gedanken berührt, die viele von uns beschäftigen. So erinnert er sich an seine Mutter. »Sie hat im Altenheim gesessen und immer nach oben zu Jesus Christus in die Wolken geschaut und gesagt: ›Warum nimmst du mich nicht?‹« Drei Jahre habe sie gewartet und dann entschieden zu sterben. Sie hat weder etwas getrunken noch gegessen. »Jetzt ist sie auf dem Friedhof, und wenn ich mit ihr etwas zu bereden habe, dann gehe ich dorthin und beschneide den Rosenbusch dort.«

Dass viele den Tod verdrängen oder zumindest Gedanken an ihn scheuen, hängt für ihn auch damit zusammen, dass wir im alltäglichen Stress gefangen sind, oder zu sehr beschäftigt mit »der genussvollen Flätzung mit Chips und Bier vor dem Fernsehen«. Glatzeder bedauert das. Wenn wir uns häufiger mit der Möglichkeit beschäftigen würden, dass es wahrscheinlich so mit achtzig Jahren vorbei sein könnte, dann würden wir womöglich das Leben mehr genießen.

Einmal hat er sogar schon in einem Sarg probegelegen. Im Rahmen einer Sendung von SPIEGEL-TV besuchte er ein großes Bestattungsinstitut in Berlin, kletterte in einen geräumigen Sarg und schloss den Deckel. Die Dunkelheit schreckte ihn nicht, und die Erfahrung war für ihn nicht beängstigend, denn er wusste, dass er wieder aussteigen darf. Doch das ist nicht die einzige, sehr konkrete Recherche. Weil er gelesen hat, dass alle berühmten Schauspieler den 1. Totengräber im Hamlet gespielt haben, möchte selbstverständlich auch Glatzeder ihn verkörpern. Seine Darbietung überzeugt den Regisseur allerdings zunächst nicht. Glatzeder will es nun erst recht wissen und macht ernst. Er sucht einen echten Totengräber auf dem Friedhof auf, um sich auf seine Rolle vorzubereiten, und hebt mit professioneller Unterstützung Gräber aus. »Da findet man ja dann die Gebeine der vor zwanzig Jahren Verstorbenen, die da verbuddelt waren. Und dort habe ich erfahren, dass man als vergehender Mensch nichts mit Würmern zu tun hat. Denn die Würmer sind nur in der Humusschicht bis sechzig Zentimetern. Aber der Sarg wird auf achtzig oder sogar 120 tief gelegt.«

Wenn wir uns bereits detailliert mit dem beschäftigen, was nach unserem Tod geschehen könnte oder sollte, wenn Menschen zum Beispiel vermehrt detailliert ihre eigene Beerdigung inklusive Musikauswahl planen, dann kann uns das vielleicht das Gefühl geben, dass wir auch das Ende kontrollieren können. Dass wir nicht einfach ausgeliefert sind am Ende des Weges, sondern ein wenig Selbstbestimmung auch über den Tod hinaus bewahren. Und doch schlummert in uns auch die Erkenntnis, dass nicht alles zu kontrollieren ist.

Vor dem Sterben hat Winfried Glatzeder deshalb auch Angst und wünscht sich einen Tod auf der Bühne. »Es gab einen Kollegen, der hat sich nach einer Operette im Admiralspalast vor dem Publikum verbeugt und ist vornübergefallen. Wahrscheinlich Herz. Mit 53. Kurzum: Schnell zu sterben – perfekt. Ich bin aber Realist genug, um zu wissen, dass man sich eine gute Sterbensart nicht wünschen kann. Vor dem Sterben habe ich Schiss.«

Wer von Ihnen hat schon darüber nachgedacht, wo Sie ihre letzte Ruhestätte finden wollen? Glatzeder würde gerne auf dem Friedhof Schöneberg III, von vielen auch Friedhof Stubenrauchstraße genannt, begraben werden. Auf ihm hat auch Marlene Dietrich die letzte Ruhe gefunden. Er hat tatsächlich auch schon mit dem Totengräber gesprochen und sich erkundigt, ob er dort schon im Vorhinein ein »Plätzchen kaufen kann«. In die Tat umgesetzt hat Glatzeder diesen Gedanken noch nicht. Denn zwischen seinen Wunsch, schon früh Fakten zu schaffen, schiebt sich auch seine Haltung, dass die Form der Bestattung mit ihm nichts mehr zu tun habe, »denn dann bin ich ja weg, das sollten eigentlich meine Kinder machen, wie sie wollen«.

Es gibt Themen, die ihn schrecken. Glatzeder könnte es nicht ertragen, wenn seine Frau vor ihm stirbt. In seiner eigenen Art schiebt er die Begründung gleich nach: »weil sie gut kochen kann und weil es sonst so einsam ist, das finde ich nicht schön«.

So flapsig das auf den ersten Blick klingt, so nachhaltig beschäftigen ihn diese Gedanken. Er ergänzt: »Ich will aber auch nicht vor ihr sterben. Vielleicht schaffen wir es ja gemeinsam. Manche gehen in die Garage, setzen sich ins Auto und lassen den Motor an. Aber ich bin feige, wissen Sie. Ich bin nicht so mutig wie die Mutter meiner Frau, die sich an der Balkontür aufgehängt hat, als sie erfuhr, dass sie blind wird. Sie hatte einen fünfzehn Jahre jüngeren Mann. Ich glaube sie wollte nicht, dass er der Bestimmende in der Ehe ist. Mit achtzig.«

Was wird einmal von ihm bleiben? Erstaunt stellt Winfried Glatzeder fest, dass die Bekanntheit von geschätzten Kollegen wie Götz George und Manfred Krug nach deren Tod schnell verblasst. Glatzeder spricht in diesem Zusammenhang von einer »schnellen Verfallszeit, auch von Leuten, die sich einbilden, so wie ich zum Beispiel, dass man so wichtig sei. Die Welt macht keinen Ruck, wenn jemand stirbt. Ich habe das Grab von Manfred Krug besucht. Er liegt in der Nähe von Potsdam. Er hat eine kleine Gedenktafel. Ein Schriftzug auf rötlichem Marmor liegt vor einer Kiefer – da steht nur ›Manfred Krug‹ drauf.«

Von der Vorstellung, Träume ins Jenseits zu verlagern, ist Glatzeder nicht angetan. Er ist nicht gläubig und hat schon den Gedanken durchgespielt, seine Beerdigung einfach vorzuverlegen und sie zum Beispiel anstelle des achtzigsten Geburtstags zu feiern. So könnten wunderbare Trauerreden gehalten werden inklusive der Würdigung seiner Lebensleistung, und er würde – welch ein Vorteil! – noch dabei sein. Der Sarg aus duftendem Fichtenholz sollte im Wohnzimmer stehen mit Blick in den Garten, er könnte es sich darin gemütlich machen und die Huldigungen dieser vorverlegten Beerdigung genießen. Anschließend würde er aus dem Sarg steigen, das Buffet eröffnen und einen Toast aussprechen: »Auf das letzte Kapitel meines Lebens! Möge es lang und schmerzlos sein!«

Ist das, was Glatzeder da entwirft, nicht eine skurrile, aber auch lustige Vorstellung? Es ist vor allem ein Weg, der zu ihm passt. Wie wir altern, wie wir sterben und auch wie wir beerdigt werden, setzt im Idealfall einen Weg fort, der uns, unserer Persönlichkeit und unseren Werten entspricht.

Gleichzeitig nivellieren sich beim Abschiednehmen häufig Unterschiede. Über den Tod und das Sterben denkt ein prominenter Schauspieler genauso nach wie jemand, der beruflich wenig Erfolg hatte. Winfried Hardinghaus, ein Palliativmediziner, der sehr viele Menschen beim Sterben begleitet hat, macht sich das immer wieder bewusst: »Wir können noch so erfolgreich gewesen sein im früheren Leben, ich erlebe das ja immer wieder auf meiner Station: Da liegt der Generaldirektor neben dem Elektriker, und wie klein wir am Schluss alle werden und wie gleich! Da kann es nur noch darum gehen, gut zu sterben. Ich gehe oft abends, bevor ich die Klinik verlasse, noch einmal über die Palliativstation. Wegen der familiären Atmosphäre und um das noch einmal zu erleben: Wie wir durch Zerbrechlichkeit am Schluss alle gleich werden.«

Viele Fragen, liebe Leserinnen und Leser, stellen wir uns alle: Wie werden wir die letzten Meter erleben? Haben wir Angst vor Schmerzen? Oder davor, ganz alleine und ausgeliefert zu sein? Was, wenn wir nicht mehr selbstbestimmt Entscheidungen treffen können?

Mit 49 das Ende im Blick

Winfried Glatzeder steht mitten im Leben und hofft auf viele weitere Jahre in guter Lebensqualität. Und trotzdem lässt ihn die Frage nicht los, was irgendwann auf den letzten Metern seines Lebens noch auf ihn zukommen mag. Oliver Moßmann ist deutlich jünger als Glatzeder. Als ich ihn kennenlerne, ist er gerade 49. Und doch sind für ihn all die Fragen, die sich Glatzeder stellt, bereits real.

Oliver Moßmanns Vater war Berufssoldat. In seiner Kindheit zieht er innerhalb Deutschlands gemeinsam mit seinen Eltern häufig um, bis er schließlich für 24 Jahre im Sauerland in Nordrhein-Westfalen ein Zuhause findet. Ab 1992 arbeitet Moßmann als Justizvollzugsbeamter an mehreren Standorten in NRW und ist sechs Jahre als Dozent an der Justizvollzugsschule tätig, wo er die angehenden Landesbeamten sowohl in rechtlichen Fragen als auch in Sport und Sicherheitstechnik unterrichtet. Überhaupt: Der Sport hat es ihm angetan. Moßmann ist ein leidenschaftlicher Kampfsportler, Taucher, Radfahrer – fast nichts Sportliches ist ihm fremd. Häufig ist er im Bekannten- und Freundeskreis auch die »helfende Hand«, unterstützt andere und führt ein sehr selbstständiges Leben. Wenn ich ihn vor zehn oder fünfzehn Jahren gefragt hätte, was ihm wichtig ist im Leben, dann hätte er wahrscheinlich »Selbstständigkeit« und »Gesundheit« genannt, so Moßmann rückblickend. Moßmann hat einen Sohn, mit dem er seinem eigenen Lebensstil folgend sehr viel unternimmt: »Vor der Diagnose war ich mit meinem Sohn ganz viel draußen. Im Wald, auf dem Spielplatz, ich bin Mountainbike gefahren, er saß im Fahrradanhänger, da sind wir durch die Gegend gefahren. Ich habe jede freie Zeit genutzt, mit ihm zu spielen, einfach aktiv zu sein mit ihm.«

Wer sportlich ist und dazu auch noch passionierter Kampfsportler, der ist hart im Nehmen. Deshalb registriert Moßmann zunächst gar nicht, dass sich ab Ende 2013 etwas in seinem Körper verändert. Blessuren ist er gewöhnt, Beschwerden nimmt er nicht wirklich ernst. Erst als ihn eine Kollegin Anfang 2014 darauf anspricht, warum er humpelt, beginnt er aufmerksamer hinzuschauen. Das Humpeln lässt nicht nach, er kann sich mit seinem Fuß nicht mehr richtig abdrücken. Moßmann geht zum

Arzt, und ein Diagnosemarathon beginnt, ohne dass die Mediziner den Ursachen für seine Beschwerden näherkommen. Neurologen werden mit einbezogen. Er erhält eine Kortison-Stoßtherapie, eine Chemotherapie, bis nach über anderthalb Jahren der leitende Professor an der Uniklinik Düsseldorf ihm gegenüber zum ersten Mal das Wort »ALS« als Erklärungsansatz erwähnt, ohne allerdings näher zu erläutern, welche Krankheit sich hinter diesem Kürzel verbirgt.

Nach dem Gespräch mit dem Professor geht Moßmann zu seinem Auto, fährt aber nicht los. Zunächst googelt er auf seinem Smartphone, was ALS bedeutet. Sofort liest er die Erläuterungen in Wikipedia und hat nach zwei Minuten erfasst, um was es sich handelt. Er liest, dass der Verlauf letztendlich immer der gleiche ist. Er entnimmt den Zeilen, dass es keine Heilung gibt. Dass sich die Körperfunktionen nach und nach verabschieden, ein brutaler Prozess. Aber noch lässt er diese Diagnose nicht wirklich an sich heran: »Ich habe das nicht wahrhaben wollen und gedacht: ›Ja, okay, aber das wird es schon nicht sein, es wird schon etwas anderes sein.‹ Ich habe vier, fünf Monate gebraucht zu begreifen: ›Es ist ALS, und du wirst sterben, früher oder später.‹«

Moßmann ist es gewohnt, aktiv zu sein, zu handeln, und in diesem Modus bleibt er auch, als er die Diagnose für sich annimmt. Selbstständigkeit ist für ihn elementar, und so ergreift er schließlich die Initiative, geht zum Notar, macht ein Testament und plant seine Beerdigung. All das, worüber wir mit Winfried Glatzeder noch gemeinsam nachgedacht haben, wird plötzlich für ihn real. Er ordnet für seinen Sohn die Hinterlassenschaften, sortiert Nachrichten und Briefe und aktualisiert sie fortlaufend. »Ich habe mich um alle Dinge gekümmert, damit ich gehen kann, wenn es so weit ist.«

Aber so sehr er scheinbar den Tatsachen ins Auge sieht, so lange braucht er, um sich einzugestehen, was die Krankheit für ihn bedeuten kann. Immer wieder schöpft er Hoffnung auf lange Phasen ohne körperliche Veränderungen und darauf, dass er Zeit, möglichst viel Zeit gewinnt. Er setzt darauf, »dass vielleicht doch aus irgendeiner Ecke irgendeine Heilung, eine Stagnation, irgendwas, passiert«.

Und tatsächlich, die Krankheit verläuft zunächst langsamer als bei vielen anderen ALS-Patienten. Noch kann er seinen Alltag selbst organisieren. Doch im Herbst 2016 verschlechtert sich sein Zustand. Mit großen Anstrengungen schafft er sich die Möglichkeit, als erster Patient in Deutschland ein neues Medikament aus Japan zu erhalten. Die täglichen Infusionen sind aufwändig, doch sein körperlicher Zustand verbessert sich nicht. Im Gegenteil, es geht ihm rapide schlechter, und vor allem die Atmung bereitet ihm mehr und mehr Probleme. Schließlich entscheidet er sich dafür, die Behandlung mit dem neuen Medikament abzubrechen, weil der Aufwand in keinem Verhältnis zum Ertrag steht.

Bewusst Abschied nehmen

Als ihm bewusst wird, dass ihm nur noch wenig Zeit bleibt, verabschiedet er sich zunächst von allen langfristigen Zielen. Nach der Trennung von seiner Frau ist seine Priorität, möglichst viel Zeit mit seinem heute sechsjährigen Sohn zu verbringen, »ihn aufwachsen zu sehen, ihm Sachen zu zeigen«. Doch vieles von dem, was er mit seinem Sohn erleben will, ist nicht mehr möglich. Ihm das Schwimmen beizubringen, tauchen gehen, verreisen. Von diesen Träumen muss er sich nach und nach verabschieden. Diese Abschiede, auch von ganz alltäglichen Tätigkeiten, sind schmerzhaft:

»Vielleicht ein banales Beispiel: Ich bin sehr, sehr gerne Auto gefahren. Aber ich bin natürlich seit Monaten kein Auto mehr gefahren. Als ich das letzte Mal gefahren bin, war mir gar nicht bewusst, dass das das letzte Mal sein würde. So gibt es viele Dinge. Man macht an einem Tag irgendwas, man sieht an einem Tag einen Menschen. Und einem ist gar nicht klar, dass man das heute zum letzten Mal gemacht hat, dass man diesen Menschen zum letzten Mal gesehen hat. Und so gibt es keinen Tag, an dem man sich nicht von irgendwas verabschieden muss, ob nun bewusst oder unbewusst.«

Oliver Moßmann sucht auch Gegenstände, die er seinem Sohn hinterlassen kann und die über seinen Tod hinaus für seinen Sohn eine Bedeutung haben können. Verreisen, fremde Länder sehen – all das reizt ihn nicht mehr, selbst in einer Zeit, in der es körperlich noch möglich gewesen wäre. »Es waren eher Kleinigkeiten, die mir wichtig waren. Einfach nochmal zu tun, zu erleben, zu sehen, zu sagen …«

Als ich Oliver Moßmann treffe, hat sich sein Atemvolumen bereits um 50 Prozent reduziert. Seinen Alltag kann er, der so viel Wert auf Selbstständigkeit gelegt hatte, nicht mehr allein bewältigen. Er befindet sich im Endstadium der Erkrankung, auch weil er lebensverlängernde Maßnahmen wie eine durchgehende künstliche Beatmung ganz bewusst abgelehnt hat. »Gerade in den letzten Monaten ist mir jeden Tag bewusst, dass das Leben zu Ende geht.« Er würde gern noch einmal seinen Sohn auf dem Arm tragen können, aber er weiß, die Krankheit lässt das nicht zu. Er würde ihn gerne aufwachsen sehen, doch auch das wird er aller Voraussicht nach nicht erleben. »Das Problem bei ALS ist ja der muskuläre Abbau. Das ist der Grund, warum ich nicht mehr laufen kann, warum ich meine Hände nicht mehr richtig bewegen kann. Und wenn meine Atemmuskulatur abbaut, kann ich natürlich nicht mehr richtig atmen.« Oliver Moßmann – und das ist das, was diese Krankheit so brutal macht – ist mehr und mehr gefangen in seinem eigenen Körper.

Es gibt Menschen, die ihn im Verlauf seiner Erkrankung verlassen haben. »Sicherlich zum Teil, weil sie nicht damit umgehen konnten.« Eine gute Freundin hat ihm offen gesagt, dass sie es nicht erträgt, ihn so zu sehen. Von anderen Menschen hat er sich selbst distanziert, weil er gespürt hat, dass sie ihm nicht guttun, zumindest in dieser Phase seines Lebens. Aber auf der anderen Seite entsteht auch Neues, was ihm immer wieder Kraft gibt: »Es sind plötzlich – wie aus dem Nichts – Menschen gekommen, die nicht weggeschaut haben, die da waren, die einfach gesagt haben: ›Uns interessiert nicht, wer du warst, du bist jetzt ein wunderbarer Mensch. Du hast eine schlimme Krankheit und wir versuchen dir zu helfen, wo es nur geht.‹«

Was und wer uns halten kann

Während er schon an ALS erkrankt ist, lernt Oliver Moßmann auch seine heutige Frau kennen. Als er ihr in der Kennenlernphase eröffnet, an welcher Krankheit er leidet, wendet sie sich nicht ab, sondern bleibt bei ihm. Irgendwann entsteht sogar der Wunsch zu heiraten: »Es ist mehr als ein Zeichen, dass wir beide »Ja« gesagt haben. Das ist etwas ganz Besonderes.«

Oliver Moßmann und seine Frau gehen sehr bewusst mit dem um, was sie noch erwartet. Schon früh nehmen sie palliative Beratung in Anspruch, um zu klären, wie auf welches Stadium der Erkrankung medizinisch reagiert werden kann. Auch die Trauerberatung hat ihnen geholfen, besonders im Umgang mit ihren Kindern. Oliver Moßmanns Frau hat einen achtjährigen Sohn in die Beziehung eingebracht, der miterlebt, dass es Oliver zunehmend schlechter geht. Gleiches gilt für Oliver Moßmanns Sohn. Beide Kinder wissen von der Krankheit, aber keiner von beiden weiß, dass Oliver bald gehen muss. Auch die Trauerberater haben ihnen empfohlen, zwar offen mit der unheilbaren Krankheit umzugehen, aber die Verlustängste nicht noch zu schüren. Ein Satz wie »Papa geht bald« würde es seinem Sohn zumindest in dieser Situation noch schwerer machen.

Mit seiner Ex-Frau verbindet Oliver nach wie vor ein harmonisches Verhältnis. Es ist geklärt, dass beide Kinder »ganz allein und ganz schön und leise mit ihren Mamas Abschied nehmen können und nicht an der großen Trauerfeier teilnehmen. Auch was danach stattfindet, ist geklärt. Dass mein Sohn immer noch zu meiner jetzigen Frau kommt, weil die beiden Kinder sich sehr, sehr gut verstehen. All das ist für die Kinder getan und geplant.«

Oliver Moßmann ist durch viele Phasen seiner Erkrankung gegangen, und er weiß, dass noch ein Weg vor ihm liegt, der allen Beteiligten viel abverlangen wird. Aber die Art und Weise, wie er mit dem, was noch kommt, umgeht, macht auch Mut:

»Jetzt ist der Punkt erreicht, dass ich erledigt habe, was ich noch erledigen wollte. Ich wache morgens auf, und mein Ziel ist der Abend, der nächste Tag. Heute ist mir wichtig, dass ich weiß, dass es meinem Sohn und meiner Frau gut geht. Dass ich Zeit habe, dass ich jeden Tag den Kampf aufnehme, Zeit zu gewinnen. Meine Zeitrechnung hat sich geändert. Ich sage immer scherzhaft im Freundeskreis: ›Noch drei Mal schlafen, dann sehe ich meinen Sohn wieder.‹ Es gibt nicht mehr das Große, das mir wichtig ist. Mir sind kleine Dinge wichtig. Zu sehen, dass es meinem Umfeld gut geht. Meinen Sohn spielen zu sehen, seine Erfolge zu sehen. Zeit mit meiner Frau zu verbringen, zu lachen, trotz allem – so sagen mir andere – hätte ich meinen Humor nicht verloren. Das ist mir wichtig. Aber das Große gibt es einfach nicht mehr.«

Es ist traurig, zu hören, wie sich ein so junger Vater von seinem Sohn, seinem Umfeld und seinem Leben Schritt für Schritt verabschiedet. Die Krankheit ALS ist brutal, denn sie nimmt den Betroffenen gnadenlos fast alles, was unser Leben ausmacht.

Aber eben nicht alles. Empfinden Sie das, was Oliver Moßmann erlebt, als würdelos? Ich nicht. Er scheint von außen betrachtet in einer ohnmächtigen und ausgelieferten Situation zu sein. Und doch gibt es vieles in seinem Leben, was wir uns alle auf den letzten Metern wünschen.

Oliver Moßmann wird aufgefangen von einem Umfeld, das ihn trägt. Die Last des Tragens scheint gut verteilt zu sein. Es ist nicht nur seine Frau, die Verantwortung übernimmt, sondern ein enger Freundeskreis, der sich teilweise erst während seiner Erkrankung in dieser Intensität gefunden hat. Es gibt keine Konflikte mit dem nahen Umfeld, die Oliver Moßmann belasten. Er hat sich mit Freunden ausgesprochen, von ihnen verabschiedet und sich dort entschuldigt, wo er es für nötig hielt. Er hatte die Zeit, das zu regeln, was ihm wichtig war, vom Testament bis zu den persönlichen Gegenständen, die für seinen Sohn einmal von Bedeutung sein können. Oliver Moßmann ist aufgefangen in einem Netz aus professioneller Beratung. Palliativmediziner kümmern sich um ihn und geben ihm das Gefühl, bei allem, was noch kommt, an seiner Seite zu stehen. Trauerberater unterstützen die Familie, geben professionellen Rat und menschlichen Beistand.

Durch den offenen Umgang mit der Krankheit und dadurch, dass alle Informationen auf dem Tisch liegen, haben Ängste nicht die Möglichkeit, unkontrolliert zu wuchern. Natürlich werden alle Beteiligten immer wieder Angst haben vor dem, was kommt. Aber diese Gefühle können ausgesprochen und gemeinsam aufgefangen werden.

Als ich Oliver Moßmann begegne, wirkt er gefasst. Unser Gespräch kostet ihn Kraft, aber es ist ihm wichtig, über seine Erfahrungen zu berichten. Kurz treffe ich auch seine Frau und auch sie strahlt etwas Besonderes aus. Vielleicht hat es damit zu tun, dass beide bei aller Traurigkeit mit sich im Reinen sind.

Wenn wir nun auch über das nachdenken, was wir am Ende unserer Reise als würdelos empfinden, dann kann das, was Oliver Moßmann stärkt, auch als Orientierung, als eine Art Kompass dienen. In welchen Situationen kommen wir zu weit vom Weg ab, ab wann empfinden wir unser Leben als würdelos und nicht mehr lebenswert?

Am Ende des Weges stellt sich auch die Frage, ob wir selbst entscheiden wollen, wann unsere Reise zu Ende ist. Und ob wir uns von anderen dabei helfen lassen dürfen, aus dem Leben zu gehen. Wenn wir über diese Fragen gemeinsam nachdenken, dann berühren wir ethische und juristische Grenzbereiche. Aber wir fragen uns auch ganz grundsätzlich, in welchen Situationen die Würde von Schwerkranken und Sterbenden in Gefahr ist. Und was wir tun können, um würdelose Situationen zu vermeiden.

Ein lange Zeit »normales« Leben

Muri Miyanyedi verliert wie Oliver Moßmann nach und nach Fähigkeiten, die über Jahrzehnte ihr Leben ausgemacht haben. Vergleichbar sind die beiden trotzdem nicht. Denn anders als Moßmann, der um jeden zusätzlichen Tag des Lebens ringt, möchte Miyanyedi vom Leben lassen, weil sie es nicht mehr als lebenswert empfindet.

Es ist schwierig, einer vierzigjährigen Frau gegenüberzusitzen, von der ich weiß, dass sie ihr Leben nicht mehr erträgt. Erst recht, wenn ich sie lachen sehe und wahrnehme, dass sie eine sehr einnehmende Persönlichkeit besitzt. Aber ich weiß natürlich auch, dass ein erster Eindruck nichts sagt über einen Alltag und über ein langes, kräftezehrendes Leiden.

So richtig tritt die Krankheit mit 22 Jahren in ihr Leben. Dabei war sie auch vorher schon da, wurde aber nicht als solche erkannt. In Stuttgart geboren wächst sie als Gastarbeiterkind mit türkischen Wurzeln auf. Ihre Eltern haben einen Schrebergarten, legen viel Wert auf ein gesundes Leben und gesunde Ernährung. Miyanyedi hilft als Kind viel im Garten mit, pflanzt auch eigenes Gemüse an. Sie macht in Stuttgart ihren Realschulabschluss, absolviert danach eine Ausbildung zur Groß- und Außenhandelskauffrau bei Mercedes Benz und beginnt ein Studium zur Betriebswirtin. Mit ihren Freundinnen und Freunden ist sie viel unterwegs. Schon mit zehn Jahren spürt Miyanyedi, dass ihre linke Seite nicht so stark ist wie die rechte. Ein Kinderarzt zerstreut aber ihre Bedenken, denn jeder Mensch habe eine schwächere Seite. Damit gibt sie sich zufrieden, auch wenn sie mit vierzehn zeitweise nicht mehr laufen kann. Doch ansonsten lebt sie ein, wie sie selbst sagt, »normales, gutes Leben, mir hat es an nichts gefehlt«.

Die nächste gesundheitliche Eskalationsstufe ist erreicht, als sie über eine Sehnerventzündung klagt, die aber immer noch nicht zu der Diagnose führt, die ihre Leidensgeschichte erklärt. Erst drei Jahre später, nach einer zweiten Sehnerventzündung, erhält sie von ihrem Neurologen die Diagnose »Multiple Sklerose«. Eine niederschmetternde Diagnose, die ihr Arzt aber immerhin mit der Perspektive ergänzt, durch die Einnahme von Medikamenten eine im Vergleich zu gesunden Menschen nur um zehn Jahre verkürzte Lebenserwartung zu haben. Von Anfang an flößt ihr weniger die Perspektive eines kurzen Lebens Angst sein, sondern vor allem die Möglichkeit, bedürftig zu sein, denn das wäre für sie das Schlimmste.

Die Angst vor der Bedürftigkeit

Als sie ihren deutlich älteren Partner kennenlernt, geht es ihr noch gut, aber ein halbes Jahr später kippt ihr Gesundheitszustand. Es beginnt damit, dass ihr linkes Bein Probleme macht und sie nicht mehr fähig ist, längere Strecken zu Fuß zurückzulegen. Als sie joggen gehen will, ist sie dazu plötzlich nicht mehr in der Lage. Doch das ist erst der Anfang. Die Krankheit verläuft in Schüben, und mit jedem Schub verliert sie weitere Fähigkeiten. Am Oberarm, an der Schulter, an der Hand – überall bleiben Lähmungen zurück. Doch vor allem sinkt mit jedem Schub ihr Lebensmut, denn das, was sie immer befürchtet hat, wird zur Realität: Sie ist auf die Hilfe anderer angewiesen:

»Ich muss mir Gedanken machen, die sich ein Gesunder nicht macht. Wie kriege ich meine Hose schnell runter, damit ich auf der Toilette mein Bedürfnis verrichten kann? Ich bin linksseitig gelähmt, rechts auch schon. Nur der rechte Arm geht noch beziehungsweise die rechte Hand, im Oberarm bin ich auch schon eingeschränkt. Es fängt damit an, dass ich schwer aus dem Bett komme, weil ich mich ja nicht richtig bewegen kann. Dann der Gedanke: Ich muss jetzt auf die Toilette, wie komme ich dahin? Wie mache ich das am besten, aus dem Rollstuhl zu kommen? Komme ich rechtzeitig aus meiner Unterhose raus, ohne mir in die Hosen zu pinkeln – was natürlich auch passiert. Ich kann nicht selbstständig essen. Meinen Kaffee, mein Frühstück, das macht alles mein Partner, das kann ich selbstständig gar nicht.«

Es fällt schwer, das zu hören und zu ertragen. Und in mir steigt auch die Frage auf: Ist es entwürdigend für sie, solche intimen Details öffentlich zu machen? Dringen wir damit nicht zu weit in die Intimsphäre vor? Stellen wir sie damit bloß? Dann aber wird mir klar, dass sie diese Details erläutern *will*, denn nur so kann sie erklären, in welcher Seelenlage sie sich befindet. Nur so wird auch Gesunden verständlich, was sie erdulden muss. Sie will nichts erträglicher darstellen, als es ist, sondern die Zustände beim Namen nennen. Genau darin liegt ihr Mitteilungsbedürfnis.

Letzte Ausfahrt Schweiz?

Muri Miyanyedi und ihr Lebensgefährte führen mittlerweile eine zehnjährige Beziehung mit Höhen und Tiefen. »Es ist viel passiert und irgendwie sind wir trotzdem zusammengeblieben, weil ich ihn brauche und er mich auch, irgendwie. Ich bin ihm sehr dankbar. Ich liebe ihn und er mich auch. Aber die Krankheit hat halt alles eingeschränkt bei mir.«

In der Schweiz hat sie sich persönlich danach erkundigt, wie sie mit Unterstützung aus dem Leben gehen kann. Den Gesetzgeber sieht sie in einer Fürsorgepflicht, denn »jeder Mensch ist individuell, und es gibt Menschen, die Krankheiten haben, die sie nicht mehr ertragen«. Sie tritt auch dem Argument entgegen, dass sie sich vielleicht nur in einer depressiven Phase befinde. Denn wenn sie sich, zu dem Zeitpunkt, als sie sich in der Schweiz nach der Sterbehilfe erkundigt hatte, das Leben genommen hätte, dann würde sie diesen Suizid rückblickend nicht bereuen: »Ich kann nicht sagen: Ich habe noch das und das erlebt, zum Glück habe ich es nicht gemacht. Das denke ich gar nicht.« Sie beklagt auch, dass sich nur Besserverdienende leisten können, in die Schweiz zu fahren. Die Vehemenz, mit der sie einfordert, selbstbestimmt zu entscheiden, wie und wann sie aus dem Leben gehen will, macht schnell deutlich, dass es sich nicht um eine Phase, sondern um eine über Jahre herausgebildete Überzeugung handelt. Wut und das Gefühl, mit ihren Wünschen nicht gehört zu werden, mischen sich in diese Überzeugung. Lassen Sie die Worte von Muri Miyanyedi auf sich wirken.

»Es gibt Menschen, die können nicht einfach sterben, aber sie leiden. Und wir lassen nicht einmal unsere Haustiere leiden. Ein Mensch kann doch äußern, was er will. Der Gesetzgeber sollte das respektieren. Es geht einfach darum, dass ein kranker

Mensch auch eine Würde hat und auch würdevoll sterben darf. Ist es wirklich besser, dass man sich vor einen Zug wirft, will man das wirklich? Dass der Fahrer danach psychisch gestört ist und acht Monate nicht mehr arbeiten kann? Und die Leute, die mich dann aufkratzen? Das ist doch egoistisch, das kann doch nicht gewollt sein vom Staat. Der Mensch bringt sich um, wenn er es kann, nur Menschen wie ich haben ein Problem: Ich kann mich nicht einfach vor einen Zug werfen, weil ich gar nicht auf die Brüstung komme. Ich bin hilflos. Und da brauche ich die Hilfe, dass der Staat die Sterbehilfe erlaubt in Deutschland. Es wird deshalb keinen Boom geben, das glaube ich nicht. Kein Mensch würde einfach aus dem Leben gehen. Und wenn er sich dafür entscheidet, hat das einen Grund: Schmerzen, Hilflosigkeit, allem ausgesetzt zu sein. Menschen, denen es sehr schlecht geht, die sich vom Hals ab nicht mehr bewegen können, was für eine Lebensqualität haben die noch? Sie haben mit ihrem Hund Mitleid, der ist auch ein Lebewesen, das will ich nicht abwerten – aber der Mensch halt auch! Und wenn er sich noch äußern kann, warum verweigert man ihm diesen Wunsch? Wenn er nicht mehr kann? Ich finde es nicht gut, dass der Staat in Deutschland vorschreibt, was man mit seinem Leben tun soll. Der Tod ist eine persönliche Sache, und er wäre für mich auf jeden Fall eine Erlösung von den tagtäglichen Qualen, von denen sich ein normaler Mensch keine Vorstellung macht. Wenn du im Kopf noch bei Sinnen bist und du kannst deine Arme und Beine nicht mehr bewegen, was ist das für ein Leben, was ist das für eine Würde?«

Die Wucht dieser Überzeugung sollten wir erst einmal nachhallen lassen. »Was ist das für eine Würde?«, fragt Muri Miyanyedi. Diese Frage steht im Raum. Wer hat eine Antwort darauf?

»Die Würde des Menschen ist unantastbar.« Dieser Artikel des Grundgesetzes wird beim Thema Sterbehilfe sehr unterschiedlich ausgelegt. Einige, das haben wir persönlich erfahren, plädieren für ein selbstbestimmtes Recht auf den Tod. Andere wollen das Leben, Tag für Tag und Stunde für Stunde, unter allen Umständen bewahren.

Bisher gilt: Wenn jemand einem Schwerkranken tödlich wirkende Medikamente einflößt, dann macht er sich strafbar. »Aktive Sterbehilfe« nennt man das immer noch häufig in der Diskussion, korrekter sprechen wir von »Tötung auf Verlangen«. Strafbar ist es unabhängig davon, ob uns der oder die Kranke darum gebeten hat.[88] Rechtlich anders sieht es aus, wenn wir die tödlich wirkenden Medikamente zwar besorgen, der Patient sie aber selbst einnimmt. In diesem Fall sprechen wir von »Beihilfe zur Selbsttötung« oder auch »assistiertem Suizid«. Das ist nicht verboten – jedenfalls nicht grundsätzlich. Bisher macht das Strafgesetzbuch bei alldem keine Unterschiede zwischen Angehörigen, Sterbehilfevereinen und Ärzten.[89]

Leiden gehört zum Leben?

Die 62-jährige Elisabeth Kunze-Wünsch ist evangelische Pfarrerin und leitet das Stuttgarter Hospiz. Nach dem Theologiestudium und dem Vikariat arbeitet sie zunächst fünf Jahre lang als Gemeindepfarrerin, zuletzt geschäftsführend in der Evangelischen Kirchengemeinde Ludwigsburg-Neckarweihingen. Von 2003 bis 2012 ist sie als Klinikseelsorgerin am Bürgerhospital des Klinikums Stuttgart, wo sie den Palliativmedizinischen Konsiliardienst und die Palliativeinheit mit aufbaut. Immer wieder hat sie auch heute in ihrer Funktion als Leiterin eines Hospizes mit sterbenden Menschen zu tun. Mit der intensiven Begleitung schwindet bei vielen Menschen nach ihrer Erfahrung der Wunsch, sich das Leben zu nehmen.

Nichtsdestotrotz ist das Leben, so ihre christliche Überzeugung, »kein Besitz, sondern ein Geschenk, und das möchte ich gerne auch bis zum Schluss auskosten und nicht von mir aus beenden. Das hat zunächst einmal ganz stark mit meinem Glauben zu tun. Ich habe mich ja nicht entschieden zu leben und nach meiner Auffassung entscheide ich mich auch nicht selbst zu sterben. Sowohl Anfang wie auch Ende sind mir aus der Hand genommen.«

Der Wunsch, sich das Leben zu nehmen, hat für Kunze-Wünsch auch sehr häufig etwas mit Defiziten im Umfeld und den Lebensumständen zu tun. Sie plädiert deshalb dafür, immer zusätzlich die Lebensumstände in den Blick zu nehmen und sich die Frage zu stellen, »ob es ein Umfeld, Familienangehörige, gute Freunde, finanzielle und menschliche Ressourcen gibt, die das Leben trotz schwerer Krankheit lebenswert machen«. Dort, wo Hilfe möglich ist, sollten alle Möglichkeiten der Unterstützung ausgeschöpft werden. Elisabeth Kunze-Wünsch fordert diese Unterstützung sicher zu Recht ein. Allerdings, so müssen wir an dieser Stelle ergänzen: Nicht jeder, der sich ein Lebensende im Hospiz wünscht, erhält auch einen Platz. Es gibt schlicht zu wenig davon. Und wenn wir uns an die Zustände in Pflegeheimen erinnern, so kann dort von einer intensiven Sterbebegleitung häufig keine Rede sein. Dort erleben wir nicht selten ein Sterben in Einsamkeit.

Muri Miyanyedi sieht den Staat in der Pflicht, Menschen übermäßiges und unnötiges Leid zu ersparen. Einer solchen Verpflichtung der Gesellschaft erteilt Elisabeth Künze-Wunsch allerdings eine Absage. Warum? »Das Leiden«, so argumentiert sie, »ist ein Teil des Lebens. Für alle. Das kann verschiedene Ausgestaltungen haben, aber Leiden ist ein Teil der Realität. Das fängt in der Kindheit an mit der ersten Trennung von der Mutter oder der Hauptbezugsperson, es gibt immer wieder Abschiede und Schmerzen.« Krisen können, so ihre Argumentation, Menschen jeden Alters treffen. Von Liebeskummer über Tiefen in Beziehungen bis hin zu schweren Krankheiten, aber auch diese seien ein Teil des Lebens, »so wie es Tag ist und auch Nacht, so gibt es auch im Leben verschiedene Phasen«.

Aus diesen Sätzen spricht eine komplett andere Denk- und Überzeugungsrichtung. Nicht wir haben unser Leben in der Hand, sondern es ist uns gegeben, es ist ein Geschenk, im Glauben von Elisabeth Kunze-Wünsch ein Geschenk Gottes. Und genau wie wir gute Zeiten genießen können, so sollten wir uns auch bewusst sein, dass Krisen und Leid ebenfalls zum Leben gehören. Ein Suizid ist für sie daraus folgernd eine »sehr auf sich bezogene Entscheidung«. In der Regel sei schließlich auch ein Umfeld von solchen Schritten betroffen, das häufig darunter zu leiden habe und bei dem tiefe Verletzungen zurückbleiben, gerade bei Suiziden, die Verwandte und Freunde überraschend treffen. Auch die Trauerarbeit ist nach ihren Erfahrungen in solchen Fällen erschwert, weil sich die Angehörigen häufig fragen, was sie falsch gemacht haben könnten, ob sie etwas übersehen haben und warum sie nicht helfen konnten. Künze-Wunsch weiß, dass es für Verwandte und Freunde oftmals gar keine Möglichkeit gibt, einzuschreiten. Aber es geht für sie nicht nur um eine rein rationale Betrachtung. Angehörige machten sich ungeachtet von jeder rationalen Betrachtung häufig selbst Vorwürfe und geben sich die Schuld am Suizid des geliebten Menschen.

So sehr sie also den Suizid als eine »auf sich bezogene Entscheidung« sieht und ein »Recht auf Suizid« verneint, so klar betont sie auch, dass es Lebensumstände und Krankheitsverläufe gibt, die es Menschen schwermachen können. Die Angst, beispielsweise vor Hinfälligkeit, Bettlägerigkeit und Inkontinenz, kann Menschen den Lebensmut nehmen. Bei unbehandelten Depressionen oder schweren Krankheiten, die wiederum häufig von Depressionen begleitet werden, kann sie nachvollziehen, dass der Suizid als einziger Ausweg erscheint. Solche Gedanken möchte sie nicht verurteilen, denn »da verbietet sich für mich ein Urteil, weil ich nicht weiß, wie sich eine solche Krankheit anfühlt«.

Hilfe statt ein schneller Ausweg

Der »aktiven Sterbehilfe«, wie Künze-Wunsch es formuliert, steht sie aber grundsätzlich ablehnend gegenüber. Und zwar nicht nur aus den bereits geschilderten religiösen Gründen. Sollte der Weg, aus dem Leben zu gehen, juristisch erleichtert werden, sieht sie »eine offene Tür für Missbrauch«. Viele Menschen könnten sich das Leben nehmen, denen noch geholfen werden könnte, weil der Tod plötzlich als scheinbar leichter Ausweg gesehen werden könnte. »Aber wie der dann aussieht und wie dann Sterben und Tod aussehen, weiß ja niemand von uns. Und ob etwas anderes hätte sein können an wirklich guter Lebensqualität, das weiß man dann nicht. Man weiß nicht, was noch drin gewesen wäre.«

Es gibt noch ein Argument, das die Position von Elisabeth Kunze-Wünsch stützt und das in eine ähnliche Richtung weist. Könnte sich in unserer Gesellschaft und in den Familien nicht eine unausgesprochene Erwartungshaltung an kranke Menschen herausbilden, irgendwann den »leichten« Weg einer Selbsttötung zu wählen? Gerade wenn eine chronische Krankheit für Verwandte und Freunde zu großen Belastungen führt? Dieses Argument ist nicht leicht vom Tisch zu wischen. Wir haben in diesem Buch bei unserer Reise durch ein Leben an vielen Stationen erfahren, dass der Grundgedanke, anderen Menschen nicht zur Last fallen zu wollen, durchaus ausgeprägt ist. Auf die Hilfe von eigenen Kindern angewiesen zu sein, fällt vielen Eltern schwer. Der Gedanke, sich persönlich viel Leid zu ersparen und gleichzeitig das familiäre Umfeld zu entlasten, liegt da nicht weit entfernt. Deshalb ist ein potenzieller Druck auf kranke Menschen, die Möglichkeit der Selbsttötung zu wählen, wenn dieser gesellschaftlich erleichtert wird, nicht auszuschließen.

Was sagt Frau Kunze-Wünsch zur Praxis in den Niederlanden, wo es seit vielen Jahren möglich ist, von Ärzten assistiert aus dem Leben zu gehen? Elisabeth Kunze-Wünsch hat hier wie zu erwarten eine klare Position:

»Die Zustände in Holland finde ich fürchterlich. Das ist ein Ausverkauf an Humanität, und was die Gesellschaft da an finanziellen Ressourcen in diese Möglichkeit reinpumpt, das sollte mal lieber in Projekte wie ambulante und stationäre Hospizversorgung investiert werden. Es gibt viele Möglichkeiten, die helfen, dass Menschen sich aufgehoben fühlen auch in der letzten Zeit und ins Sterben und ins Jenseits hinein.«

In vielen Fällen kann Menschen im Hospiz ein würdiges Sterben ermöglicht werden. Das ist zumindest die Erfahrung von Elisabeth Kunze-Wünsch. Es sind alltägliche Hilfen und Gesten, die Sterbenden helfen und ihnen die letzten Wochen oder Tage erleichtern. Manche können noch Sommertage im Garten genießen, fühlen sich sicher dank kontinuierlicher medizinischer Betreuung. Wenn sie noch einmal einen bestimmten Geschmack spüren wollen, dann sorgen Mitarbeiterinnen und Mitarbeiter im Hospiz dafür, dass ein Wein zum Lutschen in Stücken eingefroren wird, selbst wenn die Menschen, die das Ende in Sichtweite haben, nicht mehr trinken können. »Menschliche Nähe ist das Allerwichtigste«, so bilanziert Kunze-Wünsch nach einigen Jahren Erfahrung mit der Leitung eines Hospizes. Deshalb freut sie sich auch über die Unterstützung vieler Ehrenamtlicher, die Sterbende im Hospiz begleiten und für sie da sind, auch wenn Angehörige nicht präsent sein können oder wollen.

Aber können wir daraus den Schluss ziehen, dass sich nur Menschen Gedanken über ein selbstbestimmtes Ende machen, denen ein behütetes Umfeld und menschliche Nähe fehlen? Geht es nur um Menschen, die über Jahre hinweg Schritt für Schritt den Lebensmut verloren haben? Nein, das wäre zu einfach gedacht.

Ein unbedingter Lebenswille

Der fünfzigjährige Elmar May will leben, unbedingt, als ich ihn im Nachtcafé treffe. Aber er weiß schon zu diesem Zeitpunkt, dass es nicht gut für ihn aussieht. Der Vater und die beiden Brüder des sportlichen Nichtrauchers sind an Lungenkrebs gestorben. Vor drei Jahren hat es auch ihn erwischt. Elmar May war vor seiner Krebserkrankung ein sportlicher Typ, lief Marathon, fuhr Rennrad. Das alles ist nicht mehr möglich, doch der gelernte Betriebswirt aus Kulmbach gibt nicht auf und will nichts unversucht lassen. Jeden Morgen sagt er seinem Krebs: »Heute kannst du mich mal, und dann kämpfen wir.«

Im Sommer, an heißen Tagen, empfindet Elmar May die Präsenz der Tumore besonders stark, dann hat er den Eindruck, dass der Krebs in ihm wütet. Doch er will sich seinen Alltag und seine Gewohnheiten nicht nehmen lassen. Er beachtet den Krebs nicht und will ihn nicht dominant werden lassen. Wenn er sich nach einem zwanzigminütigen Spaziergang aus Erschöpfung setzen muss, sagt er sich trotzig: »Nein, ich lebe mein Leben weiter.« Elmar May resigniert nicht, so wenig hoffnungsvoll die Prognosen auch sein mögen. Im Gegenteil: Er informiert sich über Heilungschancen und innovative Ansätze in der Medizin, sieht sich als mündigen Patienten, der von den Ärztinnen und Ärzten alles über neue Therapieformen erfahren will.

Vor dem Hintergrund seines bisherigen Krankheitsverlaufs ist diese Grundhaltung umso bemerkenswerter. Kurz nach der Diagnose wird er bereits operiert, es folgen drei Chemotherapien. Im Zuge der Behandlung verliert er drei Organe, unter anderem seinen rechten Lungenflügel, der ihm komplett entnommen wird. »Ich atmete nur noch mit der linken Lunge, das ist brutal schwer. Und genau vor dem Luftkanal hat sich jetzt ein Tumor festgesetzt. Der nimmt mir Sauerstoff, der nimmt mir Kraft. Mein Blutbild muss die ganze Zeit im Auge behalten werden, denn ich habe kein Immunsystem mehr. Wenn einer in meiner Nähe niest, kann es das für mich gewesen sein.«

»Ich möchte das selbst entscheiden dürfen«

An Suizid würde er unter normalen Umständen niemals denken. »Ich bin ne rheinische Jung«, sagt er selbst von sich, »die sind eh immer gut drauf.« Aber so sehr May alle Kräfte für sein Überleben mobilisiert, so offen will er auch auf ein mögliches Ende schauen. Denn wenn medizinisch keine Hoffnung mehr besteht, wenn nicht einmal mehr neue Therapien ihm eine theoretische Überlebenschance eröffnen, dann will er handeln und nicht mehr warten:

»Wenn die Ärzte sagen, dass ich sterben werde, dann ist ja immer noch unklar, ob es ein schneller Tod sein wird oder ein Rumvegetieren. Deshalb werde ich nach der Nachricht sehr schnell den Weg in die Schweiz antreten. Wenn auch Palliativmediziner sagen, dass es keinen Sinn mehr macht, dann muss es das Recht geben für Betroffene auf die Tablette, die das Leiden beendet. Ich möchte auch nicht, dass das mein Sohn für mich entscheiden muss, ich möchte das selbst entscheiden dürfen.«

Wie hat sich bei May die Überzeugung entwickelt, dass dies der richtige Weg für ihn ist? Kurz nach der Diagnose hatte er in Selbsthilfegruppen Betroffene kennengelernt, sich aber nach und nach von vielen verabschieden müssen: »Die Menschen starben mir weg und dabei habe ich den einen oder anderen Tod gesehen, das will man nicht erleben.« Es ist die Zeit, in der er sich zum ersten Mal über Sterbehilfe informiert. Er geht aktiv auf Institutionen zu und trifft sich mit einem Mitarbeiter einer Schweizer Gesellschaft für Sterbehilfe, als er im Südschwarzwald in der Reha ist. Der Mitarbeiter erklärt ihm, dass es in der Institution eine Kommission gebe und ein Gutachten eines Arztes angefertigt werde, das anschließend verschlossen wird. Dann folgt ein Gutachten eines zweiten Arztes. »Wenn beide zu dem Schluss kommen, dass ich dem Tode geweiht bin, dann bekomme ich die Erlaubnis, dass man mir das tödliche Medikament verschreiben kann.« Nach diesem Treffen ist May überzeugt, die für sich stimmige Perspektive für seine letzten Meter gefunden zu haben:

»Der hat mir den Weg erklärt, und da wusste ich: Das ist mein Weg, das ist der Weg, den ich selbstbestimmt gehen werde, wenn mich die Ärzte aufgeben. Es ist für mich kein direkter Weg zum Suizid, denn ich kämpfe noch wie ein Löwe, aber wenn mir meine Ärzte, sagen: ›Herr Mey, es ist vorbei‹, dann werde ich mich sehr schnell aufmachen zu Exit.«

Alles kommt anders

Zwei Jahre nach unserem Treffen erfahre ich, dass Elmar Mey verstorben ist. Doch die letzten Jahre verliefen anders, als er sich das wohl jemals ausgemalt hatte, in vielerlei Hinsicht.

In den Monaten nach seinem Besuch in Baden-Baden geht es ihm körperlich immer schlechter, aber all das ist für einen Moment nebensächlich. Denn er erfährt etwas, das sein Leben und seine Prioritäten noch einmal auf den Kopf stellt: Seine Lebensgefährtin Katja Hoppe, die schon in der Zeit seines Nachtcafé-Besuchs eine wichtige Rolle in seinem Leben gespielt hatte, wird völlig unerwartet schwanger. Sie hatte das Thema mit bald sechsunddreißig Jahren schon abgehakt, er sollte durch die Therapien eigentlich unfruchtbar sein. Beide haben zunächst Angst vor dem, was nun kommen soll. Katja Hoppe, so erzählt sie mir rückblickend, hat vor allem die Angst, das Kind allein großzuziehen. Auch er fragt sich, wie alles gehen soll. Die Ängste überwiegen in den ersten Wochen und Monaten, bis die werdende Mutter in der 19. Schwangerschaftswoche die Kellertreppe hinunterfällt. Der Krankenwagen kommt, sie wird sofort ins Krankenhaus eingeliefert und darf sich in den nächsten Tagen nicht bewegen. In dieser Situation wird beiden schlagartig bewusst, wie sehr sie sich schon auf den Nachwuchs freuen. Tagelanges Bangen, dann die erlösende Nachricht. »Die Kleine war mopsfidel«, sagt Katja Hoppe noch heute erleichtert.

In den letzten Schwangerschaftswochen geht es Elmar Mey immer schlechter. Immer wieder neue Entzündungen in unterschiedlichen Organen machen ihm zu schaffen, dazu ständig Lungenentzündungen. Katja Hoppe macht sich Sorgen, dass ihr Lebensgefährte die Geburt vielleicht nicht mehr erlebt. Aber Elmar Mey freut sich auf das Kind. Er stellt sich vor, wie sie zu dritt in die Stadt gehen, einen Kaffee trinken und die Kleine genießt einen Kakao. Er macht auch schon Pläne, wann der erste Freund ins Haus darf: Mit siebenundzwanzig. Seinen Humor hat er nicht verloren. In diesen Momenten glaubt sie, er könnte es schaffen. Vielleicht besiegt er die Krankheit ja doch. Insgesamt, so sagt sie rückblickend, war die Schwangerschaft für sie »Angst und Freude zugleich«.

Als die Tochter auf der Welt ist, dauert es einige Wochen, bis sich das Familienleben stabilisiert und sie einen routinierten Tagesablauf finden. Aber als die Tochter etwas größer ist und das Köpfchen drehen kann, liegt sie oft neben ihm auf dem Bett und schaut hoch zu ihrem Vater. »Da hat er ihre Hand gehalten«, erinnert sich Katja Hoppe, »das war wunderschön«.

Auch Elmar Meys erwachsener Sohn kommt zu Besuch, zu viert erleben sie einige innige Familientage. Seine Tochter lenkt ihn ab, er will sie aufwachsen sehen und so viel wie möglich von ihr mitbekommen. Ein Besuch in der Schweiz kommt für ihn nun nicht mehr in Frage. Er möchte nicht, dass seine Tochter einmal erfährt, dass er selbst aus dem Leben gegangen ist.

So schöne Momente sie gemeinsam erleben, so schwermütig fühlen sich andere Stunden an. Es gibt Tage, da kann er seine Tochter kaum ansehen, so schmerzhaft ist das Gefühl, möglicherweise bald gehen zu müssen.

Plötzlich verschlechtert sich sein Gesundheitszustand noch einmal rapide. Es werden Knochenmetastasen diagnostiziert. Er nimmt trotz anfänglicher Bedenken die Dienste einer Palliativstation in Anspruch. Anschließend geht es ihm deutlich besser, doch dann der erneute Rückschlag. Sein Lungentumor ist um das Doppelte gewachsen. Danach geht es nur noch bergab. »Er konnte sich irgendwann nicht mehr aufbauen.« Hinzu kommen Nebenwirkungen und immer wieder neue Verkettungen von Beschwerden, dazu eine ständige Luftnot. Seine Lebensgefährtin und seine Tochter ziehen zu ihm auf die Station und übernachten bei ihm im Krankenhaus. Für seinen Geburtstag ist die Taufe der Tochter geplant, aber seine Lebensgefährtin zieht sie auf ärztliches Anraten um zwei Tage vor, damit er sie noch erleben kann:

»Wir hatten dann eine Nottaufe in der Kapelle im Krankenhaus, zwei Tage vor seinem Geburtstag. Er ist dann hoch in die Kapelle gelaufen und hat dort oben noch gesprochen. Keine Ahnung, wo er die Kraft hergenommen hat. Er hat dort vor einem kleinen Kreis wirklich noch eine kleine Rede gehalten, das war der Hammer. Dann sind wir wieder runter auf sein Zimmer und es war, als ob jemand den Stecker gezogen hätte. Es war, als ob es das letzte Ereignis war, das er noch mitnehmen wollte. Die nächste Nacht war richtig übel und am Tag vor seinem Geburtstag ist er gestorben.«

Gut anderthalb Jahre ist das nun her, seine Tochter ist mittlerweile zwei. Katja Hoppe muss täglich an den Vater ihrer Tochter denken, aber mit der Zeit werden die Erinnerungen weniger bedrückend und die schönen Momente treten wieder in den Vordergrund. Seine Tochter erkennt ihn auf Fotos, auch weil Katja Hoppe die Erinnerung an den Vater wachhält. Jeden Abend wirft ihre Tochter einem Foto ihres Vaters ein Kusshändchen zu und sagt ihm gute Nacht.

Mutter und Tochter geht es gut. Und immer wieder denkt Katja Hoppe auch an eine Situation, als sie mit Elmar Mey auf der Wohnzimmercouch sitzt und er zu ihr sagt: »Ich gehe, und sie bleibt.«

Die Möglichkeiten der Palliativmedizin

Lange muss ich über das nachdenken, was Elmar Mey und Katja Hoppe erlebt haben. Elmar Mey hat seine Meinung geändert. Als seine Tochter in sein Leben trat, konnte er sich nicht mehr vorstellen, in die Schweiz zu fahren. Es gibt sicher andere, bei denen der Weg genau umgekehrt verläuft. Menschen, die sich nie vorstellen konnten, einen solchen Schritt zu gehen, und im Angesicht eines langen Sterbeprozesses ein selbstbestimmtes Ende in Erwägung ziehen. Wie sieht es mit Ihnen aus? Machen Sie sich ebenfalls Sorgen vor dem Sterbeprozess, vor möglichen Schmerzen und Demütigungen? Ich höre immer wieder, auch in meinem privaten Umfeld, dass die Angst vor dem Tod nicht so groß ist, aber umso mehr die Angst vor dem Sterben mit all seinen dunklen Seiten.

Prof. Dr. med. Sven Gottschling versucht seinen Patientinnen und Patienten die Ängste zu nehmen und sie in Ruhe über

das zu informieren, was auf sie warten könnte. Der Schmerz-
und Palliativmediziner begleitet seit vielen Jahren Menschen bis
in den Tod und kennt Lebenssituationen, wie sie Elmar Mey,
Muri Miyanyedi und Oliver Moßmann beschrieben haben. Bereits im Zivildienst ist Gottschling als Rettungssanitäter vor Ort,
wenn Menschen in Akut-Situationen versorgt werden müssen,
ob nach Autounfällen oder Herzinfarkten. Anschließend wird
er Kinderarzt und erlebt häufig schmerzgeplagte Kinder, die er
nach eigener Wahrnehmung zusätzlich mit Maßnahmen von
Blutentnahmen bis zu Magenspiegelungen plagen muss. Eine
wichtige Weichenstellung ist für ihn am Ende seiner Facharzt-
ausbildung ein Weiterbildungsplatz zum Schmerzmediziner.
Damals, 2005, war er einer von wenigen Kinderärzten, die eine
solche Ausbildung vorweisen konnten. Er empfand sich als
Exot, doch er hatte seine Berufung gefunden. Heute behandelt
er als Chefarzt des Zentrums für Palliativmedizin und Kinder-
schmerztherapie am Universitätsklinikum des Saarlandes in
Homburg sowohl Erwachsene als auch Kinder. Häufig kommen
sie zu ihm ohne Hoffnung auf Heilung.

Als Palliativmediziner stellt er sich seinen Patientinnen und
Patienten als »Spezialist für Lebensqualität« vor. Er kümmert
sich um belastende Beschwerden, unter denen Menschen mit
einer lebensbegrenzenden Erkrankung leiden. Es geht für ihn
tagtäglich um das Lindern von Schmerzen, um Luftnot, Übel-
keit, aber auch um Ängste. Und häufig ist er konfrontiert mit
Suizidgedanken oder einem konkreten Sterbewunsch von Menschen.

Die Erkrankungen seiner Patienten sind vielfältig. Er behandelt erwachsene Patienten mit Krebserkrankungen im fortge-
schrittenen Stadium genauso wie Menschen mit neurologischen
Erkrankungen wie Parkinson, Demenz oder ALS. Die Klinik ist
nicht limitiert auf bestimmte Erkrankungen. »Jeder Mensch«,

wie Gottschling es selbst formuliert, »der eine lebensbegrenzende Erkrankung hat und leidvolle Beschwerden, sei es körperlich oder sei es seelisch, ist bei uns herzlich willkommen und hoffentlich gut aufgehoben.«

Das Ende des Lebens kann uns in jedem Alter ereilen. Wir haben uns in diesem Buch gemeinsam unterschiedlichen Lebensphasen gewidmet, doch jede einzelne kann jäh unterbrochen werden. Die Lebensphase seiner Patientinnen und Patienten spielt eine große Rolle, wie Sven Gottschling beobachtet. Vor allem die Behandlung von Jugendlichen und jungen Erwachsenen ist häufig schwierig. Sie erfassen schon, was mit ihnen passiert, stecken häufig noch voller Vitalität und werden ausgebremst, bevor das Leben richtig gestartet ist. Gottschling beobachtet bei ihnen häufig eine große Aggression, die sich entladen muss: »Das ist ja auch so unfair. Und das sind wirklich auch oft Patienten, die ganz schwer sterben, wo wir sehr viel Zeit in Gespräche investieren müssen und wo wir trotzdem oftmals ein Stück weit stecken bleiben.«

Sven Gottschling weiß um die Begrenzungen seines Wirkens, aber vor allem will er Menschen Mut machen und ihnen unbegründete Ängste nehmen. So gebe es »unendlich viele Möglichkeiten«, die Patientinnen und Patienten medizinisch zu versorgen, und diverse Medikamente, mit denen körperliche Beschwerden wirksam gelindert werden können: »Viele Menschen haben am Lebensende total viel Angst vor unkontrollierbaren Schmerzen, und die müssen sie nicht haben. Bei weit über 90 Prozent unserer Patienten, zum Beispiel auch Krebspatienten mit diffuser Metastasierung, bekommen wir Schmerzen so weit gelindert, dass es aushaltbar ist.«

Aber heißt das nicht auch, knapp 10 Prozent müssen leiden? Gottschling will nichts schönreden. Er räumt ein, dass es nicht in jedem Fall gelingt, seinen Zielvorstellungen nahezukommen. »Nicht jeder Mensch stirbt glücklich und zufrieden. Das ist auch totaler Quatsch.« Und nicht jeder Sterbende hat einen qualifizierten Palliativmediziner an der Seite, das sollten wir an dieser Stelle auch noch einmal erwähnen. Das Sterben sei, so stellt auch Gottschling klar, manchmal sehr mühsam und belastend für alle. Auch in ihrer Klinik bekommen sie trotz aller Fortschritte in der Palliativmedizin nicht jedes Symptom unter Kontrolle. »Aber«, so Gottschling sehr deutlich, »ich wehre mich dagegen, dass man sagt: Na ja, wir bauen hier einen Schalter an, und ab dem Punkt X spritzen wir halt ein todbringendes Medikament.«

Sven Gottschling gibt sich durch diese Aussage bereits als Gegner der »Tötung auf Verlangen« zu erkennen. Er sieht jedoch viele Möglichkeiten, Sterbenden den Abschied aus dem Leben zu erleichtern. Doch gehen wir einen Schritt weiter. Welche Erfahrungen machen Angehörige, die mit einem solchen Wunsch durch ihren geliebten Partner konfrontiert werden?

Zwei verwebte Leben

Als ich Volker Prause im Nachtcafé treffe, liegt der Abschied von seiner Frau Monika zwei Jahre zurück. Er wirkt weitgehend gefasst, und doch ist spürbar, wie sehr die Erfahrungen und Grenzsituationen der letzten Jahre noch in ihm arbeiten. Er vermisst seine Monika jeden Tag.

Volker Prause und seine Frau werden bereits als Teenager ein Paar, Monika ist seine erste große Liebe. Eine Liebe fürs Leben, wie sich zeigen sollte. Seine Frau arbeitet als Buchhändlerin, er im IT-Bereich. Die vielen Jahrzehnte, das frühe Kennenlernen – all das schafft eine besondere Bindung: »Man verwebt sich viel stärker mit dem Partner, man lebt symbiotischer, man entwickelt sich gemeinsam.«

Monika Prause genießt das Leben in vollen Zügen. Zu ihren Kunden und Mitmenschen ist die Buchhändlerin meist freundlich, offen und kommunikativ. Sie kann aber – ihr Mann schreibt dies auch ihrem Sternzeichen Stier zu – sehr direkt und entschieden sein: »Wenn ihr etwas quergekommen ist, wurden die Stierhörner runtergeklappt, und dann ging's vorwärts.« 23 Jahre vor ihrem Tod erhält sie ihre erste Krebsdiagnose. Die beiden Söhne sind noch klein, die Familie ist vorübergehend im Schockzustand. Sie wird operiert, und zehn Jahre ist sie offiziell krebsfrei, auch wenn sie selbst dies anders sieht. Sie lebt weiter im Bewusstsein, Krebs zu haben, »man sieht ihn nur nicht«. Nach zehn Jahren kehrt der Brustkrebs zurück und hat bereits metastasiert. Aber wieder gelingt es, ihn zurückzudrängen und weitere zehn Jahre ohne neuen Krebsbefund ein Leben mit hoher Lebensqualität zu führen. Die Devise der Familie lautet: »Trotzdem normal leben, oder sogar noch intensiver.«

Eine Krebsdiagnose ist ein Einschnitt, aber noch kein Todesurteil. Für viele Menschen ist über viele Jahre oder auch Jahrzehnte ein Leben mit Krebs möglich. Ich selbst habe es mit meinem Vater erlebt. Die Krankheit wird zum Begleiter, immer wieder bedrohlich, aber je nach Krebsform und Bösartigkeit des Tumors auch über Jahre gnädig.

Mit der Gnade ist es vorbei, als Monika Prause und ihr Mann erfahren, dass der Krebs wieder da ist, und zwar massiver und aggressiver als je zuvor. Zwischen den Schulterblättern sind die Wirbel vom Krebs zerfressen. Die Wucht, mit der die neue Diagnose beide trifft, ist noch heute zu spüren, wenn Volker Prause sich erinnert:

»Sie sitzen neben Ihrer Frau, die im Scanner liegt. Dann läuft auf dem Drucker ein Bild raus, und Sie sehen die roten Punkte. Da bin ich fast umgefallen, ich bin fast vom Stuhl gefallen, da war der Kreislauf weg. Erst habe ich noch gedacht: Hören wir erstmal, was der Arzt sagt, vielleicht hast du es ja auch völlig falsch interpretiert. Dann sind wir zum Arzt rein, und der hat dann das gesagt, was ich schon befürchtet hatte. Die Wirbelsäule brechen, das ist ein Ereignis, da fragen Sie mal einen Arzt, wie sich das anfühlt. Da kommen Sie erstmal zwei, drei Wochen ins künstliche Koma, denn die Schmerzen kriegt man noch nicht mal mit Morphium in den Griff. Dann liegen Sie auf dem Rücken und warten darauf, dass der Krebs sich irgendwohin durchgefressen hat, wo er Ihnen das Lebenslicht ausbläst. Dann sagte meine Frau: ›Das heißt also, ich bin dann querschnittsgelähmt, und der Krebs frisst weiter?‹ – ›Ja.‹ – ›Dann gehe ich in die Schweiz!‹«

Gehen lassen aus Liebe

Niemand kennt Monika Prause besser als ihr Mann. Er nimmt diesen Satz sofort sehr ernst, denn er weiß, wie intensiv sich seine Frau in den letzten Jahrzehnten mit dem Sterben beschäftigt hat. Die Ärzte schlagen noch einmal Operation oder Chemotherapie vor, aber sie räumen ein, dass der Krebs bereits das Rückenmark erreicht hat und eine wirkliche Verbesserung der körperlichen Gesamtsituation nicht zu erwarten ist. Wie viel kann ein Mensch ertragen? Was kommt auf Monika Prause zu, wenn sie sich in dieser Situation trotzdem für eine Operation entscheidet? Eine Verlängerung des kaum zu ertragenden Leidens, so sieht es Volker Prause auch im Nachhinein: »Das ist dann eine OP, da wirst du einmal von vorne und einmal von hinten aufgeklappt. Das ist eine OP, davon erholst du dich selbst als gesunder Mensch nicht in zwei Jahren.«

Haben Sie sich einmal gefragt, wie Sie reagieren würden, wenn ein geliebter Mensch nicht mehr leben will und sie bittet, ihm zu helfen, schneller aus dem Leben zu gehen? Für Volker Prause beginnt eine Zeit, die nur diejenigen wirklich nachvollziehen können, die sie ähnlich erlebt haben. Es ist eine innerliche Zerreißprobe:

»Meine Frau hatte irgendwann mal zu mir gesagt: ›Wenn du mich wirklich liebst, dann hilfst du mir zu gehen.‹ Es ist paradox. Man liebt diesen Menschen, also will man ihn nicht gehen lassen – alles andere als das. Aber dann manifestiert sich die wirkliche Liebe darin, dass man ihm hilft zu gehen. Die Liebe ist da, und man liebt sie weiter. Aber diese Liebe diktiert einem Barmherzigkeit und Gnade. Also genau das Gegenteil von dem, was man eigentlich will. Das reißt einen ziemlich auseinander. Das kann einen verrückt machen. Man hat selbst Angst vor dem Verlust, und der dominiert und überdeckt alles andere. Dann opfert man den anderen letztendlich dem eigenen Egoismus und dem eigenen Wohlbefinden. Denn ich liege nicht hinterher da auf dem Rücken und wäre lieber tot. Es war absolut klar. Ich kenne meine Süße und weiß: Wenn ich mich geweigert hätte, hätte sie – zumindest innerlich – wegen Hochverrats die Scheidung eingereicht.«

Die Entscheidung seiner Frau steht, und in ihrem Verhalten signalisiert sie jedem: sie ist für sie unverrückbar. Die Familie nimmt Kontakt mit der Schweizer Organisation Dignitas auf, »da hat mich meine Frau sozusagen hingetreten«. Volker Prause und seine Frau sprechen auch mit befreundeten Ärzten in Deutschland, aber keiner möchte sie auf diesem Weg unterstützen. Ins Wanken gerät Volker Prause deshalb nicht. Er zweifelt nie an der Entscheidung seiner Frau, bis heute nicht: »Es war einfach das Gebot der Stunde. So widerlich das ist, aber es gab keinen anderen Ausweg.«

In den sechs Wochen vor dem Termin in der Schweiz fühlt sich Volker Prause trotzdem wie unter Schock. Wenn die Söhne bei ihrer Mutter sind, muss er sich immer wieder einmal verabschieden und für sich sein. Gemeinsam mit seiner Frau erstellt er eine Liste mit den Namen der Menschen, die Monika noch sehen will, bevor sie endgültig geht. Familie, Freunde, Nachbarn. Die Kinder sind in diesen Wochen jeden Tag bei ihrer Mutter. Die Familie empfindet es wie ein großes »Abschiedsfest«. Jeder Tag, jeder Moment wird, wie Volker Prause sich erinnert, »unendlich intensiv wahrgenommen«.

Wie schwer es Volker Prause trotz aller Überzeugung fällt, Abschied zu nehmen, zeigt sich, als er telefonisch von Dignitas die Nachricht erhält, dass wegen der Krankheit eines Sterbehelfers der Termin für seine Frau verschoben werden muss: »Ich habe dann nicht gesagt: Gleich morgen oder übermorgen, oder geht es nicht ein bisschen schneller? Sondern ich habe jubelnd in Kauf genommen: Noch vierzehn Tage. Die Reaktion meiner Frau war: ›Mist, noch vierzehn Tage durchhalten. Man schiebt's raus, man schiebt's raus …‹«

Schließlich ist es so weit. Volker Prause und seine Frau machen sich mit dem Auto auf den Weg in die Schweiz. Ihre Söhne kommen mit dem Flugzeug nach. Es sind Stunden, die er niemals vergessen wird: »In dem Moment ist alles gesagt. Jeder weiß, wohin man unterwegs ist, und man weiß auch, dass man die Strecke zurück alleine fährt, ohne den anderen … Man versucht, irgendwie nicht daran zu denken und sich auf den Verkehr zu konzentrieren. Das tut man sowieso, weil Sie jemanden drin sitzen haben, der bei jedem Straßenholperer das Gesicht verzieht. So fahren Sie sowieso höchst konzentriert, das ist alles widerlich.«

Am letzten Morgen besuchen alle gemeinsam den Zürichsee. Monika Prause sitzt im Rollstuhl, möchte noch einmal einen Cappuccino trinken. Sie schauen auf den See hinaus. »Und wie es so weit ist, keiner wollte es sagen. Und dann hat sie es selbst gesagt: ›Ich glaube, wir müssen dann mal …‹«

Das Haus, in dem seine Frau sich verabschieden wird, empfindet Volker Prause als architektonisch schön, aber wenig persönlich. Die Einrichtung der Zimmer ist, so sein Eindruck, am

Zen-Buddhismus orientiert. Die Atmosphäre wirkt auf ihn aber steril, wie auf einem Friedhof, dabei möchte er noch gern etwas Lebendiges um sich haben. Alle sind froh, dass sie wegen des guten Wetters in den Garten gehen können. Dort müssen noch viele Dokumente unterschrieben werden. Monika Prause, ihr Mann und die beiden Söhne sitzen noch zwei Stunden auf der Veranda. Für Volker Prause ist es ein endgültiger Abschied von seiner Frau: »Wenn Sie nicht an den lieben Gott und die Auferstehung in alle Ewigkeit Amen glauben, dann wissen Sie, dass das das Leben war, und das ist es dann. Asche zu Asche, zurück zum Sternenstaub.«

Volker Prause setzt sich auf eine Gartenliege, seine Söhne nehmen am Fußende der Liege Platz. »Meine Frau hat sich vorne zwischen meine Beine gesetzt und sich an mich gelehnt. Dann habe ich sie von hinten umschlungen … Händchen gehalten …«

Die Sterbehelfer bringen Monika Prause den Becher und fragen sie noch einmal, ob sie wirklich ganz sicher sei, denn wenn sie die Flüssigkeit im Becher trinke, sei der Schritt unumkehrbar.

»Meine Frau sagte etwas unwirsch: ›Ja‹, schnappte nach dem Becher und trank das Mittel. Dann war es nur noch eine Sache von Sekunden. Sie hat noch zwei, drei Sätze gesagt, das war es dann. Sie sagte: ›Jetzt kann der Engel kommen. Er muss ja nicht schwarz sein.‹ Das war immer ihr Ding, der schwarze Todesengel. Sie wollte halt lieber einen weißen Todesengel. Dann war sie bewusstlos. Und dann hat es noch eine Viertelstunde, zwanzig Minuten gedauert, bis die Überdosis die Atmung aussetzen ließ … Man sitzt dann da, ich habe noch die ganze Zeit auf sie eingeredet … Einfach nur ein bisschen erzählt. Wir waren alle barfuß, und irgendwann sehen Sie, dass die Zehennägel nicht mehr weiß sind, sondern rosa …«

Für Volker Prause und seine Söhne beginnt danach die Zeit der Trauer, die aber nicht zusätzlich belastet wird von Reue oder Selbstvorwürfen. Er steht zu der Entscheidung und hält sie nach wie vor für richtig und stimmig. Nur mit der fehlenden Unterstützung in Deutschland kann er sich auch im Nachhinein nicht abfinden:

»Man kann jetzt nur noch entweder in die Schweiz fahren, wenn man das Geld hat, oder eine Plastiktüte über den Kopf ziehen, wenn man sich nicht mehr vor den ICE schmeißen kann. Man wird zu dem gezwungen, was meine Frau nicht wollte: den bitteren Weg bis zum erlösenden Ende zu gehen. Es ist nicht das bittere Ende, sondern der bittere Weg, denn den bekommen sie aufgezwungen. Dabei geht es doch nur um einen Notausgang, aber den haben sie jetzt zugemacht.«

Eine Plastiktüte über den Kopf ziehen? Das ist ganz sicher nicht das, was wir unter einem würdevollen Abschied aus dem Leben verstehen. Volker Prause hat uns gezeigt, wie schwer der Weg bis zum Abschied auch für Angehörige sein kann. Sie durchlaufen häufig Phasen des Schocks, der Traurigkeit, des Nicht-wahrhaben-Wollens und werden wie die Betroffenen selbst oft aus ihrem bisherigen Leben katapultiert. Häufig, so der Palliativmediziner Prof. Sven Gottschling, wird das Leiden der Angehörigen unterschätzt. Deshalb versteht er sich als Familienmediziner, der nicht nur die Kranken, sondern auch das sie stützende Umfeld in die Therapie mit einbezieht. Wenn er neue schwerstkranke Patientinnen und Patienten kennenlernt, bittet Gottschling zeitnah um ein Familiengespräch mit den engen Angehörigen. Dabei geht es nicht nur um den aktuellen medizinischen Status quo, sondern auch um Fragen wie: Was wird kommen? Worauf müssen sich Angehörige und Patienten einstellen? Wie kann es weitergehen? Vor allem geht es auch darum, dass jeder Sorgen und Ängste aussprechen kann. Solch eine

Begegnung, gewissermaßen auf Augenhöhe, kann sicher dazu beitragen, dass Menschen, die in dieser Ausnahmesituation aufgewühlt und überfordert sind, Halt und Orientierung finden. Gleichzeitig bin ich skeptisch, ob es ausreichend Mediziner gibt, die solche anspruchsvollen Gespräche führen können. Ein Grund mehr, sie nicht nur als technische Handwerker auszubilden, sondern auch für solche menschlich fordernden Situationen zu schulen. Diejenigen, die das nicht beherrschen, sollten wir nicht auf Patienten und Angehörige loslassen.

Stellen wir uns vor, solch ein Familiengespräch hätte es zwischen einem dafür geeigneten Mediziner und Familie Prause gegeben. Was hätte er neben psychischem Beistand der Familie anbieten können? Welche Möglichkeiten gibt es in Deutschland, wenn sich Menschen wie Monika Prause so eindeutig entschließen, den beschwerlichen Weg bis zum Tod aus menschlich nachvollziehbaren Gründen nicht durchleiden zu wollen? Warum stehen ihr Ärzte in Deutschland auf diesem Weg offensichtlich nicht zur Seite? Und mit welchen Argumenten wollen diejenigen, die sich grundsätzlich gegen Organisationen wie Dignitas aussprechen, Menschen wie Frau Prause von einem anderen Weg überzeugen?

Juristische Grauzonen

Erinnern wir uns an die Unterscheidung zwischen den Begriffen »Sterben zulassen«, früher oft »passive Sterbehilfe« genannt, und »Tötung auf Verlangen«, früher häufig als »aktive Sterbehilfe« bezeichnet. Wie sieht die gelebte Praxis, wie sie ein bekannter und geschätzter Palliativmediziner wie Sven Gottschling tagtäglich erlebt, denn aus?

Das »Sterben zulassen« ist in Deutschland rechtlich problemlos möglich und wird von Gottschling auch regelmäßig praktiziert: »Das bedeutet, dass ich Maßnahmen unterlasse, die das Sterben eines Patienten verzögern oder verhindern. Und das bedeutet zum Beispiel auch, Maschinen abzustellen. Das heißt. wenn jemand an der Dialysemaschine hängt, darf ich die ausstellen, und ein Patient darf dann an der fehlenden Entgiftungsfunktion der Niere versterben. Oder ich darf auch eine Beatmungsmaschine abstellen oder eine Ernährung oder eine Antibiotikatherapie bei einem Infekt beenden. Und der Patient stirbt dann an der Grunderkrankung. Dieses ›Sterben zulassen‹ ist etwas, was jederzeit, im Einklang mit dem Patientenwillen oder auch mit einem Bevollmächtigten, der als Sprachrohr des Patienten dient, besprochen und umgesetzt werden kann. Das ist – das klingt jetzt böse – unser tägliches Brot. Dass wir sagen: Okay, hier müht sich jemand. Jetzt ist eine Weiterführung dieser Geschichten nicht mehr sinnvoll. Wir beenden jetzt diese Therapie-Eskalation oder wir fahren nochmal bestimmte Sachen zurück, wie eine Kreislaufunterstützung, und behindern nicht mehr das Sterben.«

In Bezug auf ein würdevolles Sterben ist das »Sterben zulassen« von erheblicher Bedeutung. Viele Menschen fürchten, nur noch von Maschinen unterstützt ein unwürdiges Dasein zu fristen. Um hier seinen Willen selbstbestimmt festzuhalten, sind Patientenverfügungen wichtig und notwendig. Wer will seinen Angehörigen solche Entscheidungen überlassen und aufbürden? Wir machen uns auch zu selten bewusst, wie schnell unser Leben in den Händen eines bestellten Betreuers liegen kann, den wir nicht kennen und der möglicherweise komplett andere Wertvorstellungen vom Leben und Sterben vertritt. Auch hier wollen wir nicht zum Objekt werden, sondern selbst entscheiden können.

Nicht erlaubt ist in Deutschland die Tötung auf Verlangen. Ein Arzt darf einer Patientin oder einem Patienten nicht bewusst ein todbringendes Medikament verabreichen. Die Grauzonen sind hier aber größer als Sie vielleicht vermuten. Es gibt nämlich den Sonderfall der »Beihilfe zur Selbsttötung«. Ein Arzt darf unter gewissen Umständen ein Medikament verordnen, das – vom Patienten eingenommen – zum Tode führt. Gottschling stellt dazu noch einmal klar: »Das ist auch in Deutschland für Ärzte prinzipiell straffrei, weil die Selbsttötung an sich kein Straftatbestand ist. Und ich kann nicht die Beihilfe zu irgendetwas strafbar machen, wenn der eigentliche Akt straffrei ist.«

Aber Moment, liebe Leserinnen und Leser: Ist dann nicht das, was im Fall von Frau Prause praktiziert wurde, auch in Deutschland legal? Ein Arzt verschreibt ein Medikament, das im Becher von der Patientin eingenommen zum Tode führt? Genau an diesem Punkt wird es kompliziert. Wenn ein Arzt wiederholt ein solches Vorgehen praktiziert, macht er sich der »Gewerbsmäßigen Beihilfe zur Selbsttötung« schuldig, denn diese ist seit einer Gesetzesänderung im Jahr 2015 ein Straftatbestand.[90]

Und, wie der Palliativmediziner Gottschling ergänzt: »Wir Ärzte haben das Problem, dass es uns eigentlich standesrechtlich untersagt ist, Menschen bei der Selbsttötung zu unterstützen. Es gab aber, nach meinem Kenntnisstand, zumindest in den letzten dreißig Jahren keinen einzigen Fall, wo das in irgendeiner Form von irgendeiner Ärztekammer gegen einen Arzt aufgerollt oder verwendet wurde. Also ist das auch ein Stück weit eine Gewissensentscheidung eines jeden Arztes, wie er sich dazu verhält.«

Welch eine weitreichende Gewissensentscheidung! Wäre Frau Prause also anderen Ärzten begegnet, hätte sie womöglich nicht in die Schweiz fahren müssen. Wenn diese Ärzte aber wiederum häufiger von Patientinnen und Patienten aufgesucht werden und ihnen geschäftsmäßig Mittel, die zum Tode führen können, verschreiben, machen sie sich strafbar. Wir sehen, in welch komplizierter Rechtslage wir uns befinden und wie sehr Ärzte und Patienten sich in Grauzonen bewegen, über die zumindest auf Patientenseite häufig kaum Informationen vorliegen. Auch das Bundesverfassungsgericht beschäftigt sich aktuell mit dem Paragraphen 217 Strafgesetzbuch, in dem die absichtliche »geschäftsmäßige« Förderung einer Selbsttötung verboten wird. Ist dieses Verbot in Einklang mit der Verfassung zu bringen?

Manche von Ihnen, liebe Leserinnen und Leser, werden ähnlich denken wie Monika Prause und Muri Miyanyedi und eine Reise in die Schweiz für möglich halten. Und bedauern, dass eine Reise in die Schweiz nötig ist, um seiner eigenen Überzeugung gemäß sein Leben beenden zu können. Andere von Ihnen folgen vielleicht aus religiösen Gründen der Haltung von Frau Kunze-Wünsch und schließen für sich eine Verkürzung der Lebenszeit grundsätzlich aus.

»Ich bin kein Henker«

Sven Gottschling ist in seiner Grundposition allerdings sehr pointiert und klar und kommuniziert diese Haltung auch entsprechend an seine Patienten. Er versucht ihnen zunächst zu vermitteln, dass viele belastende Situationen durch die Palliativmedizin gut unter Kontrolle gebracht werden können. Und dass es immer die Möglichkeit einer palliativen Sedierung gebe, wenn es nicht möglich ist, den Zustand zu verbessern. Gottschling wird besonders deutlich, wenn es um weitere Schritte geht:

»Ich sage ihnen auch, dass es nicht meine Aufgabe ist, als Henker oder als Gehilfe den Tod herbeizuführen. Ich bin dafür auch nicht ausgebildet. Weil ich es auch problematisch finde, wenn Patienten mich in dieser Doppelrolle wahrnehmen.«

Sehr deutliche und drastische Worte. Gottschling bezweifelt außerdem, dass Sterbehilfeorganisationen immer einen würdevollen Tod ermöglichen können. So würden die Organisationen selbst zugeben, dass »ein nicht ganz unrelevanter Prozentsatz«, wie Gottschling es formuliert, bei der Einnahme der Medikamente scheitert. Die Patienten würden dann zwar bewusstlos oder bewusstseinseingeschränkt, aber ihnen »wird es schlecht, sie erbrechen sich, ersticken zum Teil qualvoll an ihrem eigenen Erbrochenen. Niemand ist dabei, niemand hilft ihnen. Auch das ist nicht unbedingt immer würdevoll.«

Und noch ein Argument spricht für ihn gegen eine Praxis wie in den Niederlanden, der Schweiz und Belgien. Es ist eine Sorge, über die wir in diesem Buch auch schon nachgedacht haben: »Viele unserer höher betagten Patienten möchte sterben, um ihren Angehörigen nicht zur Last zu fallen. Nicht weil sie wirklich sterben wollen. Sondern weil sie sich als nicht mehr nützlich und als Belastung empfinden. Und ich möchte nicht irgendwann in einer Gesellschaft leben, wo sich Menschen dafür rechtfertigen müssen, dass sie hilfebedürftig sind, aber trotzdem leben möchten.«

Der Palliativmediziner Winfried Hardinghaus unterstützt Gottschling mit vehementen Worten in seiner Position:

»Ich habe provokativ gefragt: Brauchen wir demnächst eine Altenklappe unter der Babyklappe? Die Befürchtung besteht durchaus. Ich habe die Sorge vor einem Dammbruch, wenn man die Bestimmungen liberalisiert. Dann könnte der Druck auf alte Menschen steigen, Sterbehilfe in Anspruch zu nehmen beziehungsweise die alten Menschen könnten von sich aus auf die Idee kommen zu sagen: Ich will doch meinen Kindern nicht zur Last fallen, die sollen mal in Ruhe in Urlaub fahren, ich möchte in den Tod gehen.«

So vehement die Palliativmediziner für ihre Überzeugung eintreten, so deutlich bleibt auch festzuhalten: Angesichts der Zustände in vielen Kliniken und Pflegeheimen und der auch von der Palliativmedizin nicht immer zu lindernden Krankheitsbilder sollten wir auch die nicht vergessen, die sich mündig und ohne Druck von Verwandten dazu entscheiden, selbstbestimmt aus dem Leben gehen zu wollen. Hier trifft sich das Thema eines würdigen Todes mit der Würde des Alters, der Möglichkeit der Teilhabe und der Einsamkeit in unserer Gesellschaft. Momentan kann auch nur in die Schweiz fahren, wer über ausreichende finanzielle Ressourcen verfügt. Der Riss der sozialen Ungleichheit, der sich durch unsere Gesellschaft zieht, wird also auch in diesem Thema deutlich.

Die Zwillingsschwester loslassen

Wir haben erlebt, wie fordernd es für Volker Prause war, seine Frau auf der letzten Reise in die Schweiz zu begleiten. Genauso schwer kann es auch für Angehörige sein, einem geliebten Menschen beizustehen, der entschieden hat, das Leben trotz großer Leiden ohne äußeren Eingriff bis zuletzt sehr bewusst durchzustehen.

Gisela Getty und ihre Zwillingsschwester Jutta Winkelmann waren Hippie-Ikonen und führten ein bewegtes, ereignisreiches Leben. Gisela Getty war verheiratet mit Paul Getty. Genau, mit jenem Getty, der zunächst seine eigene Entführung inszenieren wollte, die Rechnung aber ohne die Entführer gemacht hatte. Er verlor ein Ohr und schaffte unfreiwillig einen Filmstoff, der erst 2018 wieder die Kinos dieser Welt bespielte. Drogen, Liebe, Kreativität, Freundschaft, Spiritualität – all diese Begriffe können nur andeuten, um welche Themen die Leben der Zwillingsschwestern kreisten, denn gleichzeitig greifen sie viel zu kurz. In den folgenden Jahrzehnten leben die Zwillingsschwestern ihre Kreativität als Fotografinnen, Regisseurinnen, Schauspielerinnen, Designerinnen und Schriftstellerinnen aus. Hier soll es aber nicht um die vielen Etappen ihres prall gefüllten Lebens gehen, sondern um das Abschiednehmen, das beide auch als besonderen Teil des Lebens empfinden.

Bereits in den Neunzigerjahren erkrankt Jutta Winkelmann an Brustkrebs. Sie versucht, mit unkonventionellen, später auch mit schulmedizinischen Mitteln die Krankheit unter Kontrolle zu halten. Viele Jahre geht es gut, bis sie schließlich immer mehr an Kraft verliert. Jutta Winkelmann stirbt in München, ihre Zwillingsschwester ist bei ihr.

Als sie die Asche ihrer Schwester ein halbes Jahr nach deren Tod im Ganges verstreut, hat Gisela Getty noch den Eindruck, den Verlust gefasst bewältigen zu können. Ich treffe sie im Nachtcafé kurz vor dem zweiten Todestag ihrer Schwester. Erst jetzt, mit zeitlichem Abstand zum Abschiednehmen, trifft sie der Schmerz mit voller Wucht. Sie hat das Gefühl, dass ihre Trauerarbeit nun erst richtig beginnt. »Ich bin«, so Getty, »gerade in so einem Zustand, wo ich ständig weine und zittere.«

Als Zwillinge hatten sie immer gegen eine zu große Enge untereinander angekämpft. Ihr Verhältnis war nicht unkompliziert. Gleichzeitig waren sie sich immer »unglaublich nah, und im Prinzip ist sie natürlich meine Lebensgefährtin«, wie Getty selbst sagt. Denn es blieb zeitlebens eine Verbindung, die schicksalshaft ist. »Als sie gestorben ist, hatte ich irgendwie das Gefühl, dass ich fast so etwas mitsterbe. Gleichzeitig ist sie mir auch jetzt dauernd so nah. Ich spüre sie. Ich höre sie. Sie ist einfach da.«

Die Angst verlieren

Einige Monate vor ihrem Tod ist ihre Schwester zwar schon sehr fragil. Trotzdem kann Gisela Getty mit ihr in Österreich noch in den Bergen wandern. Nach dieser letzten Bergwanderung verschlechtert sich Jutta Winkelmanns Zustand. Sie steht nicht mehr auf und zieht sich immer mehr zurück. Sie geht zu Hause und nicht etwa in einem Hospiz, einem Krankenhaus oder einer Palliativstation ihren eigenen, sehr bewussten Weg dem Tod entgegen. Jede Form der weiteren Krebstherapie lehnt sie ab. Keine Chemotherapie mehr, keine Bestrahlung. Auch auf Schmerzmittel will sie verzichten. Gisela Getty gibt ihre Schwester noch nicht auf, glaubt lange weiter an ein Überleben. »Wir haben bis zum Schluss gedacht, sie bringt das Wunder.«

Jutta Winkelmann vollbringt kein medizinisches Wunder, aber sie geht einen bemerkenswerten Weg, der sie offenbar bis zuletzt zu neuen Erkenntnissen führt. So lange sie kann, schreibt sie. Ihrer Schwester Gisela erklärt sie, dass sie auf diese Weise das Gefühl habe, die Regisseurin ihres Lebens zu sein und dadurch auch Distanz zu bekommen. In den letzten Monaten magert sie immer mehr ab. Gisela Getty ist an ihrer Seite, pflegt sie und ist immer bei ihr. Der Sterbeprozess ihrer Schwester macht ihr Angst. Jeden Tag kommen auch ein Sterbebegleiter und Jutta Winkelmanns Sohn vorbei. Doch immer wieder will Jutta Winkelmann auch bewusst bei sich sein und signalisiert allen anderen, dass sie sie nun wieder alleine lassen könnten. Sie geht konzentriert ihren letzten, sehr fordernden Weg: »Sie hat an sich selbst erleben können«, so Gisela Getty, »wie sehr sie an ihrem Körper und an der Welt hängt und wie schwer so ein bewusster Sterbensprozess ist.«

Mitarbeiter eines Hospizes empfehlen ihrer Schwester, durch Medikamente ihre Schmerzen lindern zu lassen. Doch sie lehnt dies ab, trotz aller furchtbaren Momente, in denen sie stöhnt und keine Berührungen mehr ertragen kann. Aus Verzweiflung bittet Jutta Winkelmann ihre Zwillingsschwester sogar, ihr zu helfen, aus dem Leben zu gehen. Doch Gisela Getty antwortet ihr, dass sie das nicht kann. »Ich habe ihr immer gesagt, sie kann jederzeit eine Opiumpumpe haben. Sie meinte aber immer, dass sie das nicht will.« Das Sterben ihrer Schwester so nah mitzuerleben, überfordert Gisela Getty auch immer wieder. »Ich habe Momente gehabt, in denen ich dachte, ich kann das nicht.«

Jutta Winkelmann stellt irgendwann auch das Essen ein und wiegt schließlich nur noch 26 Kilo. Entgegen allen ärztlichen Prognosen lebt sie noch weitere zweieinhalb Monate weiter. Diese Zeit wird Gisela Getty immer im Gedächtnis bleiben. Wenn sie über die letzten Wochen und Tage spricht, dann tauchen die Bilder und Situationen des Abschiednehmens wieder sehr nah vor ihr auf:

»Sie hat eine sehr starke Entwicklung durchgemacht. Irgendwann hat sie auch die Angst vor dem Tod verloren und überwunden, was sie von sich kaum angenommen hat, denn sie hatte sehr große Angst davor. Sie sagte: ›Es war, als hätte ich über einen dunklen Graben springen müssen, und ich konnte das nicht. Jetzt bin ich gesprungen, habe mich umgedreht und festgestellt, es gibt überhaupt keinen Graben. Es ist nur die Angst.‹

Es war eine sehr schöne Atmosphäre im Haus. Freunde, die noch gekommen sind, wollten gar nicht gehen. Sie sagten, es sei so schön und friedlich bei uns, und fragten, ob sie noch bleiben könnten. Ihr Sohn hat oft Essen gemacht für Freunde, die noch geblieben sind. So unglaublich schwer es auch war, wir hatten das Gefühl, es passiert etwas Besonderes. Etwas, das gar nicht zu benennen ist. So eine Art Licht. Es war eine ganz besondere Atmosphäre in der Wohnung und von ihr ausgehend. Es gab auch immer wieder diese Momente von unerklärlicher, ganz subtiler Schönheit. Bei denen man gespürt hat, dass irgendwas Gutes passiert, auch irgendwas Schönes und Ruhiges. Sie hatte in den letzten Tagen die Augen aufgemacht und gesagt, es sei so unglaublich schön, sie kann nicht darüber sprechen und wird es später erzählen. Sie hat aber gesagt, es ist alles so anders, als man sich das vorstellt. Es ist auch subtil schön und ganz anders, als ich es mir jemals hätte vorstellen können. Sie meinte auch, wir sterben niemals, sie sei jetzt nur für eine kurze Zeit weg. Irgendwann komme ich wieder, bin jetzt woanders. Sie sah noch sehr schön und sehr jung aus. Drei Tage ehe sie gestorben ist, habe ich das schon gesehen, dass sie stirbt. Das Gesicht ist so eingefallen, das Atmen wurde sehr schwierig. Die Nacht davor, man nennt das die Todesrassel – dieses schwere, rasselnde Atmen –, da wusste ich schon, dass es bald so weit ist. Abends habe ich noch die engsten Freunde angerufen. Dann hat ihr Sohn zu mir gesagt, ich solle mich hinlegen – ich hatte auch schon drei Nächte nicht geschlafen. Er hatte dann die Tür geschlossen, damit mich dieses laute Rasseln nicht mehr störte. Am nächsten Morgen um sechs standen dann mein Neffe und seine Frau an meinem Bett und haben gesagt, sie sei gerade gestorben und dass es ganz ruhig war. Dann sind wir rübergegangen zu ihr und haben bei ihr nochmal eine Stunde meditiert. Auf dem Balkon waren an diesem Morgen die Schneeglöckchen aufgegangen. Die habe ich dann gepflückt und habe sie ihr an die Hände gelegt.«

Wenn Gisela Getty heute über das spricht, was vor zwei Jahren passiert ist, kann man spüren, dass viele Erlebnisse noch in ihr arbeiten. Die selbstbestimmte Art, in der ihre Schwester vom Leben gelassen hat, bewundert sie. Noch heute ist sie der Meinung, dass Sterbende zu häufig durch Medikamente ruhiggestellt werden und kaum noch selbstbestimmt entscheiden können, wie sie die letzten Wochen leben wollen und können. Doch damals, vor zwei Jahren, konnte sie es kaum glauben oder akzeptieren, dass ihre Schwester diesen Weg wählt. Sie selbst war, wie sie heute sagt, »in einer Art Fassungslosigkeit«. Ihr wird bewusst, dass ihre Schwester gerade Erfahrungen in der Nähe zum Tod machte, denen sie nicht folgen konnte.

»Ich habe immer versucht, sehr ruhig zu bleiben, habe aber mit großen, großen Ängsten zu kämpfen gehabt. Das ist ein Prozess, der über viele Jahre hinweg ging. Ich denke, ich habe sehr viel verdrängt oder komme da noch nicht richtig dran. Ich habe mich auch ein bisschen verschlossen, diesen Schmerz überhaupt so zu erleben. Erstmal ist es so, dass der Tod etwas Abstraktes ist. In Deutschland werden der Tod, die Krankheit, das Alter und die Vergänglichkeit sehr verdrängt, bei aller Suche nach der ewigen Jugend und der Optimierung des Körpers. Dadurch, dass meine Schwester, die nächste Person in meinem Leben, gestorben ist, ist diese Wirklichkeit des Todes einfach so nah gekommen, dass ich auch ein bisschen das Gefühl hatte, dass ein Teil von mir mit stirbt. Dieser Zwillingsteil ganz bestimmt.«

Unterschiedliche Wege

Wir haben mit Oliver Moßmann einen Menschen kennengelernt, der durch seine ALS-Erkrankung mehr und mehr in seinem Körper gefangen ist. Das Ende, das ihn erwartet, schreckt ihn nicht, denn er hat das Glück, von einem Netz aus Liebe, Freundschaft und professioneller Beratung aufgefangen zu werden. Muri Muyanyedi hat nach vielen Jahren des körperlichen Leidens genug. Sie will dann, wenn ihre Hilfebedürftigkeit weiter zunimmt und ihr kaum ein eigenes Handeln mehr möglich erscheint, selbstbestimmt entscheiden, wann sie aus dem Leben gehen wird, und erwartet dabei die Unterstützung eines Staates, von dem sie sich in dieser Hinsicht alleingelassen fühlt. Auch Elmar Mey kommt bei seinem Besuch im Nachtcafé zu dem Ergebnis, dass er den Sterbeprozess nicht bis zuletzt durchstehen möchte. Eine Reise in die Schweiz sieht er als letzten Ausweg. Aber mit der Geburt seiner Tochter ändert sich alles. Monika Prause ist den Weg in die Schweiz gegangen und ihr Mann hat uns beschrieben, wie sie voneinander gelassen haben, nach einem letzten Ausflug zum See im Kreis der Familie. Jutta Winkelmann, deren Weg uns ihre Zwillingsschwester Gisela

Getty nähergebracht hat, lehnte wiederum nicht nur jede lebensverlängernde Maßnahme ab, sondern auch jede Form von Schmerztherapie. Sie wollte sehr bewusst Abschied nehmen und verlor auf diesem Weg offenbar jede Angst vor dem Tod.

So individuell wir im Leben sind, so unterschiedlich verhalten wir uns auf den letzten Metern unseres Lebens. Was verbindet und trennt die Menschen, die Sie in diesem Kapitel kennengelernt haben? Mit der Vorstellung eines würdevollen Abschieds verbinden alle eine Form von Selbstbestimmung. Das bedeutet nicht, dass sie im Sterben allein sein wollen. Oft ist eher das Gegenteil der Fall. Aber sie wollen nicht abhängig sein, nicht allein gelassen und in unwürdigen hygienischen und körperlichen Zuständen sich selbst überlassen werden. Wovon hängt es ab, ob wir Schmerzen ertragen können und wollen? Vielleicht hilft eine Form von Religiosität und Spiritualität, um auch das Ende des Lebens bewusst erfahren zu wollen, inklusive der Schmerzen und des kontinuierlichen Verlusts körperlicher Fähigkeiten. Das Beispiel Jutta Winkelmanns zeigt uns, wie dieser Weg aussehen und gestaltet werden kann und dass es durchaus möglich ist, ihn mit Würde zu Ende zu gehen. Aber können wir diejenigen verurteilen, die in einer Gesellschaft, in der Schmerzen zeitlebens mit allen Mitteln bekämpft werden, auch im Sterben das Leiden so weit wie möglich reduzieren möchten? Ich kann es nicht.

Manche sind zornig, dass eine Tötung auf Verlangen in Deutschland nicht möglich ist. Andere warnen vor den Folgen einer solchen Möglichkeit und vor einer Gesellschaft, in der sich ältere, pflegebedürftige Menschen einmal rechtfertigen müssen, wenn sie weiterleben wollen. Dies ist ein Thema, das wir als Gesellschaft aushandeln müssen. Beide Seiten führen durchaus schlüssige ethische Argumente an. Sie weiter und noch tiefer auszuhandeln, ist nicht das Ziel dieses Buchs.

Eine Anklage an uns alle

Doch nach einer Reise durch ein Leben in einer zerrissenen Gesellschaft zeigt sich auch hier: Mit Geld können wir eine gut ausgebildete Pflegekraft bezahlen, die unsere geliebte Angehörige zu Hause unterstützt. Oder wir können ein Pflegeheim der gehobenen Klasse finanzieren, das noch einen Betreuungsschlüssel im Verhältnis von Personal zu Patienten aufweist, das den Namen »Betreuung« verdient. Aber was ist mit denen, die am anderen Ende der Gesellschaft leben? Die ohne finanzielle Rücklagen aus der Arbeitswelt herausgefallen sind, gerade weil ihnen das humane Sterben ihrer Angehörigen wichtig ist? Genau in diesen Familien werden dann illegal Arbeitskräfte beschäftigt, die wiederum deutlich unter dem gesetzlichen Mindestlohn arbeiten. Ist den Beteiligten daraus ein Vorwurf zu machen? Sie reden nicht darüber, weil sie sich sonst strafbar machen, aber bei den Recherchen zu diesem Buch habe ich viele Angehörige gesprochen, die genau das praktizieren.

Sollten wir in unserer reichen Gesellschaft nicht allen ein würdevolles Sterben ermöglichen können? Misst sich nicht gerade daran die ethische Integrität eines Staates? Dürfen wir den Grad der Würde, den wir im Sterben bewahren dürfen, den Mechanismen des Marktes überlassen? Menschen, die nach einem vollen Leben verlassen und unter schlechtesten Bedingungen in einem Heim abgestellt werden und dort beinahe unbemerkt »wegsterben«, weil Pfleger nicht einmal die Zeit haben, fünf Minuten bei ihnen zu verweilen, sind eine Anklage. An uns alle. Wir können und sollten solche Zustände nicht zulassen. Wahrscheinlich gibt es nur deswegen keinen Aufschrei in der Gesellschaft, weil verhältnismäßig wenige Menschen diese Zustände miterleben. Und weil mit den Themen Pflege und Sterben Inhalte betroffen sind, denen wir im täglichen Leben eher aus dem Weg gehen. Sich mit diesen Themen näher zu beschäftigen bedeutet auch, sich eigenen Ängsten zu stellen. Das fällt uns traditionell schwer, ich schließe mich da ausdrücklich nicht aus. Pflegekräfte wie Burkhard Hänle und Martina Köstler schreien auf, aber was verändert sich wirklich?

In England wurde die Öffentlichkeit erst 2019 wieder aufgerüttelt und schockiert. Journalistinnen und Journalisten haben »undercover« und mit versteckten Kameras die Zustände in Pflegeheimen dokumentiert. Sie haben Bilder eingefangen, denen sich die Menschen in Großbritannien nicht mehr entziehen konnten. Plötzlich sahen sie zur besten Sendezeit das, was sich sonst hinter verschlossenen Türen abspielt. Die Dokumentation hatte Entlassungen in Pflegeheimen zur Folge und brachte das Thema des Pflegeniveaus wieder einmal ins Bewusstsein der Menschen.[91] Was in Großbritannien gilt, trifft natürlich auch auf Deutschland zu. Noch einmal: Unter dem Radar unserer Wohlstandsgesellschaft dürfen Menschen nicht würdelos behandelt werden und unbeachtet wegsterben.

Was gehört zu einem würdevollen Sterben? Und zu einer würdevollen Begleitung im Sterben? So individuell das gedeutet wird, so allgemeingültig ist die Antwort des Mediziners Winfried Hardinghaus: »Das A und O einer guten Sterbebegleitung – so trivial sich das auch anhört – ist einfach die Menschlichkeit. Die Wärme, die Zuneigung, Zuwendung, das Verstehen, das Mit-Annehmen der Sorgen des Sterbenden und auch der Angehörigen.«

Würde ist mehr

Was bleibt, wenn wir auf ein ganzes Leben schauen, so wie wir es in diesem Buch gemacht haben? Auf jeden Fall die Erkenntnis, dass sich Menschenwürde nicht über eine reine Betrachtung von

Statistiken erschließt. Zahlen sind wichtig, um wissenschaftlich fundiert Aussagen treffen zu können. Aber mit Zahlen zu jonglieren fällt Vertreterinnen und Vertretern aus Politik und Wirtschaft oft leichter, als sich mit dem wahren Leben, den Gesichtern und Biographien dahinter zu beschäftigen. Beides darf nicht voneinander getrennt werden.

Denn wir lernen: Den Kampf um unsere Würde verlieren wir nicht in theoretischen Debatten, sondern in konkreten Situationen. Die Debatte muss trotzdem geführt werden. Es gibt zu viele Lebensbereiche – das haben uns die Biographien in diesem Buch gezeigt –, in denen die Würde häufig unter die Räder kommt:

- Es existiert keine Chancengleichheit in Deutschland. Viele Initiativen, die versuchen, sozial schwächere Jugendliche zu fördern, können nicht darüber hinwegtäuschen, dass unsere Gesellschaft derzeit soziale Verhältnisse über Generationen hinweg zementiert. Wer arm aufwächst, der bleibt in der Regel arm. Wer mehr soziale Gerechtigkeit will, muss hier ansetzen.
- Die Schwachen in dieser Gesellschaft sollten nicht gegeneinander ausgespielt werden. Es gibt keine »guten« und »schlechten« Armen. Kinder und alte Menschen, die unter Armut leiden, verdienen unser Mitleid und unsere Sympathie, aber die Millionen, die als Erwerbstätige am Existenzminimum leben, sind selbst schuld? Wir sollten uns daran erinnern, dass es nicht um Schuldverteilung geht, sondern um Solidarität in einer Gesellschaft, die ein »oben« und »unten« nie ganz vermeiden kann. Wie unsinnig es ist, Unterschiede zwischen den Armen in dieser Wohlstandsgesellschaft zu machen, erkennen wir daran, dass viele derjenigen Erwerbstätigen, die aktuell um das Existenzminimum herum leben, die

Altersarmen von morgen werden, wenn wir nichts dagegen unternehmen.

- Wohnen ist ein Menschenrecht. Der soziale Wohnungsbau hat zu häufig Platz gemacht für einen Prozess der sozialen Auslese, der Menschen aus ihrem gewachsenen sozialen Umfeld verdrängt und damit entwurzelt. Wer soziale Spannungen vermeiden will, darf Wohnungsbaupolitik nicht nur großen Investorengruppen überlassen, die ihren Aktionären mehr verpflichtet sind als dem Gemeinwohl.

- Es ist eine Schande, dass es so etwas wie Menschenhandel in Deutschland gibt. Es existiert keine ausreichende Lobby für all die Zwangsprostituierten und Arbeiterinnen und Arbeiter im Niedriglohnsektor. Und ich sehe derzeit auf politischer Ebene nicht genug Engagement, dem Menschenhandel und der damit verbundenen Ausbeutung und Entwürdigung von Menschen wirksam zu begegnen.

- Die Situation in Pflegeheimen ist zu häufig katastrophal. Die Appelle der Pflegekräfte und Angehörigen in diesem Buch dürfen nicht ungehört verhallen. Nur weil wir die Missstände hinter verschlossenen Türen im Pflegeheim nicht ausreichend wahrnehmen, gehören die Leiden der Patienten genau wie des überforderten Pflegepersonals immer wieder auf die politische Agenda. Denn beide sind Opfer eines Systems, das zu häufig den Profit und nicht den Menschen in den Mittelpunkt stellt. Wenn es Politikerinnen und Politikern nicht selbst zu einem unangekündigten Besuch im Pflegeheim schaffen, sollten sie zumindest die keinesfalls polemischen, aber umso schockierenderen Berichte der Betroffenen in diesem Buch lesen. Diese Einblicke ins wahre Leben sollten reichen, um dringenden Handlungsbedarf zu erkennen. Dazu gehören aber auch Konzepte, die wir im Austausch mit der Wissenschaft entwickeln müssen, um den Pflegeberufen in unserer Gesellschaft mehr (finanzielle) Anerkennung zu verschaffen.

- Teilhabe zu fördern ist der Schlüssel für viele Lebensphasen, in denen wir in die soziale Isolation zu geraten drohen. Der Einsamkeit vieler älterer Menschen zu begegnen ist nur mit konkreten Teilhabe-Konzepten möglich. Und ganz ehrlich: Dass es Menschen ab einem bestimmten Alter nicht einfach grundsätzlich gestattet wird, kostenlos mit öffentlichen Verkehrsmitteln zu fahren, ist für mich nicht nachvollziehbar.

- Es wirft kein gutes Licht auf unsere Gesellschaft, wenn in Heimen alte Menschen häufig beinahe unbemerkt »wegsterben«, weil überforderte Pflegende sich keine Zeit für sie nehmen können.

- Wir sollten nicht aufhören darüber zu debattieren, was für uns in Deutschland zu einem menschenwürdigen Sterben gehört. Wenn ein System einerseits darauf beruht, dass viele Familienangehörige Sterbende zu Hause pflegen, dann dürfen sozial Schwache nicht in Existenzkrisen geraten, nur weil sie sich liebevoll um ihre Liebsten kümmern. An dieser Stelle ist das System widersprüchlich und unfair.

- Was wir unter einem würdevollen Sterben verstehen, ist höchst individuell. Aber die wenigsten wollen einer Situation ausgeliefert sein, in der sie fremdbestimmt und anonym nach einer langen Lebensleistung zu einer Nummer im System degradiert werden. Natürlich müssen wir auch das kontroverse Thema »Tötung auf Verlangen« gesellschaftlich weiter aushandeln. Doch noch wichtiger erscheint mir, dass wir es Menschen bis zuletzt ermöglichen, als Teil eines sozialen Systems möglichst gut betreut ein menschenwürdiges Leben zu führen. Soziale Kontakte und Zuwendung sind lebenswichtig, erst recht – so widersprüchlich das klingen mag – im Sterbeprozess.

»Die Würde des Menschen ist unantastbar«. Dieser Satz wird seit Jahrzehnten juristisch durch Urteile konkretisiert und definiert. Aber eine rein juristische Betrachtung des Artikel 1 des Grundgesetzes wird seiner Bedeutung nicht gerecht. Ich empfinde ihn als Auftrag. Denn eine Gesellschaft ist so integer, wie es ihr gelingt, auch die Würde der Schwachen in Grenzsituationen zu schützen. Wenn wir beginnen, unwürdige Zustände eines gewissen Prozentsatzes unserer Gesellschaft als hinnehmbare Begleiterscheinung einer Wohlstandsgesellschaft zu sehen, in der es den meisten doch gut geht, hat sie ihre innere Integrität verloren. Dann ist Würde nur noch ein Wort, nicht mehr.

Danksagung

Mein erster Dank geht an all die Nachtcafé-Gäste, die mit ihrem Mut und ihrer Offenheit unsere Sendung zu dem machen, was sie ist. Und von deren Erfahrungen auch dieses Buch lebt.

Mein persönlicher Dank geht an den SWR-Abteilungsleiter Martin Müller für die inhaltliche Beratung, den freundschaftlichen Austausch und dafür, dass ich im Nachtcafé eine solch erfüllende Aufgabe finden konnte.

Ein besonderer Dank auch an Maria Gromova für die wertvollen Recherchen und Anregungen, an Günther Rager für die thematischen Anstöße und an Simon Biallowons und German Neundorfer vom Herder-Verlag für die sehr konstruktive Zusammenarbeit.

Außerdem ist es mir ein großes Anliegen, den Kolleginnen und Kollegen des Nachtcafé zu danken. Für ihre tägliche ausgezeichnete Arbeit, ihr hohes Engagement und das so konstruktive wie bereichernde Miteinander. Ganz herzlichen Dank an Nadine Ackermann, Marie-Luise Burgdorff, Barbara Christoffers, Claas Collet, Sarah Dierks, Anne Fischer-Dietrich, Thorsten Fleischmann, Sven Hauser, Matthias Göttfert, Simon Götz, Martin Klein, Katja Stolle-Kranz, Karen Rentsch, Ines Schipperges und Johanna Stamm.

Und ein besonderer Dank an Petra Sziede, die auch dieses Buch in hervorragender Weise als Projektbeauftragte betreut hat.

Michael Steinbrecher

Quellen und Nachweise

1   Bittner, J., & Hildebrandt, T. (2019, 1. Mai). Kevin Kühnert: Was heißt Sozialismus für Sie, Kevin Kühnert? *ZEIT Online*. Abgerufen 25. Mai, 2019, von https://www.zeit.de/politik/deutschland/2019-05/kevin-kuehnert-spd-jugendorganisation-sozialismus

2   Rezo ja lol ey. (2019, 18. Mai). *Die Zerstörung der CDU*. [YouTube]. Abgerufen 25. Mai, 2019, von https://www.youtube.com/watch?v=4Y1lZ-QsyuSQ

3   Augstein, J., & Blome, N. (2019). *Oben und unten: Abstieg, Armut, Ausländer – was Deutschland spaltet*. München: DVA Dt. Verlags-Anstalt, S. 7.

4   Rößner, J., & Tannenberg, R. C. (2019, 26. Mai). Europawahl 2019: Wer wählte wen nach Alter, Beruf, Geschlecht? *Die Welt*. Abgerufen 30. Mai, 2019, von https://www.welt.de/politik/deutschland/article194198267/Europawahl-2019-Wer-waehlte-wen-nach-Alter-Beruf-Geschlecht

5   Feldenkirchen, M., Heyer, J. A., Hickmann, C., et al. (2019, 7. Juni). Juso-Chef auf dem Weg an die SPD-Spitze: Der Alpha-Kevin. *ZEIT Online*. Abgerufen 12. Juni, 2019, von https://www.spiegel.de/plus/kevin-kuehnert-und-die-spd-der-alpha-kevin-a-00000000-0002-0001-0000-000164302314

6   Hüther, G., & Hauser, U. (2018). *Würde: Was uns stark macht – als Einzelne und als Gesellschaft*. München: Albrecht Knaus Verlag. EPUB. Abschnitt »Wie ist unsere Vorstellung von der Würde des Menschen entstanden?«.

7   Kant, I. (1900 ff). Gesammelte Schriften. Berlin. Hrsg.: Bd. 1–22 Preussische Akademie der Wissenschaften, Bd. 23 Deutsche Akademie der Wissenschaften zu Berlin, ab Bd. 24 Akademie der Wissenschaften zu Göttingen. AA IV, 421 / GMS, BA 52.

8   Ebd., AA IV, 429 / GMS, BA 66.

9   Bieri, P. (2013). *Eine Art zu leben: Über die Vielfalt menschlicher Würde*. München: Carl Hanser Verlag GmbH & Company KG. EPUB. Abschnitt »Ein Selbstzweck sein«.

10 von Schirach, F. (2014). *Die Würde ist antastbar: Essays*. München: Piper ebooks. E-Book. Abschnitt «Die Würde ist antastbar».

11 Seidl, C. (2019, 20. Mai). Ist die Würde des Menschen fassbar? *FAZ am Sonntag*. Abgerufen 6. Juni, 2019, von https://www.faz.net/aktuell/feuilleton/debatten/ist-die-wuerde-des-menschen-fassbar-neun-fragen-an-dieter-grimm-16194403.html

12 von Schirach, F. (2014). Abschnitt »Die Würde ist antastbar«.

13 SPIEGEL ONLINE (2004, 2. Mai). Folter-Skandal im Irak: Armee-Dokument enthüllt schreckliche Details. Abgerufen 13. Juni, 2019, von https://www.spiegel.de/politik/ausland/folter-skandal-im-irak-armee-dokument-enthuellt-schreckliche-details-a-298030.html

14 Resolution der UN-Generalversammlung 217 A (III) (1948, 10. Dezember). *Allgemeine Erklärung der Menschenrechte*, A/RES/217 A (III) Abgerufen 3. Juni, 2019, von https://www.un.org/depts/german/menschenrechte/aemr.pdf

15 Bieri, P. (2013). *Eine Art zu leben: Über die Vielfalt menschlicher Würde.* Abschnitt »Einleitung: Würde als Lebensform«.

16 Ebd.

17 Anm.: Hier und im Folgenden: Alle Zitate, die nicht gesondert gekennzeichnet sind, stammen aus den Vorgesprächen, Sendungen bzw. anschließenden Telefonaten mit den *Nachtcafé*-Gästen.

18 Schnitzlein, D. (2013) Wenig Chancengleichheit in Deutschland: Familienhintergrund prägt eigenen ökonomischen Erfolg. *DIW Wochenbericht* Nr. 4. 2013, S. 3–9. Abgerufen 11. Februar 2019, von https://www.diw.de/documents/publikationen/73/diw_01.c.414563.de/13-4.pdf

19 Kracke, N., Buck, D. & Middendorff, E. (2018). Beteiligung an Hochschulbildung Chancen(un)gleichheit in Deutschland. *DZHW Brief* Nr. 03, 2018, S. 4. Abgerufen 11. Februar 2019, von https://www.dzhw.eu/pdf/pub_brief/dzhw_brief_03_2018.pdf

20 Grimm, V., & Wössmann, L. (2019, 29. April). Bildungschancen sind der Schlüssel. *FAZ*. Abgerufen 14. Mai, 2019, von https://www.faz.net/aktuell/wirtschaft/soziale-marktwirtschaft-bildungschancen-sind-der-schluessel-16161628.html

21 von Humboldt, W. (1809). *Königsberger Schulplan*. Werke Bd. IV, S. 175; vgl. auch Wittmütz,V. Die preußische Elementarschule im 19. Jahrhundert (2007). In: *Themenportal Europäische Geschichte*. Abgerufen 15. Februar 2019, von http://www.europa.clio-online.de/essay/id/artikel-3406; vgl. auch Tenorth, H.-E., *Wilhelm von Humboldt: Bildungspolitik und Universitätsreform* (2018). Verlag Ferdinand Schöningh, S. 145–147.

22 Anders, F. (2018, 10. Dezember). Wenn Frontalunterricht nicht mehr funktioniert. *Das Deutsche Schulportal*. Abgerufen 15. Februar, 2019, von https://deutsches-schulportal.de/schulkultur/wenn-frontalunterricht-nicht-mehr-funktioniert/

23 Vgl. World Bank Report (2015, 04. Oktober). Ending Extreme Poverty and Sharing Prosperity: Progress and Policies. *World Bank*. Abgerufen 15. Februar 2019, von http://pubdocs.worldbank.org/en/109701443800596288/PRN03Oct2015TwinGoals.pdf

24 Vgl. Ambros, M. (n.d.). *Obdachlos Hartz 4 beantragen: Ohne festen Wohnsitz keine Leistungen?* E-Book, S. 6. Abgerufen 15. Februar 2019, von https://www.arbeitslosenselbsthilfe.org/hartz-4-obdachlos.pdf

25 Bundesministerium für Arbeit und Soziales (2017), 5. ARB (Kurzfassung), S. 10. Abgerufen 17. Februar 2019, von https://www.armuts-und-reichtumsbericht.de/SharedDocs/Downloads/Berichte/5-arb-kurzfassung.pdf?__blob=publicationFile&v=4

26 Statistisches Bundesamt (Stand 2017). *Lebensbedingungen, Armutsgefährdung.* Abgerufen 26.Februar 2019, von https://www.destatis.de/DE/ZahlenFa-kten/GesellschaftStaat/EinkommenKonsumLebensbedingungen/LebensbedingungenArmutsgefaehrdung/Tabellen/Einkommensverteilung_SILC.html

27 Helliwell, J. F., Layard, R. & Sachs, J. D. (eds.) (2018). *World Happiness Report 2018*, S. 18. Abgerufen 25. Februar 2019, von https://s3.amazonaws.com/happiness-report/2018/WHR_web.pdf

28 Vgl. ebd., S. 18; Krieger-Boden, C. (2015, 03 Juni). Medieninformation: Skandinavien hat die erfolgreichsten Sozialsysteme Europas, *IFW Kiel.* Abgerufen 25. Februar 2019, von https://www.ifw-kiel.de/de/publikationen/medieninformationen/2015/skandinavien-hat-die-erfolgreichsten-sozialsysteme-europas/

29 Expert Group on Gender, Social Inclusion and Employment (EGGSIE) / Europäische Kommission (Hg.) (2006). *Gender inequalities in the risks of poverty and social exclusion for disadvantaged groups in thirty European countries.* Luxemburg. Abgerufen 24. Mai 2019, von http://ec.europa.eu/social/main.jsp?catId=738&langId=de&pub-Id=22&furtherPubs=yes

30 Statistisches Bundesamt. (n.d). Anzahl der Alleinerziehenden in Deutschland nach Geschlecht von 2000 bis 2017 (in 1.000). *Statista.* Abgerufen 24. Mai 2019, von https://de.statista.com/statistik/daten/studie/318160/um-frage/alleinerziehende-in-deutschland-nach-geschlecht/.

31 Statistisches Bundesamt (2018, 02. August). Alleinerziehende in Deutschland 2017. Abgerufen 24. Mai 2019, von https://de.statista.com/statistik/stu-die/id/60550/dokument/studie-zu-alleinerziehenden-in-deutschland-2017/

32 Bundesministerium für Familie, Senioren, Frauen und Jugend (2012). Das Bildungs- und Teilhabepaket: Chancen für Kinder aus Familien mit Kinderzuschlag. Ausgabe 30, Stand: Dezember 2012. Abgerufen 25. Februar 2019, von https://www.bmfsfj.de/blob/76238/18e026b-6c2843c152c69f28ec33b66dc/monitor-familienforschung-ausgabe-30-data.pdf

33 Bartelheimer, P., Achatz, J., Wenzig, C. et al. (2016). Schlussbericht: Evaluation der bundesweiten Inanspruchnahme und Umsetzung der

Leistungen für Bildung und Teilhabe, S. 9. Abgerufen 25. Februar 2019, von https://www.bmas.de/SharedDocs/Downloads/DE/PDF-Meldungen/2016/evaluation-des-bildungspaketes-kurzbericht.pdf?__blob=publicationFile&v=1

34 ebd. S. 29–36, & 40–43.

35 Vgl. Teltemann, J. & Windzio, M. (2014). Individuelle und institutionelle Bedingungen gescheiterter Bildungsinvestitionen: Kompetenzbezogene Bildungsarmut im internationalen Vergleich. *WSI-Mitteilungen* 8/2014, S. 609–619.

36 Grimm, V., & Wössmann, L. (2019, 29. April). Bildungschancen sind der Schlüssel. Abgerufen 14. Mai, 2019, von https://www.faz.net/aktuell/wirt-schaft/soziale-marktwirtschaft-bildungschancen-sind-der-schluessel-16161628.html

37 Deutscher Bundestag (n.d.). Bestand der Sozialmietwohnungen in Deutschland in den Jahren von 2006 bis 2017 (in 1.000). *Statista*. Abgerufen 27. Mai 2019, von https://de.statista.com/statistik/daten/studie/892789/umfrage/sozial-wohnungen-in-deutschland/

38 DER SPIEGEL (2019, 15. Juni). Berliner Häuserkampf. Ausgabe 25/2019. Abgerufen 26. Juni, 2019, von https://magazin.spiegel.de/SP/2019/25/16440-7523/index.html?utm_source=spon&utm_campaign=centerpage

39 Statistisches Bundesamt (n.d.). Anzahl der Einpersonenhaushalte in Deutschland von 1991 bis 2017 (in 1.000). *Statista*. Abgerufen 5. März 2019, von https://de.statista.com/statistik/daten/studie/156951/umfrage/anzahl-der-einpersonenhaushalte-in-deutschland-seit-1991/

40 Deutsches Institut für Menschenrechte (n.d.). Internationaler Pakt über wirtschaftliche, soziale und kulturelle Rechte vom 19.Dezember 1966. Abgerufen 5. März 2019, von https://www.institut-fuer-menschenrechte.de/fi-leadmin/user_upload/PDF-Dateien/Pakte_Konventionen/ICESCR/icescr_de.pdf

41 Vgl. Janson, M. (2018). Immer weniger Sozialwohnungen in Deutschland. *Statista*. Abgerufen 5. März 2019, von https://de.statista.com/info-grafik/12473/immer-weniger-sozialwohnungen-in-deutschland/

42 Cwertnia, L. (2017): Die da oben. *ZEIT Online*, Nr. 31/2017. Abgerufen 15. Februar 2019, von https://www.zeit.de/2017/31/reich-tum-deutschland-dienstleister-leben/komplettansicht

43 Bieri, P. (2013). Eine Art zu leben: Über die Vielfalt menschlicher Würde. Abschnitt «Würde als Begegnung».

44 Vgl. Steinbrecher, M. & Rager, G. (2017). Meinung Macht Manipulation – Journalismus auf dem Prüfstand. Frankfurt am Main: Westend; Steinbrecher, M. und Rager, G. (2018). Wenn Maschinen Meinung

machen – Journalismuskrise, Social Bots und der Angriff auf die Demokratie. Frankfurt am Main: Westend.

45 Vgl. Schäfer, A. (2009, 05. September). Wahlbeteiligung in Deutschland: Die soziale und räumliche Kluft wächst. *Max-Planck-Institut für Gesellschaftsforschung.* Abgerufen am 05.März 2019, von http://www.mpifg.de/aktuelles/themen/doks/09-10-05_Schaefer_Kluft%20der%20Wahlbeteiligung.pdf

46 Mäurer, D. K. (2019, 21. Januar). Schere zwischen Arm und Reich wird größer. *Deutschlandfunk.* Abgerufen am 05. März 2019, von https://www.deutschlandfunk.de/ungleich-heitsbericht-von-oxfam-schere-zwischen-arm-und.769.de.html?dram:article_id=438921

47 WSI-Datenbank (n.d.). Atypische Beschäftigung breitet sich aus. Abgerufen 05. März 2019, von https://www.boeckler.de/wsi_52587.htm

48 Follmar-Otto, P. & Rabe, H. (2009). Menschenhandel in Deutschland. Die Menschenrechte der Betroffenen stärken. *Deutsches Institut für Menschenrechte.* Abgerufen 03. Juni 2019, von https://www.institut-fuer-menschenrechte.de/uploads/tx_commerce/studie_menschenhandel_in_deutschland_01.pdf

49 Bude, H. (2019). *Solidarität: Die Zukunft einer großen Idee.* München: Hanser, Carl GmbH + Company, S. 9.

50 Immich, H. (2018, 14. August). Für einen Euro ins Kino oder ins Konzert. *Hessenschau.de.* Abgerufen 03. Juni 2019, von https://www.hessenschau.de/kultur/kulturpass-fuer-einen-euro-ins-symphoniekonzert,kulturpass-102.html

51 Bundesvereinigung Kulturelle Teilhabe (n.d.). Die Bundesvereinigung Kulturelle Teilhabe stellt sich vor. Abgerufen 03. Juni 2019. https://kulturelleteilhabe.de/was-wir-tun/

52 Bundesarbeitsgemeinschaft Wohnungslosenhilfe e. V. (n.d.). Zahl der Wohnungslosen. Abgerufen 03. Juni 2019 von https://www.bagw.de/de/themen/zahl_der_wohnungslosen/index.html

53 Internationale Gesellschaft für Menschenrechte (IGFM) (n.d.). Hilfe für Obdachlose. Abgerufen am 03. Juni 2019, von https://www.igfm.de/hilfe-fuer-obdachlose/

54 https://www.aerzteblatt.de/archiv/193639/Medizinische-Versorgung-von-wohnungslosen-Menschen

55 Bieri, P. (2013). *Eine Art zu leben: Über die Vielfalt menschlicher Würde.* Abschnitt «Einleitung: Würde als Lebensform».

56 Pötzsch, O. und Emmerling, D. (2008). Geburten und Kinderlosigkeit in Deutschland. Bericht über die Sondererhebung 2006 »Geburten in Deutschland«. *Statistisches Bundesamt.* Wiesbaden.; Statistisches Bundesamt, n. d. Daten zum durchschnittlichen Alter der Mutter bei Geburt

nach der Geburtenfolge für 1. Kind, 2. Kind, 3. Kind, 4. Kind und weiteres Kind und insgesamt 2017. Abgerufen 03. Juni 2019, von https://www.destatis.de/DE/Themen/Gesellschaft-Umwelt/Bevoelkerung/Geburten/Tabellen/geburten-mutter-biologischesalter.html;jsessionid=CC0416AE25880DC49EFDFC6B4839BD49.internet722

57 Deutscher Bundestag (2017, 26. April). Vor 60 Jahren: Bundestag beschließt Gleichberechtigungsgesetz. Abgerufen 07. Juni 2019, von https://www.bundestag.de/dokumente/textarchiv/2017/kw17-kalenderblatt-gleichberechtigungsgesetz-504286

58 Wissenschaftliche Dienste des Deutschen Bundestages (2008). Vergewaltigung in der Ehe. Strafrechtliche Beurteilung im europäischen Vergleich. Abgerufen am 07. Juni 2019, von https://www.bundestag.de/resource/blob/407124/6893b73fe226537fa85e9ccce444dc95/wd-7-307-07-pdf-data.pdf

59 Bundesagentur für Arbeit (2019, 28. März). Beschäftigte nach ausgewählten Merkmalen (Zeitreihe Quartalszahlen). Abgerufen am 08. Juni 2019, von https://statistik.arbeitsagentur.de/Statistikdaten/.../zr-ausgewmerkmale-d-0-xlsx.xlsx

60 Bundesministerium für Arbeit und Soziales (2018, 28. November). Dritter Bericht der Bundesregierung gemäß § 154 Absatz 4 Sechstes Buch Sozialgesetzbuch zur Anhebung der Regelaltersgrenze auf 67 Jahre, S. 10. Abgerufen 07. Juni 2019, von https://sozialbeirat.de/media/bericht-anhebung-regelaltersgrenzen_1_1.pdf

61 Haan, P. et. al. (2017). Entwicklung der Altersarmut bis 2036, Trends, Risikogruppen und Politikszenarien, S. 103. *Bertelsmann Stiftung*. Mannheim. Abgerufen 09. Juni 2019, von https://www.bertelsmann-stiftung.de/fileadmin/files/BSt/Publikationen/Graue-Publikationen/Entwicklung_der_Altersarmut_bis_2036.pdf

62 Fischer, A. et al. (2013.) Sicherheit und Fairness in der alternden Gesellschaft: Bericht der Demografie-Kommission der Heinrich-Böll-Stiftung. *Schriften zu Wirtschaft und Soziales*, No. 12, S. 7,14–16. Heinrich-Böll-Stiftung, Berlin. Abgerufen am 09.06.2019, von http://hdl.handle.net/10419/125848

63 Statistisches Bundesamt (n.d.). Grundsicherung im Alter und bei Erwerbsminderung. Empfängerinnen und Empfänger insgesamt nach Bundesländern, Ort der Leistungserbringung, Altersgruppen und Geschlecht im September 2018. Abgerufen 09. Juni 2019, von https://www.destatis.de/DE/Themen/Gesellschaft-Umwelt/Soziales/Sozialhilfe/Tabellen/zgs-t06-2018-bq3-empf-bl-altergeschl.html;jsessionid=CBEBB42B-CBFEF258C528F5F10BC1B19A.internet721

64 Becker, I. (2012). Finanzielle Mindestsicherung und Bedürftigkeit im Alter. *Zeitschrift für Sozialreform* (2) 58, 2012, S. 141.

65 Bundesministerium der Justiz und für Verbraucherschutz. Bundesamt für Jusitz (n.d.). Sozialgesetzbuch (SGB) Zweites Buch (II) – Grundsicherung für Arbeitsuchende – (Artikel 1 des Gesetzes vom 24. Dezember 2003, BGBl. I S. 2954) § 22 Bedarfe für Unterkunft und Heizung. Abgerufen 24. Mai. 2019, von https://www.gesetze-im-internet.de/sgb_2/__22.html

66 Daubitz, S. (2017). Mobilität und soziale Exklusion: Ein Plädoyer für ein zielgruppenspezifisches Mobilitätsmanagement. In: M. Wilde, M. Gather, C. Neiberger, & J. Schreiner (Hrsg.), *Verkehr und Mobilität zwischen Alltagspraxis und Planungstheorie: Ökologische und soziale Perspektiven* (S. 53–64). Wiesbaden: Springer Fachmedien Wiesbaden.

67 Holt-Lunstad, J., Smith, T.B., Layton, J. B. (2010). Social Relationships and Mortality Risk: A Meta-analytic Review. *PLoS Med* 7(7): e1000316. https://doi.org/10.1371/journal.pmed.1000316

68 Bude, H. (2019). *Solidarität*, S.163.

69 Vgl. Rothgang, H., Müller, R. und Unger, R. (2012). Themenreport »Pflege 2030«. Was ist zu erwarten – was ist zu tun? *Bertelsmann Stiftung*. Abgerufen 15. Juni 2019, von https://www.bertelsmann-stiftung.de/filead- min/files/BSt/Publikationen/GrauePublikationen/GP_Themenreport_Pflege_2030.pdf

70 Statistisches Bundesamt (2018, 18.Dezember). Pflegestatistik. Pflege im Rahmen der Pflegeversicherung. Deutschlandergebnisse. *Statista*. Abgerufen 15. Juni 2019, von https://www.destatis.de/DE/Themen/Gesellschaft-Umwelt/Gesund-heit/Pflege/Publikationen/_publikationen-in-nen-pflegestatistik-deutschland-ergebnisse.html?nn=206104#234064

71 Vgl. Rothgang, H., Müller, R. und Unger, R. (2012). Themenreport »Pflege 2030«. Was ist zu erwarten – was ist zu tun? *Bertelsmann Stiftung*. Abgerufen 15. Juni 2019, von https://www.bertelsmann-stiftung.de/filead- min/files/BSt/Publikationen/GrauePublikationen/GP_Themenreport_Pflege_2030.pdf; Lossau, N. (2019, 14. Juni). Mehr Science-Fiction als echte Hilfe. *Die Welt*. Abgerufen 20 Juni 2019, von http://www.welt.de/

72 Creutzburg, D. (2019, 7. April). Welcher Pflegenotstand? *FAZ*. Abgerufen 20. Juni, 2019, von https://www.faz.net/aktuell/wirtschaft/welcher-pflegenotstand-16126626.html

73 Ludwig, K., & Rossbach, H. (2019, 5. Juni). Unverdrossen. *Süddeutsche Zeitung*, S. 2.

74 Bieri, P. (2013). *Eine Art zu leben: Über die Vielfalt menschlicher Würde*. Abschnitt »Würde als Achtung vor Intimität«.

75 Bieri, P. (2013). *Eine Art zu leben: Über die Vielfalt menschlicher Würde*. Abschnitt »Würde als überwundene Scham«.

76 Vgl. Rothgang, H., Müller, R. und Unger, R. (2012). Themenreport »Pflege 2030«. Was ist zu erwarten – was ist zu tun? *Bertelsmann Stiftung.* Abgerufen 15. Juni 2019, von https://www.bertelsmann-stiftung.de/filead- min/files/BSt/Publikationen/GrauePublikationen/GP_Themen-report_Pflege_2030.pdf

77 Institut DGB-Index Gute Arbeit (2018). Arbeitsbedingungen in der Al-ten- und Krankenpflege. So beurteilen die Beschäftigten die Lage. Ergeb-nisse einer Sonderauswertung der Repräsentativumfragen zum DGB-In-dex Gute Arbeit. Abgerufen am 15. Mai 2019, von http://www.dgb.de/presse/++co++6c0d41f4-b1d2-11e8-a703-52540088cada

78 Stiftung Warentest (2018, 22. Mai) Einblick unerwünscht – Pflege-heim-Verträge im Check. Abgerufen am. 16.06.2019. https://www.test.de/Altenheim-Einblick-unerwuenscht-Pflegeheim-Vertrae-ge-im-Check-5322393-0/

79 BVerfG, Urteil des Zweiten Senats vom 24. Juli 2018 – 2 BvR 309/15 – Rn. (1-131), http://www.bverfg.de/e/rs20180724_2bvr030915.html

80 Thürmann, P. (2017, 5. April). Pressekonferenz zum Pflege-Report 2017. AOK-Bundesverband und Wissenschaftliches Institut der AOK (WIdO). Der Einsatz von Psychopharmaka bei Pflegebedürftigen. Abgerufen 20. Juni 2019, von https://aok-bv.de/imperia/md/aokbv/presse/presse-mit-teilungen/archiv/2017/04_statement_petra_thuer-mann_pflege_re-port_2017.pdf

81 Houben, M. (2019, 18. Mai). Wie Investoren mit Pflegeheimen Kasse machen. *Plusminus.* Abgerufen 16. Juli, 2019, von https://www.daserste.de/information/wirtschaft-boerse/plusminus/sendung/wie-investo-ren-mit-pflegeheimen-kasse-machen-100.html

82 Statistisches Bundesamt (2019, 20. Juni,). Gewinn der größten priva-ten Klinikbetreiber in Deutschland in den Jahren 2007 bis 2018 (in Millionen Euro) [Chart]. *Statista.* Abgerufen 12. Juli 2019, von https://de.statista.com/statistik/daten/studie/322501/umfrage/gewinn-der-gro-essten-privaten-klinikbetreiber-in-deutschland/

83 Vgl. FAZ. (2018, 19. Juni). Gesundheit als Geschäftsmodell. Abgerufen 16. Juni 2019, von https://www.faz.net/aktuell/wissen/medizin-ernaeh-rung/geschaeftsmodell-medizin-unnoetige-operationen-15647904.html

84 Bigalke, S. (2014, 24. Januar). Pflegepersonal in Nordeuropa – Skandi-navische Pfleger sind Akademiker. *Stuttgarter Zeitung.* Abgerufen 25. Juni 2019, von https://www.stuttgarter-zeitung.de/inhalt.pflegeperso-nal-in-nordeuropa-skandinavische-pfleger-sind-akademiker.ffdbe38a-4149-4f14-a936-dcb8b43cfa4d.html

85 Krüger-Brand, H. E. (2014). Assistenzsysteme: Entlastung für die Pflege. *Deutsches Ärzteblatt,* 6 (2014). Abgerufen 25. Juni 2019, von https://

www.aerzteblatt.de/archiv/154025/Assistenzsysteme-Entlastung-fuer-die-Pflege

86 Götz, U. (2018, 5. November). Pflege in Deutschland – Mobil im Alter durch die Hausgemeinschaft. *Deutschlandfunk*. Abgerufen 12. Juli 2019, von https://www.deutschlandfunkkultur.de/pflege-in-deutschland-mobil-im-alter-durch-die.976.de.html?dram:article_id=432398

87 § 45b SGB XI Entlastungsbetrag. Zuletzt geändert durch Art. 10 G v. 6.5.2019 I 646. Sozialgesetzbuch (SGB XI) Elftes Buch. Soziale Pflegeversicherung. Abgerufen 12. Juli, 2019, von https://www.sozialgesetzbuch-sgb.de/sgbxi/45b.html

88 Strafgesetzbuch (StGB) § 216 Tötung auf Verlangen Abgerufen 12. Juli 2019, von https://www.gesetze-im-internet.de/stgb/__216.html

89 Strafgesetzbuch (StGB) § 217 Geschäftsmäßige Förderung der Selbsttötung Abgerufen 12. Juli 2019, von https://www.gesetze-im-internet.de/stgb/__217.html

90 Hilgendorf, E. (2015, 12. November). § 217 StGB: das neue Gesetz zur Sterbehilfe. *Legal Tribune Online*. Abgerufen 12. Juli 2019, von https://www.lto.de/recht/hintergruende/h/gesetzgebung-sterbehilfe-tatbestandsmerkmale-analyse/

91 Triggle, N. (2019, 23. Mai). Hospital abuse missed despite 100 official visits. *BBC*. Abgerufen 12. Juli 2019, von https://www.bbc.com/news/health-48388430